Günter Knoblauch (Hrsg.)

Der Schrei

„[...] es gibt staatlich bezahlte Institute, wie z.B. die Bundesstiftung zur Aufarbeitung der SED-Diktatur und [...] es gibt viele Forscher, die sich mit der DDR befassen. Mögen sie sich auch mit der HfM befassen. Ich fände es toll." (der Präsident der Hochschule für Musik FRANZ LISZT Weimar)

War das ein Hilferuf?
Oder eine Einladung?

Die Hochschule für Musik FRANZ LISZT Weimar
Ein Buch gegen das *absichtliche* Vergessen

Impressum
Bibliografische Information der Deutschen Nationalbibliothek:
Die Deutsche Nationalbibliothek verzeichnet diese Publikation in der Deutschen
Nationalbibliografie; detaillierte bibliografische Daten sind im Internet über
http://dnb.dnb.de abrufbar.

© 2023
Günter Knoblauch (Hrsg), Neuried/München
mail@knobi-muc.de
www.knobi-muc.de
www.mountain-dreams.de

Fotos und abgebildete Dokumente aus dem Archiv der Autoren – wenn nicht anders angeben
Titelgestaltung und Illustrationen Seiten 13, 27, 35, 143 Matthias Meier-Stuckenberger
Satz und Layout sowie zusätzliche Bildtexte: Günter Knoblauch
Umschlag Franz Liszt Bildlizenz Alamy
Schriften: Carlito, Trabajo, Spot SIL OFL

Herstellung und Verlag: BoD – Books on Demand, Norderstedt
ISBN: 978-3-7578-1708-4

Der Herausgeber und die Autoren danken den im Buch genannten Personen, Institutionen und Organisationen, die uns mit Informationen und Material unterstützt haben.

Allen, die ebenfalls die *Mängel* bei der Vergangenheitsaufarbeitung an der Hochschule für Musik FRANZ LISZT Weimar, die vielfältigen Verformungen während der Zeit der SED-Diktatur und darüber hinaus weiterwirkend erkannten, die uns Einsicht in Unterlagen gaben und die Arbeit begleiteten, aber nicht erwähnt sind, sei ebenfalls gedankt.

Dr. Jochen Staadt vom Forschungsverbund SED-Staat der Freien Universität Berlin danken wir für die Zurverfügungstellung der Dateien der bereits in der Zeitschrift des Forschungsverbundes SED-Staat veröffentlichten Beiträge. Radio Tonkuhle Hildesheim, hier besonders Dr. Muntschick, danken wir für die Überlassung der Tondatei und deren Nutzung im Rahmen dieser Publikation als auch durch den Forschungsverbund SED-Staat an der Freien Universität Berlin.

Matthias Meier-Stuckenberger, mattweis gmbh, München, danke ich für die Erstellung der Illustrationen und die Umschlaggestaltung.

Günter Knoblauch, August 2023

Inhaltsverzeichnis

Dr. Jochen Staadt

Ein Wort zur Hochschule für Musik FRANZ LISZT Weimar

Der Einklang von Macht und Musik zieht sich ebenso durch die Geschichte wie die Dissonanzen zwischen Machthabern und ihnen nicht ergebenen Musikmachern. Diktatoren lassen sich gerne von Ton- und Taktstockmeistern umschmeicheln. Schon aus uralten Zeiten sind zahllose Lobgesänge auf üble Herrscher und Menschenschinder überliefert. Doch immer auch gab es Gegenstimmen, brachten Volkes Lieder den Unmut über Unterdrückung und Entmündigung unter die Leute, die es hören wollten. Das waren manchmal nur wenige, mitunter kleinste Kreise, die den unangepassten Klängen und Stimmen ihr Ohr liehen und verstanden, was gemeint war.

Über die Rolle von Schriftstellern, Malern und bildenden Künstlern, die sich dem National- und Realsozialismus angedient haben, ist viel geschrieben und geforscht worden. Über das Verhältnis zwischen Macht- und Klangwelten wissen wir noch wenig. Musik kann Zustimmung zu den herrschenden Verhältnissen auch ohne Worte in Raum und Zeit tragen. Es musste nicht immer dröhnen, was da zum Wohlgefallen von Weltanschauungskriegern komponiert und gespielt wurde. Manche von ihnen goutierten auch die leisen, romantischen Töne, Flöten oder das leise Spinett.

Wer im Realsozialismus mit seiner Musik den Mächtigen gefallen konnte, dem öffneten sich Tür und Tor zu großen Häusern, Gärten und Geldern. Wer ihnen nicht in den Kram passte oder passen wollte, tat das um den Preis von Benachteiligungen, Aufführungsverboten, Ausgrenzungen oder gar der Ausbürgerung. Einige Musiker kamen sogar hinter die Gitter von Haftanstalten, in denen der richtige Ton fast zwangsläufig nur der falsche sein konnte. Manche Komponisten und Musiker, die von den Herrn des Verfahrens im SED-System wegen Unbotmäßigkeit aus dem Boot gedrängt worden sind, tragen an den Folgen bis heute.

Im Jahr 2018 brachte der in Österreich lehrende Kulturwissenschaftler Helmut Lethen unter dem Titel „Die Staatsräte" eine zum Teil auf historischem Quellengut beruhende biografische Skizze von vier bedeutenden Nutznießern der NS-Diktatur aus der akademischen Elite im Dritten Reich heraus.[1] In fiktiven „Geistergesprächen" treffen in Lethens Buch vier von Hermann Goering zu

---

[1] Helmut Lethen: Die Staatsräte. Elite im Dritten Reich: Gründgens, Furtwängler, Sauerbruch, Schmitt. Berlin 2018.

preußischen Staatsräten ernannte Persönlichkeiten des kulturellen und wissenschaftlichen Lebens aufeinander. Dabei handelt es sich um den Staatsrechtler Carl Schmitt, den Schauspieler und Intendanten Gustav Gründgens, den Chirurgen und Nobelpreisträger Ferdinand Sauerbruch sowie den Dirigenten Wilhelm Furtwängler. (1886 – 1954), seit 1934 Direktor der Berliner Staatsoper. „Die traditionelle beanspruchte Immunität der Klassik" schreibt Lethen, habe es Furtwängler erlaubt, sich in den „geschützten Raum des Konzertsaals zurückzuziehen". Obwohl er sich manchen Zumutungen des NS-Regimes entzog, habe er beim Verkehr mit den Spitzen des Regimes zuweilen den aufrechten Gang verlernt. „Mal musizierte er mit deutschen Emigranten in Wien, Paris, Zürich, London und wich offiziellen Verpflichtungen aus, dann dirigiert er wieder zu Hitlers Geburtstag." Furtwängler gehörte zu jenem Teil der im Land gebliebenen kulturellen Elite, die der Diktatur im Ausland ein gewisses Ansehen verschafften. Er habe als Dirigent, so Lethen, auf „Tiefe" des „Gemeinschaftserlebnisses im Konzertsaal weit unterhalb der politischen Oberfläche" gesetzt, womit er eben diese nobilitierte". Im Dezember 1946 wurde Goerings preußischer Staatsrat Wilhelm Furtwängler, der als Vizepräsident der Reichsmusikkammer den Ausschluss jüdischer Mitglieder erduldet hat, von einer Spruchkammer „entnazifiziert". Das von der amerikanischen Besatzungsmacht verhängte Dirigierverbot wurde aufgehoben. Im Mai 1947 dirigierte Wilhelm Furtwängler erstmals nach dem Krieg wieder „seine" Berliner Philharmoniker. Die Berliner Zeitung „Der Morgen" schrieb, das untergegangene NS-Regime habe mit dieser „untadeligen Künstlernatur" einen frivolen Missbrauch getrieben. Angesichts des „unwürdigen peinlichen Schauspiels" bei seiner „Rehabilitierung" sei ein „machtvolles Beifallsrauschen" ertönt, als der Meister die Bühne betrat.

Im Herübergleiten von einem System in das andere haben deutsche Schöngeister einige Übung. Dazu gehört unvermeidlich auch das Beschweigen und Beschönigen des eigenen Mitläufertums. Klaus Mann hat dem Typus des alerten Systemwechslers in seinem Roman „Mephisto" ein literarisches Denkmal gesetzt und Klaus Maria Brandauer verewigte diesen Helden des Übergangs kongenial in István Szabós großartigem Film zum Thema. Nach einem höchstrichterlichen Karlsruher Urteil von 1968 verletzte Klaus Manns Roman die postmortalen Persönlichkeitsrechte von Gustav Gründgens. Das Buch wurde verboten. Doch dann änderten sich die Zeiten und das Beschweigen geriet aus der Mode.

István Szabó setzte sich 1981 mit seinem „Mephisto" einfach über das Juristenverbot hinweg und Klaus Manns Roman konnte bald darauf wieder gekauft werden, obgleich das Verbot bis heute nicht aufgehoben ist. In der DDR war das Buch auch nach dem westdeutschen Verbot von 1968 erhältlich, obschon es eine auch für die SED-Diktatur durchaus subversive Botschaft enthielt. Ja aber, mag eingewandt werden, Gustav Gründgens setzte sich in der Nazizeit für seinen inhaftierten Kollegen Ernst Busch ein und Ernst Busch revanchierte sich in der Sowjetische Besatzungszone (SBZ), als es Gründgens an den Kragen gehen sollte.

Gründgens glitt ohne große Probleme später in die Theaterwelt der Bundesrepublik hinüber, Busch blieb auch in der DDR ein eigensinniger Zeitgenosse, dem die Herrschenden wegen seines Ruhms, den er sich in der Weimarer Republik und im Kampf gegen den Nationalsozialismus erworbenen hatte, nicht an den Kragen gingen. Man trat ihm in die Hacken. Die Verantwortlichen der nach dem „Barrikaden Tauber" benannten Hochschule für Schauspielkunst in Berlin schlugen nach dem Untergang der DDR einen Haken und gingen der Beschäftigung mit ihrer Vergangenheit nach Gründgens Muster aus dem Weg. Genauso verhielt man sich an der Hochschule für Musik FRANZ LISZT Weimar beim gleitenden Übergang in die Bundesrepublik Deutschland.

Als der Forschungsverbund SED-Staat an der Freien Universität Berlin im Mai 2010 eine Konferenz zum Thema „Repression, Opposition und Widerstand an den Hochschulen der SBZ/DDR" ausrichtete, auf der Zeitzeugen und Wissenschaftler aus Hochschulen und Universität der ehemaligen DDR zum Thema sprachen, fehlte die Weimarer Hochschule für Musik.[2] Sie sah sich nicht imstande, mit einem Vertreter an der Konferenz teilzunehmen.

Auf die ihr zugesandten Fragen nach Fällen von Repression, Opposition und Widerstand antwortete die Hochschule mit dem Verweis auf eine ungenehmigte studentische Demonstration am 1. Mai 1956, die sich gegen schlechte Studienbedingungen richtete. Das war's!

Dank des unermüdlichen Engagements der schon zu DDR - Zeiten querköpfigen Verfasser dieser Dokumentation, bleibt die DDR-Vergangenheit der Weimarer Musikhochschule virulent. Wer seinen Dreck unter den Teppich kehrt sollte bedenken, dass er sich dort nicht in Wohlgefallen auflöst. Günter Knoblauch, Gottfried Meinhold, Roland Mey, Peter E. Rompf und einige wenige ehemalige Absolventinnen und Absolventen der Hochschule bringen das schon lange beharrlich zutage.

Im Februar 2021 habe ich dem damaligen Präsidenten der Musikhochschule Christoph Stölzl die Studie von Gottfried Meinhold über zwei zu DDR-Zeiten dort umtriebige Stasi-Spitzel im Professorengewand zugesandt. Seine Antwort lautete: „ ... haben Sie herzlichen Dank für die Übersendung des hochinteressanten Buches von Herrn Professor Meinhold! Wir werden es mit großer Neugier studieren. Ob und wann wir eine Veranstaltung dazu machen könnten, muss gut bedacht sein.

---

[2] Die Konferenzreferate sind nachzulesen in: Schröder Benjamin/Staadt, Jochen (Hrsg.): Unter Hammer und Zirkel. Repression, Opposition und Widerstand an den Hochschulen der DDR, Frankfurt am Main 2011.

Das Interesse der heutigen Studierenden-Generation, zumal der aus 51 Ländern kommenden internationalen, ist naturgemäß angesichts der langen vergangenen Zeit seit den Ereignissen, begrenzt.

Die Hochschule für Musik FRANZ LISZT Weimar feiert im Sommer 2022 ihr 150. Jubiläum. Vom Wintersemester 2021 an werden wir eine Reihe von Veranstaltungen haben, die sich mit der Geschichte der Hochschule für Musik FRANZ LISZT beschäftigen. Da würde ein Blick auf die Realität der HfM in der DDR ja gut passen."

Doch das blieb ein leeres Versprechen. Geradezu peinlich aber mutet Stölzls Ausrede an, das Interesse von ausländischen Studentinnen und Studenten sei *„naturgemäß angesichts der langen vergangenen Zeit seit den Ereignissen, begrenzt"*. Franz Liszt, der Namensgeber der Hochschule ist vor 138 Jahren gestorben. Seine Sympathie für den Saint-Simonismus in lange vergangener Zeit wäre dann also für die ‚heutige Studierenden-Generation' nur von begrenztem Interesse? Lehrt man sie heute in Weimar etwa nur sinnentleerte Tonfolgen des Namenspatrons?

Wie sollen sie dann verstehen, was ihn in einer lange vergangenen Zeit zu ‚La Marseillaise' antrieb? Geschichtsloses Musizieren war es nicht.

Apropos, 2014 inszenierte Robert Schuster, damals Regieprofessor an der Hochschule für Schauspielkunst „Ernst Busch" am Deutschen Nationaltheater in Weimar eine Bühnenfassung des „Mephisto". In der Premierenankündigung hieß es: „Klaus Mann provoziert in seinem Roman die Frage nach den Möglichkeiten des Künstlers in einem repressiven System, nach der unheilvollen Verbindung von Kunst und Macht, von Freiheit und Verführbarkeit. Was ist der Wert, was sind Anspruch und Verantwortung des Künstlers in der Gesellschaft?"[3]

Die Musikhochschule FRANZ LISZT zu Weimar ist dieser Frage bis heute ausgewichen. Es ist zu hoffen, dass dieses Buch gegen das Verdrängen der DDR-Vergangenheit an der Musikhochschule FRANZ LISZT doch noch zum Umdenken führt.

Jochen Staadt, Juni 2023

(Freie Universität Berlin. Projektleiter, Redaktionsmitglied der Zeitschrift des Forschungsverbundes SED-Staat)

---

[3] Siehe: a) „Mit der Hacke, mit dem Spaten" publiziert u.a. in: Liederblatt der Hitlerjugend, 6. Jahresband, 1940 (folgen 89-100) sowie in: das Lied der Front, Heft 2 - Liedersammlung des Großdeutschen Rundfunks, 1940. b) Wir lieben das Leben, das Leben ist schön (aus der Kantate 'Eisenkombinat Ost'), Text Hans Marchwitza, in: schreiten wir in Reih und Glied - Liederbuch für die Kampfgruppen (DDR), 1957.

DER SCHREI

Oder war es ein Hilferuf?

Der Schrei – Ein Hilferuf?

Das ist hier die Frage – um mit einem modifizierten Klassiker zu beginnen. Nur, es ist kein Klassiker, sondern eine für die Hochschule für Musik FRANZ Liszt Weimar (HfM) peinliche Vergangenheit, die sich wie eine *rote Spur* durch die vergangenen 70 Jahre HfM und ihre DDR-Geschichte zieht. Nein, keine Blutspur. Ich würde es eher als Mitschwimmen in der von einer Partei, der SED, vorgegebenen (aber so nicht offiziell erklärten) Politik bezeichnen. Doch komme ich hier schon in Bedrängnis: Die DDR war doch kein SED-Staat, sondern der Staat, *der auf der vertrauensvollen Zusammenarbeit in der Nationalen Einheitsfront basierte.* „Vertrauensvoll" das muss man sich so richtig auf der Zunge zergehen lassen. Die heutige Generation wird nicht wissen, was das war, die „Nationale Einheitsfront" in der DDR.[4]

Wieder zurück zur HfM und ihrer roten Spur. In diesem – von der SED vorgegebenen Rahmen – bewegte sich die HfM. Das war die Normalität in der DDR. Hinzu gesellten sich Stasi-Leute in Form von sogenannten Inoffiziellen Mitarbeitern (IM[5]) – im Volksmund abgekürzt: Spitzel. Und dann gab es noch Personen im Hintergrund, die unsichtbar bleiben wollten und es bis heute so gehalten haben. Aufarbeitung an der HfM gab es nicht. Ansätze dazu gab es. Sie scheiterten – bis heute. Warum? Darauf werde ich später noch eingehen. Und so bleibt bei vielen Absolventen der HfM ein fader Geschmack zurück. Die Emotionen kochen hoch – zuletzt beim 150-jährigem Jubiläum im Jahr 2022. Die Presse hat ihren Stoff. Man spricht von Rachegelüsten, von der Unmöglichkeit einer Aufarbeitung, von Ignoranz, falschen Vorwürfen, von ... ich weiß nicht, was da alles im Jahr 2022 noch diskutiert wurde.

Zur Feier geladene ehemalige Absolventen der HfM winkten ab. Warum? Peter Rompf, ein ehemaliger Student an der HfM, und Roland Mey berichten darüber

---

4   Die Nationale Front der Deutschen Demokratischen Republik (bis 1973 Nationale Front des demokratischen Deutschlands) war ein Zusammenschluss der Parteien und Massenorganisationen in der DDR. Durch die Nationale Front sollten dem offiziellen Anspruch nach alle gesellschaftlichen Gruppen Einfluss auf gesellschaftspolitische Prozesse nehmen können. Faktisch war die Nationale Front jedoch ein Mittel, um die Blockparteien und Massenorganisationen zu disziplinieren und die Vormachtstellung der SED im Staat zu festigen. (Wikipedia)

5   Inoffizielle Mitarbeiter waren das wichtigste Instrument des Ministeriums für Staatssicherheit (MfS), um primär Informationen über Bürger, die Gesellschaft, ihre Institutionen und Organisationen der DDR oder im Ausland zu gewinnen. Unter Umständen hatten IM auf Personen oder Ereignisse in der DDR steuernden Einfluss zu nehmen. Quelle: Bundesarchiv, MfS-Lexikon.

und über einige von ihnen. Die geschilderten Fälle sind als exemplarisch zu verstehen.

Gottfried Meinhold hat den Fall des ehemaligen Studenten Wallmann im Jahr 2022 erneut aufgegriffen und Neues zu Tage gefördert. Der Fall des Studenten Wallmann zeichnet sich dahingehend aus, dass er aus einer Zufallssituation heraus aufgegriffen und durch die folgende Vielzahl von Publikationen, Interviews und Rundfunksendungen im besonderen Maße öffentlich wurde.

Meinhold hat darüber hinaus noch über das Zusammenwirken des Ministeriums für Staatssicherheit mit Teilen des Lehrkörpers der HfM recherchiert. Nicht zur Freude der HfM – wie ich erfuhr. Darüber gibt es im Buch eine von Peter Rompf erstellte Rezension.[6] Die Originalausgabe ist zu umfangreich und eher an den Historiker adressiert.

Natürlich stellt sich die Frage, wie ein Außenstehender, der ich in diesem Fall bin und der bis zum Jahr 2010 nichts – absolut nichts – mit der Hochschule FRANZ LISZT Weimar zu tun hatte, dazukommt, sich mit der HfM zu beschäftigen? Ich persönlich hatte keine *offenen Rechnungen* weder gegen die Institution noch gegen Personen der HfM. Warum dann diese neue Publikation? Damit bin ich bei der gerade erwähnten Zufallssituation.

Ein Rückblick in das Jahr 2011: Für eine Festveranstaltung in Dresden – „50 Jahre Mauer" – suchte ich für den feierlichen Rahmen einen DDR-Komponisten und dessen Musik. Ich stieß auf H. Johannes Wallmann – vielen Dresdnern durch dessen Glockenrequiem[7] bekannt. Ein ehemaliger Student und Absolvent der HfM, den man scheinbar – oder offensichtlich? – um sein Diplom betrogen hatte – wie ich erfuhr. Um diesen Diplombetrug geht es seit vielen Jahren, auch in dieser Publikation. Dieser Diplombetrug wurde zur Initialzündung für viele Veröffentlichungen, Interviews, Radiosendungen, ...

Anlässlich der Festlichkeiten in Dresden boten *wir* in Dresden der HfM schon im Jahre 2011 die Möglichkeit, ihren Willen zur Vergangenheitsaufarbeitung zu zeigen: Wallmann zu rehabilitieren. Eine Geste, ein Stück Wiedererlangung ihrer „Reputation" – dachte ich.

Ich schrieb an die Hochschule für Musik FRANZ LISZT Weimar (HfM). Der damalige Präsident der HfM, Professor Stölzl, antwortete mir:

> *„Sehr geehrter Herr Knoblauch, die Hochschule für Musik FRANZ LISZT Weimar muss sich nicht um ihre Reputation sorgen. Sie ist seit 1990 eine herausragende Ausbildungsstätte für den künstlerischen Nachwuchs, eine Stätte bedeutender*

---

[6] Gottfried Meinhold, Prominente Professoren der Musikhochschule Weimar als Handlanger der DDR-Staatssicherheit, Arbeitspapiere des Forschungsverbundes SED-Staat an der Freien Universität Berlin, Nr. 52/2021, 172 Seiten, ISSN 0942-3931.

[7] Wallmanns Glockenrequiem wurde zum 50 Jahrestag der Zerstörung Dresdens uraufgeführt, 129 Dresdner Glocken waren eingebunden, Rundfunk-Liveübertragung durch Deutschland Radio Kultur, MDR Kultur, BBC London, Radio Washington DC

musikwissenschaftlicher Forschung und ein Ort lebendiger, täglich gelebter demokratischer Selbstverwaltung. Ich würde mich freuen, wenn Sie zu dem gleichen Schluss kämen und zeichne, freundlich grüßend als Ihr Prof. Dr. Christoph Stölzl".[8]

Ich kam nicht zum gleichen Schluss wie Stölzl. Es gab weiteren Briefwechsel, es gab Veröffentlichungen zur HfM in der Zeitschrift des Forschungsverbundes der Freien Universität Berlin, die Thüringer Landeszeitung veröffentlichte Beiträge zur HfM und der damalige Thüringer Landesbeauftragte zur Aufarbeitung der SED Diktatur (LBA), Christian Dietrich,[9] gab die Publikation „Defekte einer Hochschulchronik – Die Hochschule für Musik FRANZ LISZT in Weimar"[10] heraus.

Was sich daraus entwickelte, hat das Potential für ein Lehrstück zur deutschen Vergangenheit, wie man es besser nicht auf die Bühne bringen könnte. Eine Posse. Peinlich! Hatte ich – in naiver Wiedervereinigungs-Mentalität, es habe eine *Wende* in der DDR gegeben und alle wären jetzt Brüder – etwas falsch eingeschätzt?

Meine Wahrnehmung und Einschätzung: Nach dem Zusammenbruch der DDR wollte sich vermutlich keiner mit der DDR-Zeit kritisch auseinandersetzen. Keiner wollte über Hochstapelei, Betrug, Erpressung von Dozenten, die Willfährigkeit und peinliche Kooperation von Dozenten und Direktoren (mit SED-Kadern im Hintergrund) und dem Ministerium für Staatssicherheit reden. Keiner!

Und da kommt ein Außenstehender wie ich, zieht einen „*Fall Wallmann*" aus dem Sumpf ans Tageslicht. Inzwischen ist aus den von der HfM *niedriggehaltenen Sünden der Vergangenheit* – sehr höflich ausgedrückt – ein gut dokumentierter Fall der HfM zu ihrer DDR-Vergangenheit geworden.[11] Einer von vielen? Vermutlich!

Bei meinem Engagement für die Rehabilitierung des ehemaligen Studenten Wallmann waren für mich damals nur Handlungen der HfM in der Kategorie des Begriffes „Betrug" sichtbar. Ich scheiterte mit meinem Anliegen im Jahr 2011.

---

[8]   Schreiben Prof. Stölzl vom 29.Juli 2011 an G. Knoblauch, Nachtrag Gedenkveranstaltung der Konrad-Adenauer-Stiftung & TU Dresden am 15. Juni 2011.

[9]   Christian Dietrich war Vertreter der Bürgerrechtsbewegung der DDR und von 2013 bis 2018 Landesbeauftragter des Freistaats Thüringen zur Aufarbeitung der SED-Diktatur.

[10] G. Knoblauch, R. Mey: „Defekte einer Hochschulchronik", Mitteldeutscher Verlag, 2018, ISBN 978-3-95462-952-7; 125 S..

[11] Prof. Meinhold, „Zensuren-Manipulation als politische Strafmaßnahme – mit skandalösem Nachspiel", Zeitschrift des Forschungsverbundes SED-Staat der Freien Universität Berlin, ZdF 49/2022, S. 133 – 143.

2015 unternahm ich noch einmal einen Vorstoß auf der jährlich stattfindenden Geschichtsmesse in Suhl.[12] Es galt, ein neues Projekt in Zusammenarbeit mit der Technischen Universität Dresden und der Bundestiftung zur Aufarbeitung der SED-Diktatur (Bundesstiftung Aufarbeitung), vorzustellen.[13] Als ich erfuhr, dass der thüringische Ministerpräsident, Bodo Ramelow, sich zur Geschichtsmesse angekündigt habe, nutzte ich die Gelegenheit. Ich stellte im Plenum die Frage: *„Wenn Sie es mit der Aufarbeitung ernst nehmen. ist es da nicht angebracht, dass die Landesregierung ein Forschungsprogramm zur Vergangenheitsaufarbeitung auflegt, in das alle Ausbildungsstätten in Thüringen erfasst werden?"* Ich zitierte dabei auch das Verhalten der HfM, dass diese die lange künstlerische Tradition für sich in Anspruch nimmt, ihre politische Verantwortung jedoch auf die Zeit nach 1989 begrenzt.

Ich erhielt für das Projekt mit der TU Dresden und der Bundesstiftung Aufarbeitung[14] auch für mich überraschend Unterstützung aus Finanzmitteln der linken thüringischen Landesregierung. An der HfM scheint sich jedoch auch Ramelows Staatssekretärin[15] die Zähne ausgebissen zu haben. Ich weiß es nicht – ich hörte nichts mehr zur Sache.

Im selben Jahr, November 2015, fand mit Hildigund Neubert[16] als Moderatorin eine Podiumsdiskussion zur HfM bei Radio Lotte, Weimar, statt. Zum Verhalten der Vertreter der HfM schrieb sie mir: *„Es war eine eher unerfreuliche Diskussion, weil die Profs der Musikhochschule glaubten, es sei genug Aufarbeitung passiert und sich in der Verteidigung von Huschke (Aufarbeitung ohne Stasi Akten) erschöpften."* [17]

Auf dieser Podiumsdiskussion am 19. November 2015 bei Radio LOTTE geschah es: Der Präsident der HfM, Stölzl, sprach vor laufender Kamera die Worte:

---

[12]   Geschichtsmesse Suhl: Die seit 2008 jährlich im thüringischen Suhl stattfindende Fachtagung der Bundesstiftung Aufarbeitung widmet sich immer einem Thema der deutsch-deutschen Geschichte im europäischen Kontext und zählt jährlich mehr als 300 Teilnehmerinnen und Teilnehmer aus dem ganzen Bundesgebiet. Sie vertreten schulische und außerschulische Bildungseinrichtungen, Gedenkstätten, Aufarbeitungsinitiativen, Geschichtsvereine sowie wissenschaftliche Einrichtungen.

[13]   „Zwischen Humor und Repression – Studieren in der DDR", Mitteldeutscher Verlag, 2017; Rainer York/Günter Knoblauch (Hg, 548 S., Abb.)

[14]   Ebd.

[15]   Frau Dr. Winter, Staatssekretärin für Kultur, bearbeitete meine Anfrage an Ramelow.

[16]   Hildigund Neubert war Mitglied der DDR-Opposition und Politikerin (CDU). Von 2003 bis 2013 war sie Landesbeauftragte des Freistaats Thüringen für die Unterlagen des Staatssicherheitsdienstes der DDR (LBA). Von November 2013 bis Dezember 2014 war Neubert Staatssekretärin in der Thüringer Staatskanzlei. ; stellvertretende Vizepräsidentin der Konrad-Adenauer-Stiftung

[17]   Mail vom 27.06.2016.

„[...] es gibt staatlich bezahlte Institute, wie z.B. die Bundesstiftung zur Aufarbeitung der SED-Diktatur und [...] es gibt viele Forscher, die sich mit der DDR befassen. Mögen sie sich auch mit der HfM befassen. Ich fände es toll."

War das ein Hilferuf? Oder war es eine Einladung? Was war passiert, dass der Präsident der HfM der mir noch im Jahr 2011 schrieb:

„Die HfM muss sich nicht um ihre Reputation sorgen. Sie ist seit 1990 eine herausragende Ausbildungsstätte für den künstlerischen Nachwuchs, eine Stätte bedeutender musikwissenschaftlicher Forschung und ein Ort lebendiger, täglich gelebter demokratischen Selbstverwaltung ...",

dass er sich vier Jahre später *verzweifelt* im Funkraum des Senders Radio LOTTE umsah und die Botschaft absetzte: „[...] es gibt viele Forscher, die sich mit der DDR befassen. Mögen sie sich auch mit der HfM befassen."

In den Wochen nach dieser Podiumsdiskussion fand ein Gespräch des damaligen LBA, Christian Dietrich,[18] in den Räumen der HfM statt. Anwesend waren sowohl der Präsident als auch weitere Leitungskräfte der HfM. Dietrich schätzte später dieses Gespräch mir gegenüber wie folgt ein: Er habe den Eindruck gewonnen, dass Stölzl wohl für eine Aufarbeitung sei, jedoch die anderen Teilnehmer dazu nicht bereit waren und abblockten. Dietrichs Aussage korrespondiert mit der Einschätzung von Neubert.

Hatten wir etwas übersehen? Was?

Defekte einer Hochschulchronik

Christian Dietrich sprach mich im Januar des Jahres 2018 an, mit seiner Unterstützung meine bisherigen Aktivitäten zur HfM zu publizieren. Gemeinsam mit Roland Mey entstand die Publikation „Defekte einer Hochschulchronik".[19] Das Veröffentlichungsjahr 2018 lässt schon erkennen, wie mühsam und zäh sich das Thema der Aufarbeitung der DDR-Zeit an der HfM gestaltet.

Mit dem Abschluss dieser Publikation sah ich meine Arbeit zum Thema HfM eigentlich als beendet an. Ich hatte keine persönliche Affinität, keine „offenen Rechnungen" und so sexy fand ich die Hochschule für Musik FRANZ LISZT Weimar nicht, dass ich mit ihr meine Zeit verbringen sollte, höflich ausgedrückt. Doch wieder und wieder flatterten Nachrichten und Veröffentlichungen zur HfM auf meinen Schreibtisch. Irgendetwas schien mit der HfM nicht in Ordnung zu sein. Irgendein besonderer Makel schien ihr anzuhaften – bis heute. So richtig zäher roter Schleim, meinten einige. Auf mich macht die HfM den Eindruck, dass sie sich so verhält, wie auch andere überlebende *rote Netzwerke* nach 1989. Sie versuchen

---

[18] Christian Dietrich war Vertreter der Bürgerrechtsbewegung der DDR und von 2013 bis 2018 Landesbeauftragter des Freistaats Thüringen zur Aufarbeitung der SED-Diktatur.
[19] Mitteldeutscher Verlag 2018, ISBN 978-3-95462-952-7.

zu verharmlosen, zu leugnen, zu ignorieren, abzublocken. Im Ergebnis: Geschichte zu klittern! Empathie mit den Betroffenen? Fehlanzeige!

Ich sprach einmal mit Lutz Rathenow[20] über das Thema HfM. Er meinte, die alten, die roten Strukturen sind doch schon längst *physisch* hinüber bzw. nicht mehr im Amt. Auch der Präsident der HfM schrieb mir im Jahr 2011:

> *„Die HfM von 2010 hat in ihren Leitungsgremien nichts, in ihrer Verwaltung und in ihrer Professorenschaft kaum etwas mit der DDR-Hochschule vor 1989 zu tun".*[21]

Natürliche Altersabgänge. Doch wer *blockt* dann? Warum? Was sind die Beweggründe? Die Motive? Ich nehme es vorweg: Prof. Meinhold hat, denke ich, eine plausible Erklärung gefunden. Er wird darüber in seinem Beitrag berichten.

Hat die Publikation „Defekte einer Hochschulchronik" aus dem Jahr 2018 etwas bewirkt?

Für mich sichtbar? Nichts![22] Andere haben weiter daran gearbeitet, den *roten Sumpf* – mir fällt keine bessere Bezeichnung ein - zu *erforschen*. Ich tue mich schwer, eine passende Bezeichnung zu finden.

Den unermüdlichen Bemühungen von Roland Mey[23], Peter Rompf[24] und Gottfried Meinhold[25] ist es überhaupt zu verdanken, dass heute neue Informationen offenliegen, die die Art und Intensität der Verquickung und Vernetzung der HfM mit dem Ministerium für Staatssicherheit belegen. Viele dieser Informationen lagen mir im Jahr 2011 und später in der Zusammenarbeit mit Roland Mey bis 2018 noch nicht vor.

Der ehemalige Rektor, Huschke,[26] berichtet zum Beispiel davon, dass Akten der 1950-er und 1960-er Jahre im ersten Halbjahr 1991 in der HfM vernichtet wurden. Im Jahr 2011 gab es noch Wissensträger in der HfM, oder sie waren noch mit ihr verbunden und erreichbar. Sie schwiegen oder man disziplinierte sie – so war mein Eindruck. Die Ausnahme: Der Leiter des Archivs der HfM, Christoph Meixner,[27] war von Beginn an kooperativ. Nur, es gab praktisch nichts, worauf er zurückgreifen

---

20 Lutz Rathenow, Landesbeauftragter des Freistaates Sachsen für die Unterlagen des Staatssicherheitsdienstes der DDR.

21 Prof. Stölzl am 29.07.2011 an den Autor.

22 G. Knoblauch, R. Mey: „Defekte einer Hochschulchronik – Die Hochschule für Musik FRANZ LISZT in Weimar – eine Aufarbeitung", Mitteldeutscher Verlag, 2018, ISBN 978-3-95462-952-7; 125 S.

23 Physiker, siehe Biografie am Buchende.

24 Komponist, siehe Biografie am Buchende.

25 Gottfried Meinhold, Sprachwissenschaftler, Schriftsteller

26 Wolfram Huschke, Musikpädagoge, war von 1993-2003 Rektor der HfM, Autor „Zukunft Musik- eine Geschichte der HfM", Böhlau Verlag, 2006, Wien/Köln/Weimar.

27 Christoph Meixner leitet seit 2010 das Archiv der HfM, seit 2020 ist er Präsident des Landesmusikrates Thüringen.

konnte. Es hatte - 20 Jahre seit dem Ende der DDR! – noch keine Aktenauswertung vor seiner Zeit gegeben.

Der von uns *nicht verstandene Hilferuf* des Präsidenten der HfM - als auch die Forschungsarbeit von Prof. Meinhold führen heute – im Jahr 2023 – zu einer *modifizierten* Betrachtung und Wertung der Vorgänge an der HfM zu Zeiten der DDR und nach 1989. Bleiben wir dabei beim *Musterfall* des Studenten Wallmann, weil dessen Entwicklung an der HfM auch im Zusammenwirken mit dem MfS[28] bis her am besten belegt und dokumentiert zu sein scheint. Ein Teil des Disputes der vergangenen Jahre betraf die Vermutung, dass man Wallmann „aus politischen Gründen" um sein Diplom betrogen habe. Hier sollte korrigiert und der Bogen weiter gespannt werden. Nein, man hat nicht *speziell* Wallmann aus *politischen* Gründen um ein Diplom betrogen! Der Betrug der HfM war weitgehender, vielschichtiger! Darüber wird noch berichtet.

Zur Vorgeschichte von „Defekte einer Hochschulchronik"

Über die Entstehung der Publikation Defekte einer Hochschulchronik berichtete ich bereits. Ich gehe jetzt zeitlich weiter zurück. Im Herbst des Jahres 2011 lud ich den Archivar der HfM, Dr. Meixner, zu einem Treffen nach Dresden-Radebeul ein. Ich hatte eingeladen zum Vorgespräch für ein mit der Bundesstiftung Aufarbeitung SED-Diktatur und der TU Dresden geplantes Projekt mit dem Arbeitstitel „Studieren in der DDR".[29] Herr Meixner antwortete mir am 23. September 2011:

> „Wenn Sie gestatten, würde ich [...] gerne zu dieser Runde in Dresden (29. Sept.) dazu stoßen. [...] Da Prof. Stölzl für diesen Themenkomplex ohnehin noch Einiges vorhat, wäre die Einbettung des Weimarer Hochschularchivs in diesen Verbund eine sicherlich sinnvolle Sache. Viele Grüße Christoph Meixner".[30]

Bemerkenswert, da der Archivar hier schon den neuen Präsidenten der HfM, Stölzl, erwähnt und auf dessen Absicht einer Aufarbeitung an der HfM hinweist. Herr Meixner nahm an diesem Gespräch in Dresden-Radebeul teil und erklärte mir, dass er den Präsidenten ausführlich informieren wolle, und er erhoffe eine Teilnahme am Projekt. Später berichtete er mir, dass es keine Entscheidung – eher Widerstände – innerhalb der HfM gäbe und er ohne Auftrag und Finanzmittel nichts tun könne.

Diese Mitteilung von Meixner gewinnt nachträglich an Bedeutung – insbesondere nach dem Ruf des Präsidenten Stölzl um *Hilfe* (nennen wir hier es einmal so) auf

---

28 Ministerium für Staatssicherheit, auch als Stasi/Spitzel in der Bevölkerung bezeichnet.

29 R. Jork / G. Knoblauch; Zwischen Humor und Repression – Studieren in der DDR; Mitteldeutscher Verlag, 2017; 552 S., s/w-Abb. ISBN: 978-3-95462-879-1.

30 Am 12.09.2011 trafen sich in Dresden-Radebeul: Dr. J. Blecher (Archivleiter Universität Leipzig), Dr. R. Jork, (Radebeul), G. Knoblauch (München), Dr. Meixner (Archivleiter HfM), Prof. K. Reinschke (TU Dresden), Prof. Dr. Kokenge (Altrektor der TU Dresden).

der Podiumsdiskussion bei Radio Lotte im Jahr 2015 – unter der bereits erwähnten Moderation durch Hildigund Neubert.[31] Das passt auch zur Wahrnehmung des LBA[32], Christian Dietrich, bei Gesprächen mit Amtsträgern der HfM.

Meixner hat nach meiner Kenntnis – ebenso wie Stölzl – bereits im Jahr 2011 durchaus die interne Problematik bei der HfM gesehen. Das brachte er in einem Gespräch mir gegenüber zum Ausdruck, wenn er sagt:

> *„[…] hat es in gewissen Bereichen eine Bereinigungsaktion gegeben. Das macht es für mich schwer, gewisse Dinge herauszufinden. Wie sie wissen, das System war bis ins letzte Komma durchgeplant, das Spitzelsystem …"* [33]

Meixner hat auch bereits festgestellt: *„[…] in Weimar sind wir hinsichtlich der Akten schlecht aufgestellt […]…da stehe ich auf einem riesigen Minenfeld."* [34]

Mit „schlecht aufgestellt", da spricht Meixner Defizite bei seiner Vorgängerin im Amt, Dr. Irina Lucke-Kaminiarz, an. Meixner hatte ein weiteres Problem bei seiner Arbeit: Die „Sprache" auf den Dokumenten zu verstehen und richtig zu interpretieren. Ich diskutierte darüber mit dem Archivar anhand von Wallmanns Prüfungsprotokoll (in den Unterlagen im Ausschnitt abgebildet). Je nachdem, in welchem Teil Deutschlands man sozialisiert war, interpretierte man unter Umständen vorliegende „Fakten oder Anmerkungen" anders oder übersah Inhalte. Hier war Meixner – genau wie mir – schon etwas aufgefallen und er formuliert:

> *„[…] manchmal ist das so verklausuliert, und wenn man diesen Erfahrungsschlüssel nicht selbst in der Hand hält, dann tut man sich schwer."* [35]

Das habe ihm auch seine Vorgängerin im Amt, die ja im System DDR großgeworden ist, vermittelt. Doch sie habe ihm nicht diesen „Schlüssel" übergeben, um die Dokumente „zu lesen und zu verstehen". Verständlich! Seine Vorgängerin im Amt hatte nach meiner Information auch als Dozentin für Marxismus-Leninismus an der HfM unterrichtet. Wobei das nicht von vornherein negativ interpretiert werden sollte. Ich habe viele „Genossen" und Genossen kennengelernt. Mit einigen verbinden mich lange Freundschaften. Doch bei der ehemaligen Leiterin des Archivs finde ich keine Hinweise auf Aktivitäten, die in die Rubrik „Vergangenheitsaufarbeitung an der HfM" fallen.[36] Das finde ich sehr seltsam!

---

[31] Hildigund Neubert, 2003 bis 2013 war sie Landesbeauftragte des Freistaats Thüringen für die Unterlagen des Staatssicherheitsdienstes der DDR. g

[32] Landesbeauftragter für die Aufarbeitung der SED-Diktatur

[33] Gespräch vom 26.09.2011

[34] Ebd.

[35] Ebd.

[36] Dr. Irina Lucke-Kaminiarz publizierte nach 1989 kleine Sachen zum Thema Musik und Weimar als auch zum Thüringer Landesmusikarchiv – jedoch nichts zur HfM.

Doch zurück zu Meixner. Er hatte eine Last übernommen, war sich der Problematik der Erfassung und der Schwierigkeiten einer möglichen Auswertung bewusst. Meixner sprach mir gegenüber auch davon, dass – im Unterschied zu anderen Hochschulen und Universitäten (z.B. Dresden, Leipzig, Freiberg, Berlin), wo selbst Auswertungen zu Parteiabhängigkeiten vorliegen – er auf nichts Vergleichbares zurückgreifen könne. Er erkennt: die Netzwerke funktionieren heute noch genauso und er sei an der HfM mit Professoren in Kontakt, die den Wechsel überlebt haben – „[…] das ist ein Riesen-Minenfeld."

Meixner konnte nur das bearbeiten oder untersuchen lassen, wofür ihm die HfM die Finanzmittel, die Ressourcen bereitstellte. Punkt!

Da muss wirklich mehr dahinterstecken

Was konnte das sein? Ging es vielleicht um das Renommee der HfM? Ging es in der Vergangenheit vielleicht um das Vertuschen, dass man mehr anstrebte als das, wofür die Berechtigung vorlag? Was heißt das? Der *Konkurrenzkampf* unter den Musikhochschulen der DDR war hart und man scheute vermutlich auch vor nicht ganz legalen „Aktionen" zurück. Vergab man Diplomarbeiten, obwohl man wusste, es war *noch nicht* zulässig?

Der Student Wallmann wurde – schon als außergewöhnlich begabter Student erkannt – aufgefordert, eine Diplomarbeit einzureichen. Wallmann hat eine Diplomarbeit abgeliefert! Das gilt wohl auch für andere Studenten.

Doch dann befindet sich die HfM in der Bredouille: Sie verfügt immer noch nicht über die Berechtigung zur Diplomausstellung. Was tun? Sie stellt trotzdem schon einmal zwei Dokumente aus: eine Diplomurkunde und ein Staatsexamen – beide Dokumente versehen mit Originalunterschriften! Doch wie nun weiter? Die Diplomberechtigung für die HfM steht weiterhin aus. Die Studenten werden mit fadenscheinigen Begründungen hingehalten, wie dass man noch prüfe … - bei Wallmann zieht sich das wohl ein Jahr hin.

Doch irgendwann geht auch das nicht mehr. Jetzt kommt es zu Erklärungen wie: Die Arbeit weise nicht die Qualität einer Diplomarbeit auf, sie könne deshalb nur als Examensarbeit gewertet werden… Welch schäbiges Verhalten!

Es gab vermutlich keinen Diplombetrug aus politischen Gründen gegen Wallmann. Auch wenn Wallmann das nicht akzeptieren will: „[…] *es will nicht in meinen Schädel.*"[37] Wallmann war – wie auch andere Studenten – einer „Hochstapler-Institution" aufgesessen – so könnte man es als nicht Beteiligter, als nicht Betroffener sarkastisch ausdrücken. Die Betroffenen sehen das bestimmt ganz anders. Oder?

---

[37] In einem Brief vom 28.03.2023 Wallmann an den Verfasser

Und es wird – wie aus den Akten ersichtlich - noch richtig kriminell mit der Aufforderung, eine „Abwertung" von eingereichten Abschlussarbeiten vorzunehmen!

Ich gehe davon aus, dass außer Wallmann auch andere Studenten so behandelt wurden. Die Manipulation und der Betrug seitens der HfM an den Leistungen der Studenten. Korreliert man die Handlungen der HfM mit den Überlegungen der Stasi, am Beispiel Wallmann, „[...] Inhalt und Ausdruck der Kompositionen des Wallmann lassen eine negative oder staatsfeindliche Thematik und Zielstellung vermuten.", dann wird es zum „politischen Verbrechen" an Absolventen der HfM! Oder?

Was lief da für ein schäbiges Spiel zu Lasten der Studenten hinter den Kulissen ab? Die HfM beging Betrug an den Studenten und Nötigung an Dozenten – so einfach ist die Erklärung.

Verständlich, dass da keiner nach 1989 in der HfM an die Aufarbeitung rangehen wollte!

Deshalb blieben in Weimar an der HfM Vierhundertundeins laufenden Meter Archivmaterial unangetastet liegen. An die betrogenen Studenten hat wohl keiner der Direktoren und Dozenten nach 1989 je gedacht! Oder?

Die Mini-Versuche der Archivleiterin nach 1990, den gelegentlich anrufenden Studenten Fragen zu stellen, ob diese irgendetwas wüssten ... oder ... – das war wohl eher Kosmetik. Sollten schäbige Verhaltensweisen zu DDR-Zeiten über das bewusste Vergessen mit dem Ableben der „Opfer" aus der Geschichte der Hochschule für Musik FRANZ LISZT getilgt werden, sich in Nichts auflösen?

Das war die Situation, in der beide, der neue Präsident und der neue Archivleiter, die HfM im Jahre 2010 vorfanden.

Doch wer beschloss schon vor dem Eintreffen des neuen Präsidenten und des Archivleiters sich darauf festzulegen, die lange künstlerische Tradition für die HfM in Anspruch zu nehmen, die politische Verantwortung jedoch auf die Zeit nach 1989 zu begrenzen? So ist wohl auch die Publikation von Huschke „Zukunft Musik"[38] zu lesen. Oder gab es eine unausgesprochene, stillschweigende Übereinstimmung für die Positionierung der HfM in den Jahren der SED-Diktatur? Huschke hat später zu seiner Publikation erklärt, dass er sie heute so nicht mehr schreiben würde. Das spricht für ihn, wenngleich er sich mir gegenüber Jahre vorher noch anders geäußert hat.

Eine Anmerkung zum Auslauf der DDR-Diktatur: Mitarbeitern der HfM bot 1989 der sogenannte Modrow-Erlass Gelegenheit, die eigene Kaderakte[39] mit nach Hause zu nehmen (!) und Unterlagen zu entfernen, neu zu schreiben, was immer

---

[38] Wolfram Huschke: Zukunft Musik. Eine Geschichte der Hochschule für Musik FRANZ LISZT in Weimar, Köln/Weimar/Wien 2006.

[39] DDR-Bezeichnung für Personalakte. Die Kaderakte begleitete die betreffende Person ihr ganzes Leben

der Betreffende als nicht mehr opportun empfand.[40] Mit anderen Worten: Jeder konnte sich selbst seinen Persilschein ausstellen. Das erinnert etwas an die Situation nach 1945: Keiner war nach 1933 freiwillig PG[41] gewesen – Geschichte wiederholt sich eben.

Ich muss noch einmal auf die Podiumsdiskussion bei Radio Lotte zurückkommen. Hildigund Neubert (Moderation) schrieb mir am 21.06.2016 darüber auch: *„[...] Ich kann die Haltung der HfM nicht nachvollziehen, dass sie die damalige Disziplinierung von Wallmann nicht als politischen, möglicherweise durch die Stasi angestoßenen Vorgang erkennen wollen. Und Ich kann Professor Stölzl, den ich für einen gebildeten kulturvollen Menschen halte, nicht verstehen, dass ihm die politischen Hintergründe der Geschichte seiner Hochschule so gleichgültig sind."* Ja, Frau Neubert hat recht: Da scheint ein *Widerspruch* in der Person des Präsidenten offen zu Tage zu treten. Versuchte er vielleicht auf diese von ihm „intern" nicht beherrschbare Situation mit seinem Ausruf: *„[...] es gibt viele Forscher, [...] mögen sie sich auch mit der HfM befassen. Ich fände es toll!",* aufmerksam zu machen? Dieser Ausruf ein Hilferuf? Der Schrei?

Das Jahr 2022 – 150 Jahre HfM

Der ganze Rummel der 150-Jahresfeier ging an mir vorbei – ich hatte ja eigentlich gar nichts mehr mit der HfM zu tun. Ich wiederhole mich. Dann landeten Tonaufnahmen, Zeitungsartikel, … auf meinem Schreibtisch. Ich hörte zu, ich las.[42] Ich gebe dem Leser hier eine Kostprobe, ein typisches Beispiel für den Versuch einer Umkehr der Täter-Opfer-Zuordnung. Das große Programm zu den Feierlichkeiten bringt auch die Vergangenheit für die HfM zurück. Die Presse ist voll. Man spricht von Netzwerken, vom Trommelfeuer gegen die HfM, von Rachefeldzügen und Abrechnung, von agitierter Presse, von Blockaden, von der Sisyphusarbeit einer Aufarbeitung – und davon, dass *„man damals Kompromisse machen musste."*

---

40 Jeder DDR-Bürger besaß *seine* Kaderakte. In diese wurden dienstliche und private Leistungen, Verhaltensweisen und Verfehlungen – wie zum Beispiel das Abhören von Westsendern u. ä. – eingetragen. Bei einem Wechsel des Arbeitsplatzes wanderte die Akte an den neuen Betrieb. Ein verbrieftes Einsichtsrecht von Seiten des Arbeitnehmers existierte nicht. Nach der Wende wurden die Kaderakten als Personalakten weitergeführt, sämtliche Hinweise auf nichtdienstliche Vorgänge wurden jedoch, spätestens auf Verlangen des Arbeitnehmers, entfernt. Das Ganze wurde ermöglicht durch den sogenannten Modrow-Erlass. Nach dem Zusammenbruch der DDR führte Modrow die letzte nicht demokratisch legitimierte Volksvertretung der DDR als Allparteienregierung an.

41 PG: Parteigenosse – Bezeichnung für Mitglieder der NSDAP

42 Z.B. Thüringische Landeszeitung (TLZ) vom 16.2.2016: Kein Tag der Abrechnung, Michael Helbing.

Prof. Gülke[43] spricht im Vorfeld des 150-jährigen Jubiläums der HfM von einer *bedrängten Vorgeschichte:*

„Man habe unter einem Trommelfeuer von Leuten gestanden, die im Grunde fast auf Racheakte aus waren, von Leuten, die Aufarbeitung und Denunziation nicht auseinanderhalten können."

Ich vermute, Gülke hat nur die Situation geschildert, wie sie sich Außenstehenden darbot. Zu sehr ist er sich der Hinterlassenschaft der ehemaligen DDR bewusst, denn er kennt diese DDR aus eigener Erfahrung. Doch entscheidend ist, wie derartige Statements in der Öffentlichkeit interpretiert werden. Wem nützen sie und wem schaden sie. Empathie für die Täter oder für die Opfer? Das ist hier die Frage – klassisch.

Ich schrieb Gülke und wies darauf hin:

„[...]einige Personen befürchten – scheinbar nicht ohne Grund – dass die HfM weiterhin an der Fixierung des Images einer (moralisch) untadeligen Hochschule arbeitet – zumindest in der näheren Vergangenheit. Es ist menschlich verständlich, wenn in der Phase großer gesellschaftlicher Veränderungen – der Zusammenbruch der DDR – Funktionsträger bestrebt waren, gleitend in die neuen Verhältnisse hinüberzuwechseln und ihren Status weiterhin zu fixieren. So traf es erneut diejenigen, die schon zu DDR-Zeiten leiden mussten, deren Laufbahnen beschädigt oder zerstört wurden. [...] So ist verständlich, wenn jetzt Personen „aggressiv" reagieren und eine weitere Weißspülung der HfM befürchten."

---

[43] Peter Ludwig Gülke (* 29. April 1934 in Weimar) ist ein deutscher Dirigent, Musikwissenschaftler und Musikschriftsteller.

Der Schrei

Oder war es eine Einladung?

Treten Sie ein.
Vierhundertundeins laufende
Meter warten auf Sie.

Der Getränkeautomat ist
gleich links hinter der Tür.

Der Schrei – Eine Einladung?

Hatten wir den Präsidenten Stölzl bei der Podiumsdiskussion vielleicht falsch verstanden? Beim Lesen des Beitrages von Prof. Meinhold – „Zensuren-Manipulation als politische Strafmaßnahme" – ahnte ich, wie das Aktenstudium bei der BStU[44] ihn aufgewühlt haben musste. Meinhold verzichtet, wie er schreibt, fast vollständig auf hochschuleigene (HfM) Personalakten sowie SED-Parteiakten, da er mit deren Unvollständigkeit ohnehin rechnen musste. Stichwort: Modrow-Erlass.

Vierhundertundeins laufende Meter im Archiv der HfM, dann noch HfM-betreffende Dokumente aus der ehemaligen MfS-Kreisdienststelle Weimar, der SED-Kreisleitung. Was mag da noch an Niedertracht, Infamie, Gemeinheit, ... drinstecken? Über die Professoren, die Studenten und natürlich auch über ihren eigenen Spitzelapparat vor Ort!

Was ist nach 1989 falsch gelaufen? Prof. Meinhold formuliert es so:

„Für die heutige Hochschule für Musik Weimar als eine zur moralischen Haftung verpflichtete Rechtsnachfolgerin jener Hochschule, unter deren Unrechtsaktionen und Schikanen u.a. H. Johannes Wallmann zu leiden hatte, wäre es unerlässlich gewesen, mit aller Kraft dazu beizutragen, den Unrechtscharakter des Geschehenen zu erkennen, ihn zu verdeutlichen und zu bedauern. Zumindest hätte eine moralische Rehabilitierung erfolgen können, wie sie an anderen thüringischen Hochschulen in den 1990er Jahren in größerer Zahl geleistet wurde."

Meinhold benennt – zusammengefasst in einem Satz – das *weiterhin bestehende Problem* der HfM: Das bis heute fehlende Unrechtsbewusstsein – für *Verhaltensdefizite* aus den Zeiten der SED-Diktatur, die bis heute die HfM belasten.

Joachim Gauck, der erste Bundesbeauftragte für die Unterlagen des Staatssicherheitsdienstes (BStU), hat 1991 formuliert:

„Wie wir das Problem der Stasi-Akten auch drehen und wenden – wir werden besser damit fertig, wenn wir Einblick nehmen können in dieses unheimliche Erbe der untergegangenen DDR."

Und so bleibt weiter der Makel an der Hochschule für Musik FRANZ LISZT Weimar hängen, dass der Neuanfang nicht stattfand, weil die Auseinandersetzung mit der

---

44 BStU: Bundesbeauftragter für die Stasi-Unterlagen

SED-Diktatur in ihren (!) Räumen nicht stattfand, denn „[...] das setze eine Sisyphusarbeit voraus, die hier niemand zu leisten vermag."[45]

Meixner schrieb mir im Februar 2023:

> „Wie Sie wissen, steht das Archiv allen offen, die zum Thema arbeiten wollen und von meiner Seite erhalten die Interessenten alle Unterstützung, die ich zu leisten im Stand bin. [...] Doch die Leute haben einfach ganz andere Sorgen und derzeit kein Interesse an DDR-Geschichte."

Ich denke, Meixner bringt es auf den Punkt. Als man die Vorgänge der SED-Zeit hätte aufarbeiten können, war, aus vielerlei Gründen, kein Interesse vorhanden. Heute, wo eine neue Mannschaft die HfM führt, da hat man andere Sorgen – treffend vom Archivleiter der HfM formuliert. Nachdenklich stimmt Meixners Aussage in einem Punkt:

> „Wie sie wissen, steht das Archiv allen offen, die zum Thema arbeiten wollen."

Das halte ich für eine nicht zulässige Umkehr der „Beweislast". Die HfM erwartet doch nicht wirklich, dass die Betroffenen anfangen, in den Vierhunderteins laufenden Metern nach Erklärungen für ... und nach ... zu suchen? Die HfM hat hier eine Bringschuld!

Was übersehen wird: Wir wissen, dass ehemalige Studenten – die Unterlagen aus ihrer Studentenzeit benötigten – bei Anrufen im Archiv der HfM, von der damaligen Archivarin, Irina Lucke Kaminiarz, gefragt wurden, ob der Anrufer etwas über studentischen Widerstand an der HfM zu DDR-Zeiten wisse. Diese Frage stand in Zusammenhang mit ihrem geplanten Projekt „Studentischer Widerstand an der Staatlichen Hochschule für Musik Weimar 1933–1956".[46] Dies erlebte auch Herr Wallmann, als er sich nach seiner Studentenakte im Archiv der HfM erkundigte. Auf ihre Frage ging Wallmann jedoch nicht ein, aus Sorge, es könne dann Probleme mit der Herausgabe seiner Unterlagen geben.[47] Er misstraute der HfM.

Ich gehe davon aus, dass auch andere von der Archivleiterin angesprochene ehemalige Studenten der HfM ähnlich ängstlich reagierten, da Frau Lucke-Kaminiarz an der HfM unter anderem auch das Fach ML (Marxismus-Leninismus) unterrichtet haben soll. Das macht Vorbehalte gegen sie verständlich.

---

[45] Christoph Meixner, Leiter des Weimarer Hochschul- und des Landesmusikarchivs; 150 jähriges Jubiläum der HfM, Podium im Festsaal des Fürstenhauses am 6. Februar 2022.

[46] Diese Information stammt aus einem Gespräch mit Herrn Wallmann, als er über seinen Anruf im Archiv der HfM berichtete. Da zu diesem Zeitpunkt bereits ein Teil der Hochschulakten vernichtet war, ist zu vermuten, dass die Hochschularchivarin auf diesem Wege Informationen zum Thema sammeln wollte.

[47] Ebd.

Außerdem, wer von den Betroffenen ist heute, altersbedingt, überhaupt noch in der Lage, das Angebot einer Akteneinsicht in der HfM wahrzunehmen? Wer hat mit der HfM nicht „bereits längst abgeschlossen"? Und wer alles hat einfach nur resigniert? Meixners Hilfsbereitschaft, seine Intension, bei einer Aufarbeitung zu helfen, sind zweifelsfrei und unbestritten. Doch das ist nicht die Botschaft, die von der HfM erwartet wird.

Man *blockte*, indem man nichts tat. Huschkes Publikation „Zukunft Musik" kam zeitlich *passend* auf den Markt. Sie sollte wohl der *Persilschein* für die HfM-Geschichte sein. Schade um Huschke und seine unbestreitbaren Fähigkeiten und Verdienste. Huschke hat sich instrumentalisieren lassen. Seine Einsicht „[...] *Ich würde sie [die Geschichte der Musik] so heute nicht mehr schreiben.*" kommt zu spät.

Für viele betroffene Studenten als auch Dozenten muss das Erreichte (ich überlege gerade: Was wurde eigentlich erreicht?) unbefriedigend sein. Dabei wäre es so einfach gewesen: Rehabilitierung, Entschuldigung, Würdigung der tatsächlich erbrachten Leistungen aller der von dieser rigiden SED-Politik Betroffenen und Geschädigten! Punkt!

Ist es so schwer, zu sagen: „Wir vergaben damals Diplomarbeiten, obwohl wir das noch nicht durften? Wir wissen, dass damit Studenten um das Ergebnis ihrer Arbeit betrogen wurden. Wir wissen, es gab Erpressung und Einflussnahmen und Druck durch SED und Stasi auf unsere Mitarbeiter, Leistungen bei nicht „systemkonformen" Studenten abzuwerten. Wir wissen, dass wir damit Biografien verändert und mögliche Karrieren und Entfaltungsmöglichkeiten eines Teils unserer damaligen Studenten behindert haben. Dafür möchten wir uns bei allen entschuldigen".

Andere Hochschulen haben es vorgemacht. Warum eigentlich nicht die HfM? Befürchtet man einen Image-Schaden? Die HfM belastet weiter die Hypothek von Altlasten aus der DDR-Zeit. Trägt sie diese nicht angemessen ab, wird sich alles *vergleichbar* wiederholen![48] Dann wird auch das schönste Konzert nur ein Abgesang auf die Demokratie sein.

Das sollte die derzeitige Präsidentin[49] der HfM bedenken.

* * *

---

[48] Prof. Stölzl Amtszeit an der HfM lief im Juni 2022 aus, er verstarb am 10. Januar 2023.
[49] Prof. Anne-Kathrin Lindig übernahm – als Nachfolgerin von Stölzl – im Juni 2022 die Präsidentschaft der HfM.

Ein Resümee

Vielleicht ist mit dieser Publikation ein *ganz klein wenig* der Hilferuf – Oder war es doch eine Einladung? – von Professor Stölzl in Erfüllung gegangen, wenn er formulierte: *„[...] es gibt viele Forscher, die sich mit der DDR befassen. Mögen sie sich auch mit der HfM befassen. Ich fände es toll."* Die HfM selbst hatte er in diesem Ruf wohl nicht einbezogen.

Dass überwiegend Laien den Ruf des ehemaligen Präsidenten der Hochschule für Musik FRANZ LISZT Weimar aufgegriffen haben, dürfte ein Anachronismus in der Geschichte der HfM sein.

Sollten die Täter vielleicht einmal versuchsweise in die Haut der Opfer schlüpfen? Warum erwarten die *„Einen"* eigentlich – und das gilt anscheinend weltweit und zeitübergreifend –, dass Ihnen die *„Anderen"* immer (!) vergeben müssen?

Müssen sie das wirklich? Was, wenn *die* einmal nicht mehr mitspielen und die Sache in die eigenen Hände nehmen, wenn die Institutionen *nicht können* oder *nicht wollen*? Was immer auch die Gründe sein mögen.

Ich hätte dafür Verständnis. Dieser Frage bin auch ich schon einmal nachgegangen in „Chronik einer angekündigten Flucht",[50] der Beschreibung meiner Flucht aus der DDR über vier Grenzen in die Bundesrepublik.

Marko Martin[51] hat im zum 70. Geburtstag von Lutz Rathenow[52] erschienenem literarischen Lebenslauf „Trotzig lächeln und das Weltall streicheln" eine kleine Erzählung unter dem Titel „Töten lernen" aufgenommen, die sich mit der Opfer-Täter-Beziehung beschäftigt.

* * *

[50] G.Knoblauch, Chronik einer angekündigten Flucht; Verlag BoD Norderstedt, 3. Aufl. 12/2022, ISBN: 978-3-756-82876-0, Vorwort Matthias Rößler, Präsident des Sächsischen Landtags.

[51] Marko Martin, (Herausgeber und Geleitwort der Publikation) geb. 1970, Burgstädt, Deutscher Schriftsteller und Publizist, siedelte 1989 wegen eines Hochschulverbots aus politischen Gründen und als Kriegsdienstverweigerer aus der DDR in die Bundesrepublik über.

[52] Lutz Rathenow, Literat, Schriftsteller, Journalist, von 2011 bis 2021 Sächsischer Landesbeauftragter für die Stasiunterlagen.

Zur Erinnerung und zum Nachdenken

Vor 20 Jahren am 5. Dezember 1989 nahm mit der Besetzung der ersten Dienststellen der Staatssicherheit in Erfurt und anderen Bezirksstädten der DDR ein einmaliges Unternehmen seinen Anfang: die Sicherung des Aktenbestandes des Ministeriums für Staatssicherheit (MfS) der DDR und die Öffnung dieses Bestandes für die Aufarbeitung der SED-Diktatur.

Dahinter steht der Grundgedanke, dass der Neuanfang einer demokratischen Gesellschaft die aktive Auseinandersetzung mit der Vergangenheit unter der Diktatur erfordert. Joachim Gauck, der erste Bundesbeauftragte für die Unterlagen des Staatssicherheitsdienstes, hat diese Überzeugung 1991 mit den folgenden Worten zum Ausdruck gebracht: "Wie wir das Problem der Stasi-Akten auch drehen und wenden – wir werden besser damit fertig, wenn wir Einblick nehmen können in dieses unheimliche Erbe der untergegangenen DDR."

Nach der Volkskammerwahl bildeten sich zwei Lager. Die Bundesregierung und die DDR-Regierung unter ihrem Ministerpräsidenten Lothar de Maiziere einigten sich schnell, dass die Akten umgehend geschlossen werden sollten – "differenzierte Vernichtungsregelungen" inbegriffen,[...].
Die Innenminister Wolfgang Schäuble (West) und Peter-Michael Diestel (Ost) machten keinen Hehl daraus, dass sie innere Befriedung durch einen klaren Schlussstrich und Generalamnestie wollten.

De Maiziere warnte vor "Mord und Totschlag" im Falle einer Offenlegung von IM-Namen und Schäuble plädierte für einen "möglichst restriktiven Um- und Zugang" zu den Stasi-Akten (Der Vertrag, S. 273). Im Einigungsvertrag sollte daher ein Straffreiheitsgesetz [...] aufgenommen werden. Dagegen formierte sich breiter Protest: praktisch die gesamte Volkskammer, die Aktivisten der Bürgerkomitees und die Mehrheit der ostdeutschen Bevölkerung votierten für die Öffnung der Akten. [...] Nach hektischen Verhandlungen beugten sich die beiden Regierungen schließlich dem Druck. Ein Jahr später, im Dezember 1991, nahm der Bundestag das Stasi-Unterlagen-Gesetz an.

* * *

---

[53] Bundeszentrale für politische Bildung, Stand 21.03.2022

Relikte der DDR-Musikausbildung am Beispiel der Hochschule für Musik FRANZ LISZT Weimar

Radiosender Tonkuhle Hildesheim

Anmoderation Dr. Muntschick mit Peter Rompf

Anlass dieser Sendung von Radio Tonkuhle am 9.12.22

Das Sendegebiet von Tonkuhle Hildesheim reicht von Hannover bis fast nach Braunschweig. Der Sender Radio Tonkuhle wurde bekannt durch eine Vielzahl Themensendungen von jeweils 55 Minuten, die von DDR-Witzen (ihren soziologisch-politischen Hintergrund), Sendungen über das Ministerium für Staatssicherheit der DDR (15 Themenabende), diverse musikwissenschaftliche Sendungen bis hin zu Begleitsendungen von ProLaTio-Konzerten [54] reichen.

Das Thema HfM Weimar entstand im Dezember 2022. Dr. Muntschick – verantwortlich für die Zugangsoffenen Sendeplätze – rief bei Peter Rompf an: *„Herr Rompf, Sie haben doch einmal über ihre Erlebnisse mit der Hochschule für Musik Weimar erzählt. Wir haben dafür einen Sendeplatz für Dezember 2022 vorgesehen ..."*

---

[54] Das Ensemble ProLaTio wurde 1982 von Peter Rompf gegründet.

Thomas Muntschick, Peter Rompf

Relikte der DDR-Musikausbildung am Beispiel der Hochschule für Musik FRANZ LISZT Weimar

Radio Tonkuhles Forum der Zugangsoffenen Sendeplätze

Thomas Muntschick:
Liebe Hörerinnen und Hörer, die nächste Stunde werden Peter Rompf und Thomas Muntschick verantworten.
Sie werden wahrscheinlich, das eine oder andere Mal, schon einmal in Weimar gewesen sein. In Weimar waren alle möglichen Leute – die deutschen Klassiker Schiller, Goethe und Herder, und es war später dann die Stasi in Weimar, es war ‚der Ivan' in Weimar, es waren „die Wessis in Weimar" (Rolf Hochhuth) und drehten das Ganze auf „unser Weltniveau" – und was lange da war: Das war die Hochschule für Musik, heute genannt Hochschule FRANZ LISZT, die in diesem Jahr 150 Jahre ihres Bestehens feiert.
Anlässlich eines Besuches, den ich jetzt im Herbst 2022 in der Stadt machte – und in Gesprächen darüber – bin ich mit Peter Rompf übereingekommen, Ihnen noch einmal vorzustellen, was da so alles passiert in so einer kleinen Stadt.
Und wie da immer noch der Schoß fruchtbar ist, aus dem manches kroch, was in der Stasi-Aufarbeitung eigentlich begonnen wurde, aber immer noch nicht abgeschlossen wurde.
Der eigentliche Skandal, um den es auch heute in dieser Sendung gehen wird, liegt nicht darin, dass die Sozialistische Einheitspartei Deutschlands mit ihrem Ministerium für Staatssicherheit bekanntermaßen die Kunst und die Künstler für ihre Zwecke instrumentalisierte oder – wenn sie sich verweigerten – diese ausgrenzte und zersetzte, sondern darin, dass noch heute in der Musikwissenschaft – eigentlich völlig unverdächtig, würden Sie denken – Mentalitäten vorherrschen, dies zu vernebeln.
Und wenn man dann so wie wir in einem dieser Räume sitzt und jungen Jazzmusikern zuhört, dann sind solche Sachen einem so fern, und dann reibt man sich verwundert die Augen, wenn man in diesen Abgrund hineinblickt.
Der Chef des Ministeriums für Staatssicherheit, Erich Mielke, ließ sich zum Beispiel so vernehmen, und das dokumentiert den Geist der Zeit damals in der DDR.

O-Ton Erich Mielke:
„Auch wenn es in unserer Republik für die Organisierung einer inneren, einer anti-sozialistischen Opposition keine sozialökonomische Basis gibt, so gibt es aber trotzdem in unserer Gesellschaft noch genügend Menschen mit rückständigen und

feindlichen Auffassungen, gibt es nicht wenige Feinde des Sozialismus, nicht wenige, Genossen. Ich bin nur höflich...“

Thomas Muntschick:
Die Frage, die wir – Peter Rompf und ich – heute hier stellen wollen: Wird hier absichtlich die jüngste Geschichte geklittert? Werden bewusst Stasi-Täter immer noch geschützt? 30 Jahre nach der Wiedervereinigung? Und wird Stasi-Opfern eine Rehabilitation verwehrt?
Diejenigen, die das hautnah mitbekommen haben, wie der Professor Gottfried Meinhold aus Jena, die sind jetzt weit in die 80er in ihrem Leben fortgeschritten. Sie sind die letzten Zeitzeugenquellen, die da den Finger in manche schwärende Wunde legen können. Aber hören wir erst einmal, was Peter Rompf uns zu diesem ganzen Hintergrund zu erzählen weiß.

Peter Rompf:
Ja, Herr Muntschick, Sie haben recht, manchmal sieht es so aus, eigentlich nicht nur manchmal, sondern fast durchgehend, als wenn man die biologische Lösung einfach einmal abwartet, die Gedächtnisträger einfach wegsterben zu lassen. Damit hat sich auch die Aufarbeitung erledigt.
Ich lese Ihnen einen Brief vom 27. April 2017 an den Präsidenten der Musikhochschule FRANZ LISZT Weimar einmal vor – Sie sehen, die Dinge laufen schon länger.

„Sehr geehrter Herr Präsident Stölzl, aus verschiedenen Publikationen konnte ich – sehr erstaunt darüber – entnehmen, dass Ihrer Meinung nach die Aufarbeitung der Geschichte der Musikhochschule Weimar zu DDR-Zeiten bereits erledigt sei und alle in der Zeit dieses Elendsstaates DDR begangenen Ungerechtigkeiten beglichen seien.
Dies ist mein Eindruck mit meinen Worten als Musiker. Ich muss diesen Aussagen widersprechen. Ich war im Jahr 1959 Student der katholischen Kirchenmusik an der Musikhochschule Weimar. Eines Tages, im Herbst 1959 ließ mich und noch andere Mitstudenten der Hauswart nicht ins Haus mit der Mitteilung, dass wir ab sofort Hausverbot hätten. Die Nachfrage nach einer Begründung für diese Relegation ergab nur eine weitere Drohung. Wenn wir nicht sofort verschwänden, erfolge die Zuführung durch die Volkspolizei. Meine wichtigen Examina konnte ich zum Glück in kirchlichen Einrichtungen ablegen.
Weitere Qualifikationen nach meinem Rauswurf aus diesem „Gelobten Land“ erwarb ich danach an der Musikhochschule München. Alles das sind Erlebnisse, auf die ich gerne verzichtet hätte. Die Ideologie dieses Elendsstaates DDR allerdings ließ selbstständiges Handeln und Denken nicht zu (siehe mein Buch ,Operativer

Vorgang Kreis' auch in Sachen Musik)[55]. Nicht nur dieser meiner Erlebnisse wegen erwarte ich zwar keine Entschuldigung seitens ihres Institutes, aber wenigstens eine ehrliche und gründliche Aufarbeitung der Vergangenheit.
Eine biologische Lösung und Verdrängung hinterlässt nur einen faden Nachgeschmack und dient nicht der Zukunft.
Ich grüße Sie trotz meiner Verärgerung in dieser großen Angelegenheit freundlich. "

Als Antwort kam ein nichtssagender 3-Zeiler. Diese Geschichte spinnt sich bis heute fort, und ich habe keine Antwort außer dem bereits erwähnten Blabla-Antwortbrief vom ehemaligen Präsidenten Stölzl.

[Einspielung Florence Foster Jenkins: Mozart, „Der Hölle Rache ...“ aus der Oper „Die Zauberflöte" KV 620, 1944 Carnegie Hall, 1'24 Min.]

Thomas Muntschick:
Diese Misstöne entnahmen wir einem Mitschnitt eines Auftritts von Florence Foster Jenkins, die Diva der falschen Töne und Königin der Dissonanzen. Auch im Jubiläumsjahr – 150 Jahre FRANZ LISZT Musikhochschule in Weimar – sind Misstöne zu hören, was die Aufarbeitung der SED-Vergangenheit als auch die der Stasi-Vergangenheit dieser Hochschule betrifft.
Und es stellt sich die Frage, ob die Hochschule für Musik in Weimar eine der letzten roten Bastionen der ehemaligen DDR ist, die zwar die kulturellen Leistungen der Vergangenheit für sich in Anspruch nimmt, ihre Verantwortung für die politischen Verformungen zu DDR-Zeiten aber von sich weist.
Es gibt auch schon Gerüchte, dass die gerade neu inthronisierte Chefin des Hauses lieber nach vorn als zurück schaut. Aber das muss die Stadt-Gesellschaft-Weimar mit sich selbst ausmachen.
Wir wollen noch einmal nachfragen: Peter Rompf, was lief denn eigentlich an Initiativen nach der Öffnung der Stasi-Archive?

Peter Rompf:
Zunächst einmal der sogenannte Modrow-Erlass aus dem Jahr 1990. Dieser besagte, dass jeder im Personal der Musikhochschule Weimar 14 Tage Zeit hatte, seine Personalakte zu säubern.
Da waren sie aber fleißig, und das Ganze ging in einer Routine vor sich, so dass ein Archivar ziemlich große Schwierigkeiten hat, noch irgendetwas aufzufinden, denn diese Besen haben ziemlich gründlich gekehrt. Es ist fast nichts übriggeblieben, außer dass man gelegentlich auf einen Zufallsfund in anderen Archiven stößt – wie

---

55   Peter E. Rompf, Operativer Vorgang Kreis, Erstauflage 1997, Scius-Verlag, Neuauflage BoD, 2016, ISBN: 978-3-946331-15-5.

zum Beispiel in der Behörde des ehemaligen Bezirkes Gera, oder in der Behörde für die Unterlagen des Staatssicherheitsdienstes der DDR (BStU).[56]

Prof. Dr. Meinhold hat in seiner Publikation „Prominente Professoren der Musikhochschule Weimar als Handlanger der DDR-Staatssicherheit"[57] große Mühe gehabt, diese Dokumente zusammenzutragen. Dabei stieß er auch auf den Fakt, dass es sehr schwierig war, mit den ungeordneten Restbeständen des Archivs der Musikhochschule Weimar eine Chronologie der Ereignisse und der Inhalte zusammenzustellen. In seinem Buch, das 2021 erschien, werden zwei namhafte Professoren aufgeführt.

Meinhold wurde, soviel ich hörte, nicht gerade mit Lorbeeren überhäuft, als dieses Buch erschien. Wie es aussieht, stellt jede Veröffentlichung über die Musikhochschule Weimar – oder, präzise gesagt, jede externe Veröffentlichung – so eine Art Beschmutzung und Beschädigung des selbstauferlegten, glänzenden Lackes dar und versucht, dem zu entgegnen.

Ich hatte damals dem Archivleiter des Weimarer Musikhochschule-Archivs, Christoph Meixner, der zugleich auch Musikwissenschaftler ist, vorgeschlagen, man könne doch für die damaligen Musikstudenten – derer man noch habhaft werden kann – und die heute Instrumentalisten oder Komponisten sind, sowas wie ein Entschuldigungs-Konzert einmal in großem Stile veranstalten, damit alle Welt auf musikalischer Ebene erkennt: Hier lief Unrecht, wir versuchen mit unseren wenigen *hilflosen* Mitteln ...

Gutmachung geht eigentlich nicht, denn es sind Leute, auch durch die Handlung von Lehrern der Musikhochschule in Zusammenarbeit mit der Staatssicherheit im Knast gelandet.

[*CD-Einspielung (Fortsetzung) Florence Foster Jenkins: Mozart, aus der Oper „Die Zauberflöte", „Der Hölle Rache ..." Arie KV 620, 1944 Carnegie Hall, 0'29 Min.*]

Die HfM und der Nationalsozialismus – Gemeinsamkeiten bei der Aufarbeitung?

Thomas Muntschick:
Peter Rompf, der Vorwurf sagt ja, dass es – ähnlich wie bei der Aufarbeitung des Nationalsozialismus – jetzt auch bei der Aufarbeitung des DDR-Regimes im Musikbereich keine Aufarbeitung der, wie es heißt, totalitären Mentalitäten und Strukturen gab.

---

[56] Mit Wirkung zum 17.Juni 2021 wurde die BStU aufgelöst und in das Bundesarchiv überführt.

[57] Gottfried Meinhold; „Prominente Professoren der Musikhochschule Weimar als Handlanger der DDR-Staatssicherheit", Arbeitspapiere des Forschungsverbundes SED-Staat an der Freien Universität Berlin, Nr. 52/2021.

In Westdeutschland hat man nach 1945 ein bisschen was gemacht. Aber im Nachwende-Deutschland? Viele dieser vormals von der SED als formalistisch, spät bürgerlich dekadent oder staatsfeindlich diffamierten Künstler, die mit ihrem autonomen Kunstbeharren dem SED-System widerstanden hatten, wurden weiterhin marginalisiert und ausgegrenzt. War es der gezielte Versuch, der Staatsführung im Kulturbereich, wirklich nur das „heranzuziehen", was ins eigene Konzept passte? Was passierte da? Dieser Laden war tatsächlich auch IM-durchsetzt. Im Lehrkörper!

Peter Rompf:
Ja, natürlich gab es auch Personen, das muss man denen zugutehalten, die versuchten aufrechten Ganges durch die Institutionen zu gehen und die sich verweigert haben. Es gab aber auch Karrierehengste – wie man im Volksmund sagt – die wirklich, egal was es kostete, den Weg auf der Karriereleiter hochsteigen wollten. Von allein haben sie es nicht geschafft. Also haben sie die Hilfe der Partei und des Staatssicherheitsdienstes gern angenommen. Dass sie da nebenbei Kommilitonen oder Kolleginnen und Kollegen des Lehrkörpers aus Versehen mit, oder was heißt aus Versehen – gezielt oder skrupellos wären die richtigen Worte – in die Tonne getreten haben, ihnen eventuell sogar Knastaufenthalt bescherten, Exmatrikulation! Das war etlichen Leuten schnurzegal.

Thomas Muntschick:
Wer hat denn nun eigentlich den Stein ins Rollen gebracht? Hat es tatsächlich irgend so einen Zeugen gegeben, dessen Fall quasi in der Öffentlichkeit eben auch zu einem Raunen – im Westen ist ja so gut wie nichts davon angekommen – geführt hat? Ich kann mich jedenfalls nicht erinnern, dass ich irgendwo mal eine Schlagzeile gelesen hätte, dass es da einen Skandal gab.

Peter Rompf:
Naja, so wie ein Skandal ... Natürlich hat man in Weimar nach 1990 versucht, Skandale unter der Decke zu halten oder möglichst gar nicht aufkommen zu lassen. Zum Beispiel mein Komponisten-Kollege Johannes Wallmann in Berlin. Er hat in seinen Stasi-Akten und dem Archiv der Musikhochschule Weimar angefangen zu recherchieren und verschiedene Funde gemacht: sein Staatsexamen oder sein Diplom betreffend. Wallmann, als Pfarrerssohn, wurde damals ziemlich geschnitten. Er kam immerhin, obwohl nicht FDJ-zugehörig,[58] an die Musikhochschule. Zum Kompositionsstudium, das ihm als Nebenschauplatz zugebilligt wurde – offiziell studierte er Fagott, das er dann mit von der Hochschule getürkten Zensuren, mit runtergedrückten Noten abschloss. Runtergedrückt, weil er nicht willfährig war, dem System zu dienen. Hinterher stellte sich heraus, dass

---

[58] FDJ: Freie Deutsche Jugend – Jugendorganisation der SED

offensichtlich die Musikhochschule Weimar für die Ausstellung bestimmter Abschlüsse nicht befugt war. Nicht berechtigt, ein Diplom zu verleihen, um den akademischen Weg gehen zu können. Man hat aber die Formulare verwendet.

Man weiß nicht so genau, ob da ein Möchtegern aber Nicht-Könner dahinterstand. Oder ob die Reform – die später auf diesem Gebiet vollzogen wurde – von der HfM schon *vorausgenommen wurde*, weil man ja um jeden Preis die größte Musikhochschule in der DDR sein wollte Es gab auch Konkurrenzkämpfe innerhalb der DDR unter den Musikhochschulen.

Die einen fühlten sich kuschlig aufgehoben, die anderen fühlten so was wie Freiheit. Doch was heißt Freiheit in diesem Rahmen? Es war ein Chaos. Die Studenten, wie am Beispiel Wallmann zu sehen ist, waren der Willkür des Systems und vor Ort der Willkür des jeweiligen Institutes ausgesetzt.

Prof. Meinhold beschreibt das gut in seinem Beitrag *„Zensuren-Manipulation als politische Strafmaßnahme an der Hochschule für Musik FRANZ LISZT Weimar"*[59] im neuesten Heft der Zeitschrift des Forschungsverbundes SED-Staat. Zensuren-Manipulation als politische Strafmaßnahme mit skandalösem Nachspiel. Und das geht bis heute so.

Wallmann – zum Beispiel – musste im Bundesstaat Thüringen regelrecht um seine Rehabilitierung betteln gehen.

Ja, Leute, war es in der DDR so schön, dass man da noch betteln gehen muss? Dass alle Verantwortlichen dieses Landes sich das Problem zuschoben, bis es irgendwo eventuell unter einem Teppich verschwindet, das ist die Realität!

> [CD-Einspielung: *„Die Partei führt uns gut"*, Text: H. Stöhr, Musik: H. Nier]
> *Sie hat uns den Frieden erhalten*
> *Und gab uns zum Aufbau den Mut;*
> *Verantwortung gab sie und Ziele*
> *Die Partei führt uns gut …*

150 Jahre HfM – Feierlichkeiten und Peinlichkeiten

Thomas Muntschick:
Nun kommt man auf die Idee, bei einem Ministerpräsidenten Ramelow von der Linken, dass vielleicht dann doch genauer hingeschaut wird und das eigentlich im Sinne einer demokratischen, neuen Kultur in diesem Land, in dem auch Herr Höcke von der AfD sein Unwesen treibt. Dass genau hingeschaut wird, dass auch auf Gerechtigkeit geachtet wird und so etwas wie eine Rehabilitation der Opfer erfolgt.

---

[59] Heft 49/2022, Zeitschrift des Forschungsverbundes SED-Staat der Freien Universität Berlin, S. 133-144.

Sie sagten vorhin: wunderbare Aktion, großes Konzert, große Wiedergutmachung. Das hätte in diesem Jahr angestanden! Jubiläum, das wäre ein ganz tolles Podium gewesen. Da hätten alle hingeguckt und dann wäre vielleicht auch das, was damals schon Jahrzehnte lang zum Teil zurückliegt, in Anführungsstrichen, etwas geheilt worden.

Peter Rompf:
Ja, schön wäre es gewesen, aber das läuft, glaube ich, wieder unter der Rubrik: Vertane Chancen - gezielt oder aus Schlamperei, mag jeder der Beteiligten selber entscheiden. Ich glaube, es gibt nur eine Antwort.
Der Leipziger Roland Mey hat in der Zeitschrift des Forschungsverbundes SED-Staat, an der FU Berlin angesiedelt, einen sehr interessanten Beitrag geschrieben. „Die Gegenwart der Vergangenheit – 150 Jahre Hochschule für Musik FRANZ LISZT Weimar". Dieser 150. Hochschulgeburtstag wurde im Januar und Februar 2022 in Weimar mit dem Leitmotiv „Zurück in die Zukunft" gefeiert und im Internet auch groß angekündigt.
Aufgeteilt auf vier große Blöcke lässt die Hochschule in Podiumsdiskussionen die historischen Schlüsselereignisse Revue passieren, reflektiert ihr Handeln und ihre Lehre unter den jeweiligen Vorzeichen, versucht Antworten auf gegebenenfalls offene Fragen zu finden.
Man hat auch Leute eingeladen, aber einige, die man eingeladen hatte – Ich weiß nicht, ob da eine gezielte Einladungsstrategie dahinterstand – die haben abgewunken. Sie sagen, in *diesen Laden* kommen wir nicht, denn wir sind so vergnatzt. Es reicht!
Was sollen wir auf einem Podium, wo nicht im Vorfeld geklärt wurde: „Wir bitten um Entschuldigung, wir haben Scheiße mit Euch gebaut, wir stehen zu unserer Tradition der Musikhochschule, aber dafür sind wir auch verantwortlich! Von Anfang an! Beginnend mit der Chronologie des Dritten Reiches ..." – aber das ist wieder ein eigenes Thema.
Ich wurde nicht eingeladen. Ich habe mir den Spaß erlaubt und habe an die Musikhochschule Weimar einen Brief geschrieben. Ich würde gerne zu dem Podium „DDR-Vergangenheit der HfM" im Februar kommen. Ich möchte Sie um ihre Hilfe bitten, wo kann ich übernachten, wo finde ich einen Parkplatz und ... Dreimal dürfen Sie raten: keine Antwort.

[CD-Einspielung: „Die Partei führt uns gut", Text: H. Stöhr, Musik: H. Nier, 1'20 Min.]
Kinder lachen hell in den Straßen,
lustig anzusehen und bunt.
Milch ist da und Brot und Naschwerk
und die Sonne groß und bunt.
Die Partei führt uns gut.

Thomas Muntschick:

Und es fehlt sozusagen dann auch das Korrektiv einer kritischen Öffentlichkeit und ich denke, da treten wir den Bürgern der Stadt Weimar nicht ganz so nah, wenn man sagt, na ja, in so einer kleinen Stadt, wer kümmert sich denn darum, da gibts ja 1000 andere Probleme.

Nun müssen wir vielleicht mal zur Hochschulsituation nochmal etwas anmerken. Ich habe den Eindruck, dass sehr viele aus dem Lehrkörper auch in Leipzig unterwegs sind, dass sehr viele auch in Berlin unterwegs sind, ein Stop-over machen, ihr Lehrdeputat erfüllen und dann überlassen sie die Stadt wieder den Studenten. Gibt es eigentlich zu wenig kritische, begleitende Öffentlichkeit? Ist die Thüringer Zeitung auch bemüht als große Lokalzeitung, da eher die Sache flach zu halten?

Peter Rompf:

Zu der Verhaltensweise der Thüringer Zeitung kommen wir noch. Sie sagen, die HfM ist eine ICE-Hochschule, also eine Durchreise-Kaderhochschule. Man muss das ja auf die Studenten auch mit ausweiten. Wenn man annimmt, dass – über den Daumen gepeilt – 40 bis 50% der Studierenden Asiatinnen und Asiaten sind oder aus anderer Herren Länder kommen, die versuchen, ihr Hochleistungs-Turbo-Studium durchzuziehen, dass die sich natürlich einen feuchten Kehricht um die Belange der HfM-Geschichte und der geschichtlichen Aufarbeitung kümmern.

Natürlich ist das auch wieder dem Lehrkörper zu schulden, dass die sich als Lehrer die ja lehren und nicht nur konsumieren – diese Informationen sich auch einmal abholen, aus den Geschichtsbüchern, aus den Archiven, und ihren Studenten weitervermitteln.

Über das Tastendrücken oder über Atemtechnik bei der Querflöte hinaus, dürfte man – wenn man Musik in ihrem sozio-kulturellen Umfeld sehen will – damit sie gut funktioniert, damit ihr Auftrag auch erfüllt wird, nicht einfach so drüber wegbügeln. Sonst fühle ich mich irgendwie wie im Metzgerladen oder beim Friseur.

[CD-Einspielung: „Die Partei führt uns gut", Text: H. Stöhr, Musik: H. Nier, 0'25 Min.]
Verantwortung gab sie und Ziele
Die Partei führt uns gut.

Thomas Muntschick:

Das Forum der Zugangs-Offenen-Sendeplätze, mit Peter Rompf, diesmal zu einem Thema, der Geschichte der FRANZ LISZT Musikhochschule in Weimar. Da ist immer noch etwas zu zusagen. Der Nachklapp zu einer großen Serie, die wir im vergangenen Jahrzehnt gemacht haben: die Aufarbeitung der Stasi. [60]

---

[60] Siehe Einführung zum Beitrag.

Diesmal haben wir uns festgehalten an einer Publikation von Gottfried Meinhold. Er ist der einzige frühere Sprachwissenschaftler der DDR gewesen, weit in den 80ern jetzt, und er hat vorgelegt, etwas zur Aufarbeitung der Geschichte der FRANZ LISZT Hochschule für Musik in Weimar. Da ist immer noch die alte Stasi-Geschichte am Dampfen und es wird nichts aufgearbeitet, sondern schön unter der Decke gehalten.

Wir nehmen das zum Anlass, darüber nochmal zu informieren, damit, wenn Sie im Frühjahr im wunderschönen Monat Mai im Ilmpark[61] daher gehen, Sie sich vielleicht erinnern und sagen: Naja, die Fassade stimmt, aber dahinter könnte man, vor allem bei den Stadtrundgängen, einiges erzählen.

Wir haben Gelegenheit gehabt, jetzt eine dieser neuen Stadttouren mitzumachen, und da bleibt natürlich alles schön an der Oberfläche. Die Frage, ob es eine Stadt Weimar in den verschiedenen Zeitläuften gab und was davon noch übrig ist, spielt eigentlich keine Geige.

Peter Rompf:
Noch einmal zurück zur Presse. Roland Mey, dessen Bruder Pianist und Lehrer an der Musikhochschule Weimar war, musste öfters bei Konzerten *zum Einsatz gebracht werden* und einspringen, wenn sich herausstellte, dass ein Klavierkollege, ein Professor an der Musikhochschule Weimar, nicht in der Lage war, zusammen mit der Staatskapelle ein Klavierkonzert aufzuführen, wenn zum Beispiel ein ausländischer Stardirigent da war. Diese Peinlichkeiten hat dann der Bruder von Roland Mey ausmerzen müssen, damit wenigstens der Ruf der HfM nicht so stark leidet.

Es gab also, wie vorhin erwähnt, eine ganze Reihe von *Opfern*, die zum großen Teil gar nicht erst eingeladen wurden. Zum Beispiel:

Klaus S., ein Geiger. Er flog 1958 aus dem Belvedere raus. Er hatte die Hitparade von Radio Luxemburg gehört und wurde daraufhin in eine Schlosserei des Kunstfaserwerkes Wilhelm Pieck in Rudolstadt-Schwarza umgesetzt und hatte dort als Ungelernter einen Unfall mit der linken Hand. Als Geiger bedeutete das das Ende.

Oder: Rainer Dennewitz, Komposition, bekam ein Abschlusskonzert nicht für das Examen bewertet, weil er 1961 die Militärdienstverpflichtung nicht sofort unterschrieben hatte.

Oder: Der erwähnte Johannes Wallmann, Fagott und Komposition: Seine außergewöhnlichen Leistungen wurden aus politischen Motiven gleich mehrfach

---

[61] Der Park an der Ilm, oder kurz auch Ilmpark genannt, ist der größte Landschaftspark in Thüringen. Der Park wurde im 18.ten Jahrhundert unter Mitwirkung von Johann Wolfgang von Goethe angelegt und ist seitdem nahezu unverändert. Goethe entwarf den Park als sentimentalen englischen Landschaftsgarten. Besonders die Brücken über die Ilm, die zahlreichen Sichtachsen , Goethes Gartenhaus [...] Quelle Wikipedia, Zugriff 19.03.2023.

hinuntermanipuliert, in den Zensuren. Er schrieb eine Diplomarbeit, bekam aber kein Diplom ausgehändigt und wurde 1974 „leise" exmatrikuliert. Wallmann ist der am umfangreichsten dokumentierte Geschädigte. [62]

Oder: Professor Hermann Gerber, Gesangslehrer, wurde vom letzten SED-Rektor Müller-Nilsson ‚reif' gemacht für den Zugriff der Staatssicherheit. Er kam ins Gefängnis und wurde 1983 von der Bundesrepublik freigekauft.

Oder: Gabriele W., Geigerin, will nicht genauer benannt werden, hatte ihr Studentenzimmer 1983 vermittels eines Fensterplakates als atomwaffenfreie Zone deklariert. Daraufhin bekam sie ein Disziplinarverfahren und wurde 1984 exmatrikuliert. Und zwar wiederum von diesem SED-Direktor Müller-Nilsson, der heute Hochschulmusik-Ehrensenator ist und zu dem der derzeitige HfM-Präsident Professor Stölzl [63], also der vergangene, 2019 anlässlich des 90. Geburtstags eine Laudatio geschrieben und auf der Musikhochschul-Internetplattform veröffentlicht hat. Ein Schelm, wer Arges dabei denkt, und so weiter, und so weiter ... kann ich nur sagen.

[CD-Einspielung (Fortsetzung) Florence Foster Jenkins: Mozart, aus der Oper „Die Zauberflöte", „Der Hölle Rache ..." Arie KV 620, 1944 Carnegie Hall, 0'30 Min.]

Thomas Muntschick:

Die ganze Sache bekommt deshalb ein besonderes „hout gout",[64] weil wir gerade aktuell durch das Auffliegen einer verfassungsfeindlichen Organisation unter anderem auch den Fall einer Richterin haben, die zu diesen verfassungsfeindlichen Kreisen[65] gehört hat und wo jetzt laut darüber gestritten wird, weil man diesen nach Beamtenbezügen dann alimentierten Menschen auch die Beamtenruhestandsgelder streichen will. Nun wäre ja fast zu fragen, ob eine Überprüfung solcher Historien nicht auch in diesem Zusammenhang eigentlich fällig wäre.

Peter Rompf:

Natürlich wäre das Land Thüringen dafür zuständig, aber wenn man sich nur mit sich selbst beschäftigt, in diesen kulturellen, politisch-kulturellen Kreisen, da muss

---

[62] Günter Knoblauch hat den Fall Wallmann 2010 aufgegriffen. Er versuchte der HfM eine „Brücke zu bauen". Erfolglos. 2018 erschien auf Anregung und mit Unterstützung des damaligen thüringischen Landesbeauftragten für die Aufarbeitung der SED-Diktatur, Christian Dietrich, die Publikation von Günter Knoblauch, Roland Mey, „Defekte einer Hochschulchronik – Die Hochschule für Musik FRANZ LISZT in Weimar – eine Aufarbeitung"; Mitteldeutscher Verlag, 2018, 185 Seiten.

[63] Stölzl: von 2010 bis 2022 Präsident der HfM, † 10.01.2023.

[64] Brisanz, „Gschmeckle"

[65] Mitglied in der Reichsbürgerszene.

man sich nicht wundern, dass in den nächsten 100 Jahren auch nicht viel mehr passiert als in den letzten 30 Jahren. Was soll's?!

Thomas Muntschick:
Herr Rompf, es stellt sich zunächst die Frage auch nach der „Politisierung" der Musikszene. Ist es eigentlich gelungen, hier und da Zusammenhänge zu schaffen, die sich auch in öffentliche Diskussionen außerhalb der engen Musikdebatten eingemischt haben? Es schreit ja eigentlich danach, dass die Betroffenen versuchen, in der übrigen Öffentlichkeit für mehr Transparenz zu sorgen.

Peter Rompf:
Wir versuchen das ja zum Beispiel mit dieser Sendung hier – in der Hoffnung, es hört sie jemand. Aber mein Eindruck ist: Wenn auf meine direkten Anschreiben an die Musikhochschule Weimar entweder von der obersten Riege überhaupt nichts oder *Blabla-Briefe* kommen, dann vermute ich dahinter System.

„Irgendwann wird er schon sein Schandmaul halten und in die Grube fahren." Ich vermute, dass das einfach ein ganz routiniertes Spiel ist, was ja auch in ähnlich politisierter Färbung zurzeit zur DDR genauso passiert.
Nur damals, ... damals, war's öfter mal der freudlose Umweg über den Knast.

Thomas Muntschick:
Wir haben anlässlich unseres Besuches in Weimar den AStA[66] kennen gelernt, also Vertreter des AStAs. Tut sich da vielleicht auch eine Gelegenheit auf, über die Studentenvertretung ein Nachfragebedürfnis zu schaffen? Also wäre das nicht eine sinnvolle Lösung, den heute dort Studierenden da mal Gelegenheit zu geben, via Internetseite einfach einmal ein paar Gläser reinen Weins einzuschenken?

Peter Rompf:
Wenn wir zur Frage der Haltung der Presse kommen, zum Problemfall Musikhochschule Weimar, dann wundert mich nicht, wenn auf der Ebene des Asta noch viel weniger Erfolg zu erwarten ist, wenn die Presse nicht mitspielt. Der Asta, glaube ich, hat nicht die Machtmittel in der Hand. Dazu ist der Laden viel zu klein, um so etwas zu unternehmen.
Das ist ein sozialistisch, geschichtlich, ideologisch verkommener Laden, meine ich. Der zwar Hochleistungen zustande bringt – in den jeweiligen Fächern. Ich weiß nicht, aber mir kommt immer ein Bild ins Gedächtnis: Man will ein Haus pflegen, und man merkt nicht, dass es vom Fundament dermaßen modrig ist, dass man Angst haben muss, dass die Bude einmal einstürzt. Das Dach, alles tipptopp, die

---

[66] AStA – Allg. Studentenausschuss, gewählte Studentenvertretung einer Hochschule.

Fenster frisch geputzt, frisch gestrichen, der Teppich neu ausgelegt und im Keller schimmelt's, modert's und bröckelt's.

[CD-Einspielung: J.S. Bach – Gamben-Sonate, G-Dur, BWV 1027, 1. Satz]

Thomas Muntschick:
Und Weimar hat natürlich dieses Problem, in vieler Hinsicht, es steht dort immer noch dieses unsägliche GAU-Forum, der Prototyp der von Hitler geplanten Gau-Zentralen im Deutschen Reich. Es hat 70 Jahre absolute Probleme gegeben, es mit neuem Inhalt zu füllen. Und in die Luft jagen können sie es angeblich nicht, weil es viel zu viel kosten würde ... und so weiter.
Es gehört doch gerade – wenn es um klassische Musik geht – von der Vorstellung her eine gewisse Lauterkeit zum „Gewerbe" und die geht in diesem Zusammenhang, das ist mein Eindruck, zumindest den Verantwortlichen ab.

Peter Rompf:
Ja, lieber Herr Muntschick, da sind Sie wirklich ein Kind großer Gottgläubigkeit, denn hier wird mit harten Bandagen gekämpft, hier gilt es einen Ruf aufrecht zu erhalten, der künstlich hochgehalten wurde. Und da stört jede geschichtliche Aufarbeitung – ist mein Eindruck und nicht nur meiner. Und alles, was diesen Hochglanzlack beschädigt, also wird man die Tunichtgute, die diesen Ruf beschädigen könnten, die wird man doch tunlichst nicht ans Ruder lassen! Also, was soll's?! Weiter so, außer Spesen nichts gewesen.

Thomas Muntschick:
Es hilft dann vielleicht nur unsere kritische Nachfrage als Besucher der Stadt bei den Stadtrundgängen. Wer von unseren Hörern Interesse bekommt, sich auch in diesen merkwürdigen Zeiten – mit vielleicht 1000 anderen drängenderen Problemen – nachzulesen, der kann das tun. Peter Rompf, können Sie nochmal die beiden Titel nennen? Einmal von Gottfried Meinhold und dann diese Zeitschrift.

Peter Rompf:
Da ist einmal Gottfried Meinhold „Prominente Professoren der Musikhochschule Weimar als Handlanger der DDR-Staatssicherheit" und die „Zeitschrift des Forschungsverbundes SED-Staat der Freien Universität Berlin". Die Ausgabe Nummer 49/2022 beschäftigt sich in zwei großen Beiträgen mit der Thematik HfM.

*[CD-Einspielung: J.S. Bach, BWV 606 für Orgel, Choralvorspiel
„Vom Himmel hoch, da komm ich her"]*

Die Presse und die HfM

Peter Rompf:
Ich versprach vorhin, die Presse zu erwähnen, die Thüringer Presse. Es gab aufgrund verschiedener Leserbriefe einen vierspaltigen Artikel in der Thüringer Landeszeitung von einem Michael Helbing, Weimar: [67]
„Dieser dritte von vier Akten – in denen Weimars Musikhochschule FRANZ LISZT in den aufeinander folgenden Sonntags-Matineen auf die 150 Jahre ihres Bestehens zurückblickt, galt als besonders heikel. Etliche Zeitzeugen, die man für ein Gespräch über die Zeit zwischen 1945 und 1989 anfragte, winkten dankend ab. Und jene, die zusagten, erlebten – ebenso wie das Hochschulpräsidium – die Tage zuvor, was der Dirigent und Musikwissenschaftler Peter Gülke eine bedrängte Vorgeschichte nannte. Man habe „unter einem Trommelfeuer von Leuten gestanden, die im Grunde fast auf Racheakte aus waren, von Leuten, die Aufarbeitung und Denunziation nicht auseinanderhalten können." [68]
Das Trommelfeuer erreichte auch die Presse. Sie wurde beileibe nicht erstmals derart agitiert, „[...] dass die Hochschule ihre realsozialistische Totalitarismus-Verstrickung weiterhin verdrängt oder alle Aufforderungen zur Aufarbeitung ihrer DDR-Vergangenheit weitgehend ignoriert und auch abgelehnt habe. Ein ordentliches Zeitzeugengespräch zur DDR-Hochschule für Musik wird das aber nicht... " – prophezeite ein Leserbrief. [69]
Nun, was es jedenfalls nicht wurde: Ein Tag der Abrechnung, wie ihn ein ganz und gar unversöhnlich wirkendes Netzwerk direkt oder indirekt Betroffener seit 30 Jahren womöglich herbeisehnen mag.
Deren Vorwurf, „dass Dinge blockiert werden, finde ich ungerecht" – sagte Gülke. Dass alles in schönster Ordnung ist und die Geschichte bewältigt, behauptete im Festsaal des Fürstenhauses niemand. [70] *Das setze eine Sisyphusarbeit voraus, die*

---

[67] Michael Helbing in der TLZ – Kultur & Freizeit, 7.2.2022, Seite 9.
[68] Anmerkung Günter Knoblauch: Im Vorfeld der 150Jahres-Feiern schrieb ich am 30.Januar 2022 Prof. P. Gülke: *„[...] Soweit ich verstanden habe, finden Veranstaltungen zur Geschichte der Musikhochschule statt. Einige Personen befürchten – anscheinend nicht ohne Grund – dass die HfM weiterhin an der Fixierung des Images einer (moralisch) untadeligen Hochschule „arbeitet". Sagen wir einmal: ihres Images der näheren Vergangenheit. Es ist menschlich verständlich, wenn in Phasen gesellschaftlicher Veränderungen - der Zusammenbruch der DDR - Funktionsträger bestrebt waren, gleitend in die neuen Verhältnisse hinüberzuwechseln und ihren Status weiterhin zu fixieren. Darunter fällt unter anderem auch die HfM. So traf es diejenigen, die darunter leiden mussten, deren Laufbahnen beschädigt oder zerstört wurden hart, wenn sie in der für sie „neuen Bundesrepublik" weiterhin den alten Strukturen und Netzwerken sich gegenübersahen..."*
[69] Roland Mey an die TLZ; 3.2.2022.
[70] Michael Helbing in der TLZ – Kultur & Freizeit, 7.2.2022, Seite 9.

hier niemand zu leisten vermag – so auch Historiker Christoph Meixner aus Regensburg, Chef des Weimarer Hochschul- und des Landesmusikarchivs. "[71]

Der bereits erwähnte Roland Mey aus Leipzig schreibt in einem Leserbrief: „Die Leiden der Musikhochschüler" – so übertitelt die Thüringer Landeszeitung seinen Leserbrief:

„Ein Leser schreibt, anlässlich eines Podium-Gesprächs zu 150 Jahre Musikhochschule Weimar mit Blick auf die DDR-Zeit, unter anderem: Am sechsten Februar geht es um die DDR-Hochschule für Musik. Da empfehle ich der Moderatorin: Fragen Sie die HfM-Zeitzeugen nach folgenden Geschädigten und Opfern: Professorin Ilse Stapf-Drewes: Sie wurde bald nach 1946 in den Mittelbau zurückgestuft, nur weil ihr Mann in München geblieben ist. Klaus S.: Will nicht genauer genannt werden, flog 1958 aus dem Belvedere heraus …"
Und so weiter und so weiter…
Dann werde auch ich unter anderem erwähnt – ich überfliege das.
Johannes Wallmann wird erwähnt, und dass er *leise exmatrikuliert* wurde – vom letzten SED-Direktor reif gemacht für den Zugriff der Staatssicherheit.

Weiter bei Roland Mey: "*Gabriele W. – will nicht mit vollem Namen genannt werden, sie hatte ihr Studentenzimmer 1983 vermittelst eines Fensterplakates zur atomwaffenfreien Zone erklärt, bekam daraufhin ein Disziplinarverfahren und wurde Ende 1984 exmatrikuliert.*" [72]
Übrigens widmete diesem SED-Rektor Müller Nilsson zum 90. Geburtstag 2019 der scheidende HfM-Präsident Stölzl auf der HfM-Internet-Plattform eine Laudatio. Ein ordentliches Zeitzeugen-Gespräch zur DDR-HfM wurde das aber nicht.
Denken Sie nicht, dass die Zuhörer das nicht merken werden? Dann ist eben der – wahrscheinlich vom von der Musikhochschule bestellten Journalisten, Michael Helbing, geschriebene böse Brief entstanden.
Aber, es gab auch noch andere: Der erwähnte Professor Gottfried Meinhold, der das Buch „Prominente Professoren der Musikhochschule Weimar als Handlanger der DDR-Staatssicherheit" herausgebracht hat, sah sich genötigt, auch einen Leserbrief an die Thüringer Landeszeitung am 14.Februar 2022 zu schreiben. Die Zeitung übertitelte den Beitrag „Eingeständnis und bleibender Dissens". [73]

Zum Artikel „Kein Tag der Abrechnung" schreibt „ein Leser" (Gottfried Meinhold): „Zitiert wird in der Besprechung des dritten Podiumsgespräches der Hochschule für Musik Weimar immer der tonangebende Peter Gülke. Die Hochschule habe Studenten schwersten Schaden zugefügt und viele Karrieren zerstört. Aber das hinderte Gülke nicht daran, Personen niederer Beweggründe zu bezichtigen, die

---

[71] dito
[72] Roland Mey an die TLZ; 3.2.2022.
[73] TLZ 14.2.2022, Seite 6 Leserbrief von Prof. Dr. Gottfried Meinhold, Jena.

im Vorfeld des Podiums die Thematisierung solcher Handlungen durch die Geschädigten mit Nachdruck anzumahnen. Sie hätten es nämlich *fast auf Racheakte abgesehen*. Und er warf ihnen vor, sie könnten Aufarbeitung und Denunziationen nicht auseinanderhalten. Mehr noch: Ein ganz und gar unversöhnlich wirkendes Netzwerk direkt oder indirekt Betroffener möchte seit 30 Jahren (!) womöglich den Tag der Abrechnung herbeigesehnt haben.

Das klingt nach Verschwörungstheorie und verkehrter Welt. Immerhin sprach Gülke auch von eigener Schuld, nämlich 1953 für die Exmatrikulation von Studenten der evangelischen Studentengemeinde gestimmt zu haben. Ein Akt politischer Erpressung, bei dem Studenten so lange in einem Hörsaal eingesperrt wurden, bis sie das verlangte Votum abgegeben hatten.

Der vor dem Podiumsgespräch von Roland Mey veröffentlichte Leserbrief, in dem Mitglieder der Hochschule angeführt wurden, denen Schaden aus politischen Gründen zugefügt wurde, sollte wohl auch dem Trommelfeuer zugerechnet werden, als das die Hochschule die nachdrücklichen Hinweise, die von außen kamen, disqualifizierte.

Das Eingeständnis schwersten Schadens und vieler zerstörter Karrieren garantiert eben noch nicht die Motivation, politischen Missetaten auf den Grund zu gehen und Ross und Reiter zu benennen, um einer gewissenhaften Geschichtsschreibung gerecht zu werden.

Ist da Resignation angesichts der genannten desolaten Aktenlage im Spiel? Oder, weil eine ordentliche Aufarbeitung als eine Art Sisyphusarbeit, als letztlich ergebnislose Anstrengungen gewertet wird?

Die Musik war – die Violinistin Dehler brachte es auf den Punkt – wohl ein Rückzugsgebiet, auch Käseglocke, somit wohl Nische und Versteck. Dort konnte sie sich Unannehmlichkeiten entziehen, so dass nur Dankbarkeit bleibt. Ja, es ließ sich leben und überleben unter dieser Diktatur. Für die einen war sie eine kommode Diktatur, um ein Fontane-Wort zu gebrauchen, doch für diejenigen mit den zerstörten Karrieren war sie gnadenlos in ihrer destruktiven Erbärmlichkeit, von den Gratwanderern der Opposition ganz zu schweigen. Zwischen Verletzten, Zerstörten, mit Recht zornig Bleibenden einerseits und andererseits gefügigen Angepassten, oder Anpassung Heuchelnden besteht – je nach Temperament – ein bleibender Dissens.

Auch dieser Sachverhalt gehört zu den Elementen einer Geschichte der Hochschule für Musik zu Weimar.

So beschreibt es Professor Gottfried Meinhold aus Jena.

[CD-Einspielung: J.S. Bach – Fuge h-moll, BWV 579 für Orgel]

Peter Rompf:
Am 16.2. erschien ein Leserbrief von mir in der Thüringer Landeszeitung. Dieser Brief wurde von der Zeitung betitelt: „Als die Kirchenmusik liquidiert wurde."

Eine Nebenbemerkung: Die Kirchenmusik insgesamt wurde nicht liquidiert. Nur die katholische Kirchenmusikabteilung. Die evangelische Musik wurde erhalten, dank des damaligen Orgelprofessors – wir nannten ihn Dudel Köhler, weil er im Stile von Händel Improvisationsorgelkonzerte spielte. Wahrscheinlich hielt er seine Hand als ehemals evangelischer Christ über die Reste der Kirchenmusik. Nur, es wurde nicht mehr Kirchenmusik genannt. Man konnte noch Orgel studieren, man konnte Chorleitung studieren. Aber dann fielen zum Beispiel theologische Fächer, wie Liturgie, weg. Das fiel alles der Reihe nach weg, sodass lediglich Instrumentalisten herangezogen wurden.

Gern schließe ich mich den Urhebern des Trommelfeuers zum 3. Akt der Jubiläumsveranstaltung an, welcher der Zeit von 1945 bis 1989 gewidmet war. Mich empört es, dass die Liquidation der Katholischen Kirchenmusik-Abteilung Ende der 50er Jahre im Podiumsgespräch keine Erwähnung fand. Bedeutete dies doch den Abbruch der Berufsausbildung für die vier bis fünf Kirchenmusikstudenten. Für uns war das Studium bereits im Anfangsstadium abrupt beendet. Als wir Studenten am Morgen eines Oktobertages des Jahres 1959 das Palais Gebäude der Hochschule betreten wollten, um wie gewohnt an den dort aufgestellten Orgeln zu arbeiten, wurde uns vom Hausmeister der Zutritt zum Haus und zu den Übungsräumen verwehrt. Das geschah in grob aggressiver Tonlage mit dem Hinweis, es handle sich um einen Befehl von oben. Als ich bemerkte, ich wollte lediglich meine Noten und meine im Übungsraum zurück gelassenen Orgelschuhe holen und an mich nehmen, wurde auch das vom Hausmeister verboten. Es bestehe ab heute Hausverbot für alle Studenten der katholischen Kirchenmusik und er werde die Volkspolizei zwecks Zuführung holen, wenn wir seiner Forderung nicht unverzüglich nachkämen. Dieser barbarische Auftritt war ungeheuerlich und unvergesslich. Der Zorn über dergleichen bleibt immer in Bereitschaft. Ich vervollständigte meine Ausbildung nach meinem Hinauswurf aus dem Elendsstaat DDR 1977 in der Bundesrepublik.

Wann geschieht außer einer Trommelfeuerabwehr eine konkrete Aufarbeitung dieser Zeit? Wann hören wir eine Entschuldigung bei den damaligen Studenten? – von Wiedergutmachung gar nicht zu sprechen.

Thomas Muntschick
Peter Rompf und Thomas Muntschick waren verantwortlich für diese Ausgabe des Forums der Zugangsoffenen Sendeplätze.

Wir wünschen Ihnen eine weiter friedliche Adventszeit!

[CD-Einspielung: Oktoberklub DDR]
Sag mir wo du stehst
und welchen Weg du gehst!]

* * *

Defekte einer Hochschulchronik

Auszüge aus der Auflage von 2018 – Mitteldeutscher Verlag

Entwurf für eine Anstecknadel

Günter Knoblauch

Defekte einer Hochschulchronik
Die Hochschule für Musik FRANZ LISZT Weimar – eine Aufarbeitung

Eine Vorbemerkung zur Buchausgabe von 2018[74]

Alles begann mit einem Anruf Wallmanns im Archiv der HfM. In der Folge macht er die Entdeckung, *dass man ihn offensitlich um sein Diplom betrogen hat*. Was sich daraus entwickelt, wirft ein sehr schlechtes Bild sowohl auf die HfM als Institution als auch auf deren „Führungskader".

Abgesehen von guter Schulkenntnis über die in Weimar einmal wirkenden deutschen Klassiker – und natürlich auch einigen Besuchen in Weimar –, die HfM war mir bis zum Jahre 2011 nicht bekannt. Über meine Motivation, mich mit ihr zu befassen, schrieb ich bereits. Die Publikation „Defekte einer Hochschulchronik" erschien 2018. Die Bezeichnung „Anatomie eines Skandals" halte ich für angemessen – das Wort Defekte verharmlost mir zu sehr. Ich vermute, der Titel wurde in Abstimmung des damaligen LBA, Christian Dietrich mit dem Mitteldeutschen Verlag festgelegt. Ich und Roland Mey waren damals damit einverstanden.

In den vergangenen Jahren ist das Wissen über die „Schattenseiten" der Institution HfM gewachsen. Das ist einigen Personen zu verdanken, die *zäh* – an einem schon zur Posse entarteten Theaterstück – *dranblieben*. Die Wurzeln des Stückes reichen weit zurück in die ehemalige DDR. Aufforderungen zur Aufarbeitung der SED-Zeit und des damaligen SED-Kulturverständnisses scheinen immer wieder an einem *Gegner* zu scheiten, der sich durch ein Nicht-Wollen oder Nicht-Vermögen oder Nicht-Können – oder aus sonstigen, bisher nicht ausgesprochenen Gründen – einer angemessenen zeithistorischen Aufarbeitung zu widersetzen scheint. Der Grund für das Entstehen der Publikation „Defekte einer Hochschulchronik" ist der über Jahrzehnte fortbestehende *Diplombetrug* am Absolventen der HfM H. Johannes Wallmann – so die Sicht in den Jahren bis zur Publikation von Defekte einer Hochschulchronik.

In den Jahren 2011 bis 2017 erhielten einige Personen – bei ihrer Absicht, eine Rehabilitation ehemaliger Studenten aufzugreifen – möglicherweise nicht die erforderliche aktive *Unterstützung*. Wer immer im Leitungskreis der HfM eine ablehnende Haltung einnahm, entzieht sich meiner Kenntnis. Mögliche Motive haben wir gefunden und schon darüber berichtet. Eine Ausnahme bildete der

---

[74] G. Knoblauch, R. Mey: „Defekte einer Hochschulchronik – Die Hochschule für Musik Franz LISZT in Weimar – eine Aufarbeitung", Mitteldeutscher Verlag, 2018, 185 Seiten.

damals gerade neu ins Amt eingeführte Dr. Christoph Meixner[75] als neuer Archivleiter der HfM. Meixner kam aus Regensburg, war im Westen sozialisiert und stand vor einer ihm völlig neuen Situation: Wie liest und interpretiert man „DDR-Akten" – hier die Dokumente aus dem Bestand der HfM. Meixner berichtete mir später über seine Situation:"[...] *es gibt keine Entscheidung, eher Widerstände innerhalb der HfM und ohne Auftrag und ohne Finanzmittel kann ich nichts tun.*" Soweit seine damalige Sicht und Einschätzung – darüber habe ich bereits berichtet. Unter seiner Hochschul-Vita sind keine Arbeiten zum Thema der Vergangenheitsaufarbeitung an der HfM verzeichnet,[76] wie wir sie bei anderen Hochschulen und Universitäten bei den dortigen Archivleitern nach 1989 finden.[77] Das ist sicher nicht Meixners Desinteresse anzulasten, sondern dem HfM-Leitungskreis. Ich korrigiere mich gern, sollte ich mich irren oder falls mir Forschungsergebnisse entgangen sind.

Der damalige Präsident der HfM, Stölzl, war die *zentrale Anlaufstelle* für mich – das *Sprachrohr* der HfM! So reflektiert der Text der Publikation aus dem Jahre 2018 auch die aus den Reaktionen und Verhaltensweisen entstandene Sicht auf die HfM und deren Leitungskräfte.

Das Material, auf dem der folgende (gekürzte) Nachdruck des Beitrages zum ehemaligen Studenten der HfM, Wallmann, in Defekte einer Hochschulchronik von 2018 basiert, wurde nicht durch Forschungsprojekte und Veröffentlichungen der HfM gewonnen, sondern entstammt überwiegend Schriftverkehr und externen Quellen.

Das Verhalten der HfM – wie schon in der Einführung zur Publikation ausgeführt – war Betrug an den Studenten, es war schäbig und es hat vielen beruflich sehr geschadet! Die HfM hat sich bis heute gegenüber den Geschädigten nicht angemessen entschuldigt und angemessen *kompensiert*. Sind es immer noch Widerstände? Oder fehlen die Finanzmittel? Oder ist es beides, was fehlt? Wenn nicht, was ist es dann? Die Sisyphusarbeit, die niemand zu leisten bereit ist? Die ganz anderen Sorgen der Menschen, die derzeit kein Interesse an DDR-Geschichte haben?

Selbst wenn die HfM Diplome hätte ausstellen dürfen, bleibt weiter die Frage – und die stellt sich Wallmann wohl heute – hätte die HfM, wenn sie berechtigt gewesen wäre, Wallmann sein Diplom ausgehändigt? Oder hätte sie sich trotzdem so verhalten, wie sie sich wegen mangelnder Berechtigung verhielt? Nach dem, was wir heute über die die Verstrickung der HfM und die Einwirkung auf die HfM-

---

[75] Christoph Meixner leitet seit 2010 das Archiv der HfM, seit 2020 ist er Präsident des Landesmusikrates Thüringen.

[76] Zugriff auf die Archive: 1.5.2023.

[77] Z.B. Archiv-Publikationen der Universitäten TU Dresden (Dr. Matthias Lienert) und Leipzig (Gerald Wiemers, Jens Blecher) zur DDR-Geschichte.

Mitarbeiter (Erpressung), die Mitwirkung von SED-Funktionären (Drohung) und dem MfS (Fälschung und psychische „Vernichtung") wissen? Das System und deren Entourage – auch in der HfM – kannte wohl keine Grenzen im Umgang mit – nach ihrer Klassifikation – *feindlichen Objekten in der Kulturszene.*

Da Geschichte kein Futur II kennt, bleibt mir nur meine persönliche Einschätzung: Die HfM – als Institution (!) – trug Züge einer *schäbigen DDR-Musikhochschule.* Oder?

Die Hochschule für Musik FRANZ LISZT Weimar schädigte einen ihrer Großen – und sicher auch weitere Studenten – durch Zensuren-Manipulation. Und das mit der vorsätzlichen Zielstellung, eine spätere Tätigkeit Wallmanns als Kompositions-Professor grundsätzlich auszuschließen. Die HfM beging – neben dem Diplombetrug – mit der *angeordneten Abwertung* von dessen eingereichter Diplomarbeit ein *politisches Verbrechen!*
Oder?

Ich überlasse Wallmann das letzte Wort:
„Auch wenn es (das Diplom) der „Aufhänger" ist, ging / geht es keineswegs lediglich um mein Diplom, sondern um die Positionierung der Hochschule bzgl. der realsozialistischen Totalitarismus-Verstrickung des Musikbereiches. Ein großes Problem, das auch in die nationalsozialistische Totalitarismus-Verstrickung zurückreicht. Mit fatalen Konsequenzen für Gegenwart und Zukunft." [78]

* * *

---

[78]   Brief von Wallmann an G.Knoblauch vom 8.12.2022.

Rezensionen und Stimmen zur Buchausgabe von 2018

Rezensionen zu zeithistorischen Themen zeigen, wie Publikationen nach ihrem Erscheinen gelesen und in der Öffentlichkeit auf- und wargenommen werden. Als eines Tages das letzte Exemplar von „Defekte einer Hochschulchronik" vergriffen war, fragten sich die Herausgeber: Was ist eigentlich alles nach und seit dem Erscheinen der Erstausgabe passiert? Hat die angeforderte Aufarbeitung stattgefunden? Ergebnisse? Was und wo publiziert? Die Rehabilitierung der „Geschädigten", hat diese stattgefunden? Die Autoren dieser Publikationen haben die Antwort darauf niedergeschrieben. Doch was ist mit den Rezensionen zur Erstauflage? Haben sie etwas bewirkt? Ob sich die HfM in der Zwischenzeit „rehabilitiert" hat? Einige Rezensionen aus dem Jahre 2018 zu „Defekte einer Hochschulchronik" sind auf den folgenden Seiten nachzulesen.[79] Dem Leser lege ich besonders den letzten Satz der Rezension von Ralf Julke – Leipziger Internetzeitung – an's Herz: *„Aber wenn man es gar nicht anpackt, bleibt auch jede Diskussion über so ein durchaus folgenreiches Thema aus. Für den Verlag ist auch die kleine Streitschrift zur Musikschule FRANZ LISZT: „Ein Buch gegen das (absichtliche) Vergessen" ein Anfang."*

„Gerbergasse 18"

Dr. Martin Jander[80], Historiker/Journalist, Berlin.

Auszug: *„[...] Die fundamentale Abrechnung beider Autoren mit Huschkes Schrift ist mehr als die Kritik an einem Fachbuch. [...] Leider kommen auch in der Veröffentlichung so gut wie keine von politischer Disziplinierung Betroffene zu Wort, was die Autoren ihrerseits Huschke vorwerfen. Ebenso wenig erfährt man über die genauen Strukturen der Einflussnahme durch SED und MfS in den Hochschulbereich hinein..."*[81]

Buchmesse Leipzig 2018[82] - im Rahmen Leipzig liest, 16.03.2018

Moderation: Christian Dietrich, Landesbeauftragter des Freistaates Thüringen zur Aufarbeitung der SED-Diktatur (ThLA) „Defekte einer Hochschulchronik" - Lesung und Buchvorstellung in der BStU-Außenstelle Leipzig,

---

[79] Die vollen Beiträge sind nachzulesen: http://www.knobi-muc.de.

[80] Dr. Martin Jander, Historiker/Journalist, Berlin, in Gerbergasse 18 der Thüringer Vierteljahresschrift für Zeitgeschichte und Politik, Ausgabe 2/2018, Seiten 18-19.

[81] Anm. G.K.: Da muß ich um Nachsicht bitten. Es war in keiner Weise unsere Absicht, eine „neue Chronik der HfM" zu schreiben. „Defekte einer Hochschulchronik" sollte ein Anstoß sein, die HfM auf Defizite in der Vergangenheitsaufarbeitung hinzuweisen. Der Hinweis von Jander ist nicht leer verhallt. Diese Publikation schließt vielleicht wieder ein ganz klein wenig eine Lücke.

[82] Link zur Veranstaltung auf http://www.knobi-muc.de

Freie Universität Berlin - Forschungsverbund SED-Staat[83]
Ehrhart Neubert[84]

Die Verfasser, Günter Knoblauch und Roland Mey, sind beide aufarbeitungspolitisch engagiert und waren selbst von Repressalien des SED-Staates betroffen. Das prägt auch den Stil des kleinen Buches, das sich als Abrechnung mit den Verantwortlichen für die geschichtliche Selbstvergewisserung und Selbstdarstellung der Hochschule für Musik „Franz Liszt" in Weimar gibt. Sie haben dafür starke Argumente und Belege, die manche eifernden Äußerungen verständlich machen. Das Versagen der Hochschule, rückhaltlos die eigene Verstrickung in die Willküakte der kommunistischen Kulturpolitik aufzuklären, bestätigt in seinem Vorwort auch Jochen Staadt vom *Forschungsverbund SED-Staat an der Freien Universität in Berlin*, der selbst mit dem Thema befasst war. Im ersten Teil des Buches rekonstruiert Günter Knoblauch den Fall des Komponisten und begabten ehemaligen Studenten der Hochschule Johannes Wallmann. Dieser damals eigenständig und kritisch auftretende Student wurde um sein Diplom gebracht und wurde in seiner Entwicklung auch im Zusammenhang mit Maßnahmen des MfS schwer behindert. Knoblauch dokumentiert ausführlich, wie sich die Hochschule nach 1990 wehrte, den Fall aufzuarbeiten und Wallmann zu seinem Recht kommen zu lassen. Vielfältige Versuche, die Vergangenheit der Weimarer Hochschule aufzuarbeiten, scheiterten am Widerstand des verantwortlichen Personals. Öffentliche Mahnungen wurden bis in die jüngste Vergangenheit falsch beantwortet oder ignoriert. Ein umfangreicher Dokumententeil belegt die Darstellung Knoblauchs.

In dem zweiten Teil des Buches zeigt Roland Mey an Beispielen die Verhaltensweisen von profitierenden Systemträgern und den benachteiligten unangepassten Studenten und Mitarbeiter der Hochschule. Zu Letzteren gehörte auch sein Bruder Gerhard Mey, dessen Fall geschildert und bewertet wird.

Beide Autoren arbeiten sich aber speziell und ausführlich an zwei Personen ab. Zum einen ist das Wolfram Huschke, der seit den 1960er Jahren eine vielversprechende Laufbahn an der Hochschule durchlief. Nach 1990 bezog er höchste Ämter und war von 1993 bis 2001 Rektor der Hochschule. 2006 trat er mit dem Buch "Zukunft Musik - Eine Geschichte der Hochschule für Musik Franz Liszt Weimar" hervor. Dieses viel beachtete institutionengeschichtliche Werk hat offensichtlich den Defekt, den die Autoren scharf kritisieren. Es ignoriert die Durchdringung der Hochschule durch das MfS, vernachlässigt die politische

---

[83] Zeitschrift des Forschungsverbund SED-Staat, Ausgabe Nr. 42/2018, Seiten 217-218.

[84] Ehrhart Neubert gehörte 1989 zu den Gründern des Demokratischen Aufbruches. Ab 1997 Fachbereichsleiter in der Abteilung Bildung und Forschung beim Bundesbeauftragten für die Unterlagen des Staatssicherheitsdienstes der ehemaligen DDR. 1998 bis 2003 ehrenamtlich im Vorstand der Bundesstiftung zur Aufarbeitung der SED-Diktatur. Gründungsmitglied des „Bürgerbüro Berlin e. V., Verein zur Aufarbeitung von Folgeschäden der SED-Diktatur.

Einflussnahme und die Repression gegen Kritiker des SED-Systems. Entsprechende Akten, etwa die des MfS, wurden von Huschke nicht zu Rate gezogen. Huschke weiß fundamental alles über die Hochschule. Über dieses eine Thema schreibt er nichts. Ein solches Buch leistet selbstredend keinen Beitrag zur Aufarbeitung.

Die andere im Buch kritisierte Person ist der seit 2010 amtierende Präsident der Hochschule Christoph Stölzl. Dieser war 1987 von Bundeskanzler Helmut Kohl zum Generaldirektor des neuen Historischen Museums berufen worden. Er arbeitete seither in zahlreichen museologischen Projekten, die immer auch einen politischen Bezug hatten. Er ist ein Fachmann für die Ausstellung des Politischen. Zwei Jahre war er CDU-Landesvorsitzender in Berlin und hatte häufig politische Funktionen. Jetzt aber, so die Autoren, hat sich Stölzl öffentlich immer wieder gewehrt, die politische Seite der DDR-Vergangenheit aufzuarbeiten. Die Hochschule hätte andere Aufgaben und er behauptete, dass die Opfer rehabilitiert seien.

Günter Knoblauch und Roland Mey liefern hinreichende Belege für die aktive Verdrängung der Kollaboration mit der Diktatur und der Ignoranz gegenüber den von Verfolgung und Ausgrenzung Betroffenen. Und es ist gewiss auffällig, dass solches so elementar in Weimar geschieht durch Huschke, der die Kontinuität der Hochschule repräsentiert und durch Stölzl, der als renommierter Historiker von außen kommt. Was haben sie gemeinsam?

Beide putzen an Weimar und der Reputation seiner kulturellen Institutionen. Und Weimar, jedenfalls das Bild von Weimar als historischer und hervorragender Platz deutscher und europäischer Kultur, hat das auch nötig. Denn Weimar ist auch ein Ort der allerschlimmsten Kulturschande. Buchenwald! Abgesehen von diesen antizivilisatorischen Höchstverbrechen hat Weimar eine Geschichte der Kleingeisterei. Dafür stehen der Rodin-Skandal oder die Vertreibung des Bauhauses. Künstler kamen nicht nur nach Weimar, in Weimar wurden Künstler auch verfolgt und vertrieben – auch in der DDR.

Doch das passt nicht zu dem überhöhten Weimarbild, das einen Selbstwert der Kunst bzw. der Musik postuliert, der sich über die sozialen und politischen Realitäten erhebt. So schwebt über der wirklichen Stadt, die Knoblauch und Mey im Blick haben, eine unpolitische Weimarfiktion, in die sich Gestrige und Heutige als Besitzbürger und freiwillige Reinigungskräfte eintragen. In der Kulturhauptstadt, die entsprechend der Eigenwahrnehmung die allergrößte Kleinstadt Deutschlands ist, ist es gar nicht zu umgehen, dass sich die Gestrigen und die Heutigen auf der Straße, im Theater, im Park und im Elephant treffen. Man ist sich nahe und lächelt sich an, weil man weiß, dass ein reines Weimar Bedeutung verspricht.

Bernward Rothe,[85] **zu „Defekte einer Hochschulchronik",** 28. Januar 2018

Wie die Herren Stölzl und Altenburg bin auch ich ein "Westsozialisierter", [...] . Aber auch ohne tieferes Eindringen in die von den Autoren Günter Knoblauch und Roland Mey im Buch "Defekte einer Hochschulchronik" dargestellten Widersprüche bin ich mir sicher: 401 lfm nicht gesichteter DDR-Akten innerhalb der Musikhochschule in Weimar, dazu die betreffenden Akten aus Stasi- und SED-Beständen in anderen Thüringer Archiven, daran nur ein 81jähriger Rechercheur allein tätig und alles im Kontext der wiederholten Aussage des Präsidenten "Rehabilitationen abgeschlossen" - das hätte auch bei uns in der alten Bundesrepublik für eine Beate-Klarsfeld-Ohrfeige ausgereicht.

Zur Erinnerung: Frau Klarsfeld hatte am 7. November 1968 auf einem CDU-Parteitag in Berlin den damaligen Bundeskanzler Kurt Georg Kiesinger für seine ehemalige Verstrickung in das NS-Regime öffentlich geohrfeigt.

Brief an die rot-rot-grüne Regierungskoalition Thüringen, 22. Januar 2018

Johannes Wallmann: Aufbruch und Alternative Fakten[86]

Auszug: [...] Der an der Weimarer Musikhochschule offenbar herrschende Ungeist ist Teil eines "kapitalen Systemdefekts" der Musikwissenschaft (so Dr. Ulrich Blomann), der seit Jahrzehnten die Aufarbeitung der SED-Totalitarismus-Verstrickung auch dieser Hochschule verhindert. Er trägt dazu bei, „Alternative Fakten" zu schaffen, die sich nicht nur auf den Geist und die Entwicklung von Musik, sondern auch auf den Geist und die Entwicklung von Demokratie und Kultur fatal auswirken. Der Erfolg der AfD ist dafür nur eines der Zeichen. Zumal es für namhafte totalitär verstrickte Musiker und Musikwissenschaftler nahezu nahtlose Übergänge von Nationalsozialismus - Realsozialismus - zu Sozialer Marktwirtschaft gab (das Wort „sozial" verbindet alle drei politischen Systeme, impliziert aber leider auch Sozialbestechung - wie Götz Aly es nennt), sehe ich mit großer Sorge, dass der Musikbereich in Gefahr steht, quasi zu einem „Schläfer" neuer totalitärer Mentalitäten zu werden. Da Musik – die universellste (und für mich schönste) aller Künste – schon während Nationalsozialismus und Realsozialismus in großem Umfang zur kulturellen Bemäntelung totalitärer Verbrechen missbraucht wurde, ist es für mich als Komponist nicht hinnehmbar, dass die entsprechende Aufarbeitung unterlassen wird.

Angesichts dessen, dass es Heere von (teils hochbezahlten) Musikwissenschaftlern gibt, die diesbezüglich nahezu tatenlos blieben, ist es umso lobens- und bemerkenswerter, dass sich musikalische Laien wie Günter Knoblauch und Roland

---

[85] Bernward Rothe war 1998-2016 Abgeordneter der SPD im Landtag von Sachsen-Anhalt, 2014-2017 Mitglied im Stadtrat von Halle

[86] Brief Wallmanns vom 22. Januar 2018 an die Landesregierung Thüringen. Interessant ist, dass hier einer der Betroffenen - Wallmann war im Jahre 2011 der Anstoß für „Defekte einer Hochschulchronik" – sehr *moderat* schreibt.

Mey dieser Aufarbeitung am Beispiel der Weimarer Musikhochschule annahmen und nun im Mitteldeutschen Verlag ihr Büchlein „Defekte einer Hochschulchronik" erschien. Es untermauert zahlreiche der in diesem Schreiben sowie in unserem Buch KUNST - EINE TOCHTER DER FREIHEIT? genannten Fakten. Beiden Herren möchte ich an dieser Stelle für ihr vornehmes Engagement herzlich danken! Ebenso Herrn Christian Dietrich, dem Thüringer Landesbeauftragten für die Aufarbeitung der SED-Diktatur, der das Erscheinen dieser Publikation unterstützte.

Michael Mansion,[87] Wallerfangen

Die beiden Autoren lassen Wolfram Huschke in „Zukunft Musik" zu Wort kommen, wenn er meint: „Denn wenn Herkunft Zukunft prägend beeinflusst und Wissen darüber aufklärend zu wirken und Identitätsbewusstsein zu stärken vermag, dann sollte die Antwort auf die Frage, woher man kommt, belastbar bekannt sein, um für die beiden weiteren Fragen – wer man ist und wohin man geht – eine gute Grundlage abzugeben".

Das ist ein kluger Satz in die Richtung aller Kulturvergessenen, die aktuell Konjunktur haben, aber warum tut sich Wolfram Huschke so schwer, wenn es um die ihm unterstellten Unterlassungen aus der DDR-Zeit der Musikhochschule in Weimar geht. Wen fürchtet der Kulturbürger Huschke?

Für jemanden, der im Westdeutschland sozialisiert wurde, ist ein intimer Blick auf den vergangenen Staat DDR unmöglich. Zu sehr war man auch als ein 1943er mit der Entstehungsgeschichte der eigenen Republik und ihren Widersprüchen beschäftigt und natürlich hat auch der ebenfalls zitierte Prof. Altenburg recht, wenn er sagt, dass Zeitzeugen keine Historiker sind. Richtig, aber Zeugen sind sie allemal dann, wenn ihre Aussagen beweiskräftig sind.

Der außenstehende Leser des Buches erkennt viele Widersprüche zwischen den Vertretern der Hochschulleitung, die Westsozialisierte sind und nichts von allem aus der Täter- oder Opferperspektive erlebt haben. Zugleich stellt sich aber die Frage, warum die Opfer heute lügen sollten? Was hätten sie davon? Und was soll das moralisch gefärbte Verteilen von „Rehasummen" durch Menschen aus dem Westen, bei denen man den Eindruck nicht los wird, dass sie sich in das Gebäude, das sie seit Jahren nun repräsentieren, nicht all zu tief hinein schauen lassen wollen, weil da noch ein paar Leichen im Keller modern.

So weit mal hierzu und was hindert eigentlich an einem „offenen Dialog", was unter demokratischen Bedingungen ja so schrecklich auch nicht wäre und wir sind genötigt uns umzusehen im schönen Europa, wo er leider auch nicht stattgefunden hat, was nichts beschönigt, aber desillusioniert.

Was aber auf keinen Fall zu dulden ist, sind ausbleibende Rehabilitationen, noch nachträglich verweigerte Diplome offenbar (auch) als Folge nachträglich (1991)

---

[87] Michael Mansion, Schriftsteller, seit 1992/93 im Kultur Bereich tätig. In den letzten Jahren Publikationen hauptsächlich mit soziologischen und sozialkritischen Themen vor dem Hintergrund einer von ihm als Staatskrise definierten Entwicklung.

vernichteter Akten, was dann einem „realsozialistischen Kulturkonzept" nicht mehr anzulasten wäre, wohl aber dem Prinzip übelster Vetternwirtschaft und.......Feigheit.

Bei den Betroffenen, von ihrem damaligen Staat zu Unrecht gemaßregelten Bürgerinnen und Bürgern, muss das wie der Nachhall von erlebter Abwertung, Ausgrenzung und Bespitzelung empfunden werden, erlebt im Ereignishorizont einer kulturschaffenden Hochschule für Musik, von der man eine diesem besonderen Genre gemäße Freiheit hätte erwarten dürfen.

Einer dieser auch noch nachträglich Gemaßregelten, der Musiker und Komponist Johannes Wallmann, ist eine Zentralfigur der beiden Autoren und von ihm stammt das schöne Zitat:

„Gerade weil die Musik – wie die großen Komponisten es mit ihren Werken beweisen – sich dem Universellen in besonderem Maße zu nähern vermag, hat sie eine ganz besondere Verpflichtung zur Wahrhaftigkeit, die für die Zukunft von Musik, aber auch für die Zukunft von Kultur überhaupt – von entscheidender Bedeutung ist".

Es war die „Nicht-Systemkonforme-Person", geschaffen von einer höchst arroganten Nomenklatura, die zur Selbstzerstörung des Staates DDR geführt hat. Der Rest ist Geschichte.

Prof. Dr.-Ing. Jürgen Wenge[88]

Wer die Zukunft meistern will, muss die Vergangenheit analysieren. Und wer die Aufarbeitung vergangener Jahrzehnte verweigert oder kaschierend realisiert, der wird auch die Probleme der Gegenwart nur noch vergrößern. Den Autoren gebührt in unserer von Eigennutz und oft rücksichtslosem Karrierestreben dominierten Zeit ein großes Kompliment. Die Logik ihrer Beweisführungen einerseits und die Ignoranz dieser Beweise andererseits sind beeindruckend und zugleich erschreckend. Wegen der Trivialität der dargestellten Defekte können „unwissentliche Konstruktionen" ausgeschlossen werden. Beim wissentlichen Ignorieren von: wenn keine Stasi-Aufarbeitung, dann keine abgeschlossene Opfer-Rehabilitation und wenn Stasi-Einfluss unberücksichtigt, dann keine wahre Zeitgeschichte, dann führt das sofort zu der Frage: Wer soll damit beschützt und vor Schaden bewahrt werden?

Die Autoren haben die Notwendigkeit der Veränderung institutioneller Verhaltensweisen im Sinne von „Kunst als Tochter der Freiheit" (Schiller) an der Musikhochschule FRANZ LISZT Weimar dargestellt – ein abschreckendes Beispiel für andere Hochschulen. „Zukunft Musik" wird an dieser altehrwürdigen Musikhochschule nur nach grundlegendem Positionswechsel möglich werden.

---

[88] Mitglied des Leipziger Bürgerkomitees von 1989/90)

Mein Dank gilt den Autoren, dem Verlag und auch den mutigen Studenten und Mitarbeitern der Hochschule; den in diesem Buch genannten und nicht genannten aufrichtigen Menschen, die während der DDR im Widerstand gegen die SED-Vorgaben gelebt haben.

Diese Publikation soll dazu beitragen, dass es zu keiner Geschichtsklitterung kommt.

Thüringer Allgemeine

Hanno Müller,[89] Diplombetrug: Buch kritisiert Musikhochschule - Autoren fordern Aufarbeitung der DDR-Zeit

Auszug: „[...] Jahre danach werfen die Autoren der Musikhochschule vor, sich dem Diplombetrug, der kein Einzelfall gewesen sei, bis heute nicht gestellt zu haben. Stasiakten, aus denen weitere Opfer-Namen zu erwarten seien, würden nicht aufgearbeitet. So werde die eigene Geschichte geschönt und einer Auseinandersetzung mit den politischen Zwängen und Repressionen der Zeit vor 1989 aus dem Wege gegangen."

LEIPZIGER INTERNET ZEITUNG

Ralf Julke, [90] Defekte einer Hochschulchronik - Warum auch eine Musikhochschule in Weimar gut daran täte, auch ihre Geschichte im 20. Jahrhundert komplett zu erzählen.

So manche Universität und Hochschule im freundlich runderneuerten Osten hat sich ja in den vergangen Jahren (oft aus Jubiläumsgründen) etwas intensiver mit ihrer eigenen Geschichte beschäftigt. Oder sich eine Geschichte zugelegt, schön ruhmreich. Aber mit Löchern drin. Gerade das 20. Jahrhundert bereitet etlichen Hochschulleitungen augenscheinlich arge Zahnschmerzen. Auch in Weimar. Dort hat sich einer mit ins Zeug gekniet, den L-IZ-Leser schon kennen: Roland Mey. Auch von seinen Leipziger Attacken gegen die oft schöngeredete Geschichte Kurt Masurs oder die Löcher in der Hochschulchronik in der Hochschule für Musik und Theater haben wir berichtet. Es ist nicht nur die DDR-Zeit, die manchen Chronikschreibern arge Probleme bereitet, das Geschehene einzuordnen, zu werten oder gar zu benennen. Die NS-Zeit wird meistens genauso eilig überflogen. Nur ja nicht erzählen müssen, dass auch Musiker, Lehrer und Genies fehlbar sind. Dass staatliche Willkür tief in die eigentlich heiligen Strukturen der Kunst eingreifen kann, Karrieren befördert und zerstört, Forschung verhindert, Charaktere verbiegt oder gar entkernt – das alles müsste und dürfte eigentlich Thema sein. Auch in den Chroniken der Kunsthochschulen. Denn damit wird auch sichtbar gemacht, wie Diktaturen Kunst deformieren und Menschen zerrütten.

---

[89] Zentralredaktion TA, 31. März 2018, Seite 11
[90] Ralf Julke. Chefredakteur, 27. Dezember 2017 - Bildung - Bücher

Ein richtiges Mey-Thema also, in dem er sich mit dem 1940 in Aue geborenen Günter Knoblauch zusammentat.

Beide Autoren haben die Aufarbeitung der DDR-Vergangenheit an der Hochschule für Musik FRANZ LISZT Weimar in den Blick genommen und Kritikwürdiges gefunden. „Ihnen stellte sich schließlich im Lauf ihrer Gespräche und Recherchen die Frage: Wird hier bis heute absichtlich die jüngste Geschichte geklittert, werden bewusst alte SED-Seilschaften und Täter im Lehrkörper geschützt, und wird Opfern die Rehabilitation verwehrt? Ist die HfM eine der letzten ‚roten Bastionen' der ehemaligen DDR, die zwar die kulturellen Leistungen der Vergangenheit für sich in Anspruch nehmen, ihre Verantwortung für die politischen Verformungen zu DDR-Zeiten aber von sich weisen?", fasst der Verlag zusammen, was die beiden anhand von Dokumenten, Interviews, Veröffentlichungen und einer Podiumsdiskussion herausbekommen haben.

Ihr Antrieb? Eine gehörige Portion Unmut, was den Umgang mit der Geschichtsschreibung der Hochschule betrifft.

Der Passus zu diesem Geschichtskapitel auf der Hochschul-Homepage ist kurz: „1947 schloss die Theaterabteilung wieder (die Opernschule blieb erhalten). Im Jahr 1948 gesellte sich zu den obligatorischen musiktheoretischen und musikgeschichtlichen Begleitfächern die Musikwissenschaft als eigenes Studienfach – das heute immer noch gültige Ausbildungsprofil war komplett. Seit dem Jahr 1956 trägt die Hochschule den Namen ihres Initiators im Titel." Das war's. Als wäre nichts passiert.

Zeit für eine offene Diskussion der jüngsten Vergangenheit der Hochschule, „wo der Präsident wiederholt gegen die Widerreden mehrerer Opfer öffentlich falsch behauptet, die Rehabilitationen seien an der HfM abgeschlossen, und auf einen sehr konkreten Klagebrief eines (bisher unbekannten) Opfers nicht reagiert", sagt Mey. „Das Büchlein ‚Defekte einer Hochschulchronik' wurde mit einem reziproken Ansatz geschrieben: Nicht DDR-Aufarbeitung mit ‚nur' philosophisch-moralischer Korrelation in die Gegenwart und deshalb dort meistens wirkungslos; sondern Gegenwartsverhalten von Entscheidungsträgern im Kontext der institutionellen DDR-Vergangenheit – also hochbrisant, aber eben nur dann, wenn mit aufwendiger Nach-Bucharbeit eine umfangreiche Öffentlichkeit erreicht wird. Ich träume nicht davon – ich arbeite daran, dass im Jahr 2018 innerhalb und außerhalb der HfM in Weimar, Erfurt und Jena die fundamentale Frage entschieden wird: ‚Weiter so oder anders?'" ....

Natürlich ist es immer der unbequemere Teil der Hochschulgeschichte, wenn man sich mit den beiden Diktaturen beschäftigen muss. Die Hochschulen waren keine geschützten Inseln, auf die die jeweils Mächtigen keinen Zugriff gehabt hätten. Aber der Teil macht natürlich deutlich mehr Arbeit, weil man es immer auch mit gebrochenen Biografien zu tun hat – auf beiden Seiten. Und ganz sicher brauchen diejenigen, die diese Chronikteile bearbeiten, auch das entsprechende Grundwissen um das Funktionieren von Diktaturen. Erst so lassen sich Biografien,

Karrieren und Ereignisse wirklich einordnen. So wird aber auch sichtbar, dass es in vormundschaftlichen Staaten keine Schonräume gibt.

Die DDR-Bürger mochten sich alle in ihre berühmten Nischen zurückgezogen haben (und auch die Musik war eine), aber den Auswirkungen einer überheblichen Macht konnten sie sich nie wirklich entziehen. Und schon gar nicht auf den konsequent durchherrschten Hochschulen der DDR. Wie weit das ging, zeigen zum Beispiel die Forschungsbeiträge von Martin Morgner zur Friedrich-Schiller-Universität Jena und von Elise Catrain zur Karl-Marx-Universität Leipzig. Beide Arbeiten zeigen aber auch, wie viel intensive Forschung so etwas braucht.

Aber wenn man es gar nicht anpackt, bleibt auch jede Diskussion über so ein durchaus folgenreiches Thema aus. Für den Verlag ist auch die kleine Streitschrift zur Musikschule FRANZ LISZT: „Ein Buch gegen das (absichtliche) Vergessen." ein Anfang.

* * *

Hinweis zum folgenden Beitrag „Ein Diplomzeugnis, das im Nichts verschwand" aus der Publikation von 2018 „Defekte einer Hochschulchronik":
An einigen Stellen sind neue Erkenntnisse – nach der Erstveröffentlichung 2018 – als Ergänzungen eingefügt. Diese sind besonders gekennzeichnet. Einige Dokumente habe ich zur Textstraffung nicht mehr übernommen, teilweise in den Text eingearbeitet oder sie nur noch im Ausschnitt abgebildet. Sich ergebende Wiederholungen im Text sind der damals im Vordergrund stehenden Chronologie der Ereignisse geschuldet. Hier wurde nicht gekürzt. Die Originalausgabe von „Defekte einer Hochschulchronik" ist vergriffen, kann jedoch im Internet über die Buchportale gelesen und heruntergeladen werden.

Ein Diplomzeugnis, das im Nichts verschwand.
Mangelnder Wille zur Aufarbeitung der DDR-Vergangenheit?

Beobachtet wie zu DDR-Zeiten und skizziert: H. Johannes Wallmann und Karl Anton Rickenbacher, 1997 im Berliner Dom, mit dem Rundfunk-Sinfonieorchester Berlin bei den Proben zu Wallmanns INNENKLANG.

Ein Diplomzeugnis, das im Nichts verschwand
Mangelnder Wille zur Aufarbeitung der DDR-Vergangenheit

Der Titel der Publikation[91] impliziert bereits, dass an der Hochschule für Musik FRANZ LISZT Weimar (HfM), viele Jahre nach dem Zusammenbruch der DDR, noch immer etwas Grundlegendes ausgeblieben ist: Die Aufarbeitung der DDR-Zeit.

Der Anlass für diese Dokumentation war folgender: Im Jahre 2009 macht ein ehemaliger Student der HfM bei der Durchsicht seiner Studentenakte einen überraschenden Fund. Er stößt auf den Durchschlag eines Diplomzeugnisses, das vor 35 Jahren ohne sein Wissen auf seinen Namen ausgestellt, und ihm im Original niemals überreicht worden war. Die Hochschulleitung der HfM wird darauf angesprochen; es werden Brücken gebaut, um politisch motiviertes Unrecht zu korrigieren. Doch dann entscheidet sich die Leitung anders. Möglicherweise befürchtet sie eine offene Diskussion der SED-Vergangenheit und die Aufdeckung von SED- und MfS[92]-Verstrickungen des Lehrkörpers.

Doch gegen Ende des Jahres 2015 beginnt der von der Hochschulleitung aufgebaute Schutzwall brüchig zu werden. Ging es anfangs *nur* um ein nicht ausgehändigtes Diplom, so sind innerhalb der letzten Jahre weitere Details über die Vorgänge vor und nach 1989 in die Öffentlichkeit gelangt, sodass die Leitung der HfM gezwungen wird, alte Positionen und Sichtweisen zu relativieren.
Diese Dokumentation setzt sich mit Interviews, Behauptungen, Briefen, Zeugnissen, Dokumenten des ehemaligen Staatssicherheitsdienstes der DDR sowie dem taktlosen, wenn nicht sogar inkorrekten Verhalten der Leitung der HfM auseinander, um die im Jahre 2017 noch immer dringend erforderliche DDR-Aufarbeitung an der HfM zu verdeutlichen und weiter anzustoßen.

Eine Pressemitteilung und eine Podiumsdiskussion
Am 16. Februar 2016 veröffentlichte die Thüringische Landeszeitung (TLZ) einen Beitrag von Sabine Brandt unter dem Titel „Rücktrittsforderung gegen Weimarer Musikhochschul-Präsidenten erneuert". Die Forderung stammte von Roland Mey, der sich für die Rehabilitierung ehemaliger Studenten der HfM wie den oben erwähnten Berliner Komponisten Johannes Wallmann einsetzt. Der Artikel reflektiert die stereotype Reaktion der HfM, die den Vorwurf mangelnder

---

[91]   G. Knoblauch, R. Mey, „Defekte einer Hochschulchronik – Die Hochschule für Musik Franz LISZT in Weimar – eine Aufarbeitung", Mitteldeutscher Verlag, 2018, 185 Seiten.
[92]   MfS: Ministerium für Staatssicherheit.

Aufklärungsbereitschaft mit dem Hinweis auf geschredderte DDR-Akten zurückweist.[93]

Interviewpartner waren Christoph Stölzl, derzeitiger Präsident der HfM, sowie der erste Nachwenderektor der HfM, Wolfram Huschke (1993–2001).

Aus diesem Artikel erhalten Leser wie Musikszene interessante Daten zur SED-Vergangenheit der Hochschule und erfahren, dass das Hochschularchiv nach dem Zusammenbruch der DDR „bereinigt" wurde. Der Beitrag von Sabine Brandt zitiert Aussagen zur HfM-Vergangenheit, die so in der Öffentlichkeit bisher nicht formuliert wurden. Es werden von den Gesprächspartnern – wider besseres Wissen – Falschaussagen zur Vergangenheit der HfM formuliert. Unter anderem damit wird sich dieser Beitrag noch befassen.

Der Artikel weist auch auf eine Chronik der Hochschule hin, die der ehemalige Hochschulrektor Wolfram Huschke verfasst und 2006 veröffentlicht hat. Die Publikation mit dem Titel „Zukunft Musik – Eine Geschichte der Hochschule für Musik FRANZ LISZT Weimar"[94] stand zwei Monate vor Erscheinen des Artikels im Mittelpunkt einer kritischen öffentlichen Auseinandersetzung. Am 19. November 2015 fand eine Lesung und Podiumsdiskussion zum Thema „Demokratische Erneuerung aus der Ferne" im Sendesaal von Radio LOTTE Weimar statt. Auf dem Podium trafen sich als Diskussionspartner Roland Mey[95], Christoph Stölzl[96] (seit 1. Juli 2010 Präsident der HfM), Detlef Altenburg[97] (Direktor des Institutes für Musikwissenschaft Jena-Weimar von 1999 bis 2012) und Hildigund Neubert[98].

Der Vorwurf an den Autor der Chronik: Einer Auseinandersetzung mit den politischen Zwängen und Repressionen der Nachkriegsjahre bis 1989 aus dem Wege gegangen zu sein.

Professor Altenburg fühlte sich gleich zu Beginn der Podiumsdiskussion angesprochen, eine Wertung der Publikation abzugeben. Nachdem er bereits vor Beginn der Lesung lautstark Herrn Mey „das solle er [Mey] erstmal richtig lesen"

---

93 Vgl. Sabine Brandt: Rücktrittsforderung gegen Weimarer Musikhochschul-Präsidenten erneuert, in: Thüringische Landeszeitung (im Folgenden TLZ) vom 16.02.2016. Detlef Altenburg, ehemaliger Direktor des Institutes für Musikwissenschaft Jena-Weimar, sprach dieses Thema auf einer Podiumsdiskussion in Weimar am 19.11.2015 ebenfalls an: Laut Aussagen von Wolfram Huschke, Autor der Studie „Zukunft Musik" zur Geschichte der HfM, wurden Akten der 1950er und 1960er Jahre im ersten Halbjahr 1991 vernichtet.

94 Wolfram Huschke: Zukunft Musik. Eine Geschichte der Hochschule für Musik FRANZ LISZT in Weimar, Köln/Weimar/Wien 2006.

95 Roland Mey, Jahrgang 1942 – siehe biographische Daten am Ende des Buches.

96 Christoph Stölzls Lebenslauf auf der Webseite der HfM.

97 Detlef Altenburg (gest. 08.02.2016) war in seinem wissenschaftlichen Fachgebiet (FRANZ LISZT) ein sehr bekannter und geschätzter Musikwissenschaftler.

98 Hildigund Neubert war 2003–2013 Landesbeauftragte des Freistaates Thüringen für die Unterlagen des Staatssicherheitsdienstes der DDR.

an den Kopf warf, wiederholte er dies auf dem Podium und führte darüber hinaus aus:

„[...] Sie haben es (gemeint ist: „Zukunft Musik" von Huschke, d. Verf.) nicht gelesen – zumindest nicht so, wie man das bei Büchern macht. Es ist bei Büchern wie bei Medikamenten, wenn Sie den Beipackzettel nicht lesen, können Sie [sie] massiv missverstehen. In diesem Buch steht im Vorwort: Institutionen-Geschichten erscheinen oft im Umfeld von Jubiläen, so auch diese. Dennoch wurden die Vorüberlegungen Anfang 2003 nicht dadurch in Gang gesetzt, sondern durch eine Frage aus der Öffentlichkeit, wieso diese Hochschule ihre NS-Vergangenheit [...] bisher nicht erkundet und angemessen dargestellt habe [...]. Dann kam an den damals gerade aus dem Amte geschiedenen Rektor Huschke die Bitte von Frau Schipanski[99], dass das Wissen um die jüngste Geschichte der Thüringer Hochschulen und um die enorme Aufbauarbeit in Thüringen nach der Wende in Vergessenheit zu geraten scheint. Darum geht es, das ist der Schwerpunkt dieser Geschichte. Diese Geschichte heißt [...] nicht die Geschichte, sondern eine Geschichte der Hochschule. [...] Es ist doch logisch, dass ein gewesener Rektor nicht so aus dem Nähkästchen plaudern kann, zumal ihn die Fürsorgepflicht für gewesene Mitarbeiter und Kollegen bindet und das hat er auch erkannt. Und er hat den Fehler gemacht, dass er darüber überhaupt spricht. Da würde ich Ihnen recht geben. Andererseits, dass ein Weimar-Enthusiast versucht, eine Kontinuität dieser Hochschule darzustellen, der die Wende sehr aktiv mitgestaltet hat, das muss man in Rechnung stellen, und ich glaube, das ist menschlich [...] es ist eine Geschichte der Hochschule, deren Defizite und deren Zielsetzung klar im Vorwort benannt sind. Es ist jedem, der Geschichte schreibt, nur zu bewusst, dass man als Zeitzeuge nicht Historiker sein kann." [100]

Damit hat Altenburg wohl recht. Doch er unterschätzt die Gefahr, die von der Vermittlung eines zeithistorisch falschen Bildes ausgeht, das in der öffentlichen Wahrnehmung festgeschrieben wird. Damit werden auch Formen von Nostalgie im Stil von „war doch eigentlich gar nicht so schlecht, das Studium an der HfM und in der DDR und überhaupt" die Tore weit geöffnet. Wir sind mit dieser Einstellung heute schon konfrontiert. Auch Huschke weist im Vorwort darauf hin, wenn er schreibt:

„[...] die Zukunft von Musik [...] ist bereits durch die Aufgabenstellung, die Ausbildung junger Leute, die die Zukunft gestalten werden, ständig gegenwärtiger

---

[99] Dagmar Schipanski, Physikerin und Professorin für Elektronik an der TU Ilmenau, 1995/96 Rektorin der TU Ilmenau, 1999–2004 Ministerin für Wissenschaft, Forschung und Kunst in Thüringen, 2002–2004 Präsidentin der Kultusministerkonferenz und 2004–2009 Präsidentin des Thüringer Landtags.

[100] Digitalisierter Mitschnitt der Podiumsdiskussion „Demokratische Erneuerung aus der Ferne" am 19.11.2015 im Sendesaal von Radio LOTTE in Weimar, 19:30–20:30 Uhr. Freundlicherweise bereitgestellt durch Radio LOTTE Weimar.

Denk- und Handlungsansatz, ist gleichzeitig der Maßstab für ein Selbstbild, für die Identität der Institution. Dabei weisen hohe Ideale die generelle Richtung – oder sie werden illusionistisch verwendet, um eine mehr schlechte als rechte Lage zu verklären."[101]

Der Musikwissenschaftler Detlef Altenburg hat die DDR erstmals 1989/1990 aus beruflichen Gründen besucht. Sein Vorwurf im eben zitierten Ausschnitt der Podiumsdiskussion lautete, dass Roland Mey zu sehr auf die Defizite der Huschke-Publikation zeige. Das Wirken und Funktionieren von politischen Verhaltensweisen ehemaliger SED-Kader in der HfM, im politischen System der ehemaligen DDR, musste Altenburg als eine im Westen sozialisierte Persönlichkeit fremd sein.[102] Mangels eigenen Erlebens begibt er sich in die Gefahr, Defizite wohl zu erkennen, aber deren Aus- und Nachwirkungen falsch einzuschätzen oder zu unterschätzen. Das gilt besonders für die Vorgänge an und innerhalb der HfM weit über das Jahr 1989 hinaus.

Ein so harmlos formulierter Satz von Professor Altenburg, *„Es ist doch logisch, dass ein gewesener Rektor nicht so aus dem Nähkästchen plaudern kann, zumal ihn die Fürsorgepflicht für gewesene Mitarbeiter und Kollegen bindet"*[103], zeigt an, wie die Situation bei Drucklegung der Publikation im Jahr 2006 wohl gewesen sein muss. Und sie ist es an der HfM heute im Jahre 2017 immer noch – und das sollte nachdenklich stimmen. Denn Ist es nIcht schäbig gegenüber den Opfern, die Täter zu schützen?

Welche Ängste gibt es seitens der HfM, ihre Vergangenheit offenzulegen und aufzuarbeiten? Fehlt es der HfM bis heute an Willen und innerer Kraft, einen offenen Dialog zu beginnen? Muss der Druck erst von außen kommen?

Eine Tagung und Gedenkveranstaltung in Dresden – die HfM rückt ins Blickfeld

Die Vorgänge an der HfM um einen ihrer Absolventen, H. Johannes Wallmann, rückten im Jahr 2010 in den Fokus eines damals noch kleinen Personenkreises. Im Vorfeld des 50. Jahrestages des Mauerbaus waren in Zusammenarbeit der TU Dresden und der Konrad-Adenauer-Stiftung eine Tagung mit dem Titel „Was bedeutet Freiheit von Lehre und Studium aus dem Blickwinkel der DDR-Vergangenheit?" und eine Gedenkveranstaltung „50 Jahre Mauer – Zum

---

[101] Vgl. Huschke: Zukunft Musik
[102] Detlef Altenburg, geb. 1947 in Hersfeld, studierte Musikwissenschaft, evangelische Theologie, Religionswissenschaft und Philosophie in Marburg und Köln, wo er 1973 promovierte.
[103] Mitschnitt der Podiumsdiskussion.

schwierigen Umgang mit der Vergangenheit" geplant.[104] Für den festlichen Rahmen wurde ein Konzert von H. Johannes Wallmann – der Rainer-Kunze-Zyklus – als passend und angemessen ausgewählt. Während der Vorgespräche erfuhr ich Einzelheiten zu Wallmanns HfM-Vergangenheit, die mich bewogen, Kontakt zum Weimarer Hochschulpräsidenten Stölzl aufzunehmen. Es ging mir dabei um die Rehabilitierung des ehemaligen Studenten Wallmann durch die HfM.

Der HfM wurde signalisiert, die sich in Dresden bietende Chance zu nutzen, im Rahmen der geplanten Gedenkveranstaltung dem ehemaligen Studenten und heutigen Komponisten Wallmann als Geste der Versöhnung und Rehabilitierung offiziell die zu DDR-Zeiten unterschlagene Diplom-Urkunde zu verleihen. Es entwickelte sich hierzu eine Korrespondenz, die bedauerlicherweise nicht zielführend war.[105]

Es blieb dem Rektor der TU Dresden, Hans Müller-Steinhagen, und dem Präsidenten des Sächsischen Landtages, Matthias Rößler, vorbehalten, den Komponisten H. Johannes Wallmann im Rahmen der Gedenkveranstaltung am 15. Juni 2011 zu würdigen.[106] Den Dresdnern ist Johannes Wallmann überdies ein Begriff durch das von Deutschland Radio und MDR am 12.02.1995 (Uraufführung) deutschlandweit sowie nach England (BBC London) und Amerika (Radio Washington DC) live übertragene Glockenrequiem Dresden, eine Stadtklang-Komposition für 129 vernetzte Dresdner Kirchenglocken. [107]

---

[104] Die wissenschaftliche Tagung fand am 15.06.2011 an der TU Dresden statt. Auf der Gedenkveranstaltung am Abend sprach der sächsische Landtagspräsident Matthias Rößler zum Thema „Hochschulerneuerung in Sachsen – Vergangenheitsbewältigung und Zukunftsgestaltung". Die beiden Veranstaltungen waren verbunden mit der gemeinsam erstellten Wanderausstellung „Eingemauert – 50 Jahre Mauer" der Universitäten Dresden, Leipzig, Freiberg und Chemnitz.
Vgl. die Ankündigungen auf www.kas.de/sachsen/de/events/45954 (06.10.2017) und www.kas.de/sachsen/de/events/45955 (06.10.2017).

[105] Hierzu Schreiben von Günter Knoblauch an den Präsidenten der HfM, Christoph Stölzl, vom 03.04.2011, 14.05.2011 (Anlage), 22.07.2011 (Anlage), 31.07.2011 und 15.12.06.2011 betreffend Rehabilitation, Reputation der HfM Weimar, Gedenkveranstaltung der Konrad-Adenauer-Stiftung in Zusammenarbeit mit der TU Dresden am 15.06.2011 und Schreiben des Präsidenten der HfM, Christoph Stölzl, an Günter Knoblauch vom 04.04.2011, 07.06.2011, und 29.07.2011 sowie die Dokumente vom 12.März 2012 an Wallmann im Dokumentenanhang, Ausgabe 2018).

[106] Gedenkveranstaltung der Konrad-Adenauer-Stiftung in Kooperation mit der TU Dresden, „50 Jahre Mauer – Zum schwierigen Umgang mit der Vergangenheit", Dreikönigskirche Dresden, 15.06.2011, 19:30 Uhr, Rede von Rektor Hans Müller-Steinhagen, Archiv der TU Dresden.

[107] Vgl. Anka Giesa: Das Glocken Requiem von Dresden von Johannes Wallmann, in: Matthias Herrmann (Hrsg.): Die Dresdner Kirchenmusik im 19. und 20. Jahrhundert, Laaber 1998, S. 573–580. Uraufführung war am 12.02.1995 in Dresden. Die Bindung Wallmanns zu dieser Stadt ist familiär bedingt: Sein Vater war ein bekannter Pfarrer in Dresden-Trachau.

An den Präsidenten der
Hochschule für Musik Franz Liszt,Weimar
Prof. Dr. Christoph Stölzl
Postfach 2552

99406 Weimar

Gedenkveranstaltung der Konrad-Adenauer-Stiftung in Zusammenarbeit mit der TU Dresden am 15. Juni 2011
Konzert *Der blaue Vogel – Reiner-Kunze-Zyklus* von H. Johannes Wallmann

Sehr geehrter Herr Professor Stölzl,

am 3. April 2011 hatte ich Sie über das Projekt an der TU Dresden „50 Jahre Mauer" informiert.

Die Veranstaltung steht unter der Schirmherrschaft des Sächsischen Landtagspräsidenten und setzt mit der Gedenkveranstaltung in der Dreikönigskirche einen Höhepunkt innerhalb der historischen Aufarbeitung der Zeit 1945 – 1989 der Sächsischen Universitäten – besonders aber der TU Dresden.

Der Anlass dafür geht auf die von mir in 2007 initiierte Rehabilitation durch die TU Dresden in eigener Sache zurück. Nach der ersten Veranstaltung in 2009 ist jetzt ein gewisser Abschluss erreicht. Im Februar wurde die Dokumentation der TU Dresden *„Zwischen Widerstand und Repression"* der Öffentlichkeit übergeben.

Am 15. Juni 2011 findet nun die *Tagung „Was bedeutet Freiheit von Lehre und Studium aus dem Blickwinkel der DDR-Vergangenheit?"* in Verbindung mit der Gedenkveranstaltung *"Zum schwierigen Umgang mit der Vergangenheit"* in der Dresdener Dreikönugskirche statt.

Für den angestrebten festlichen Rahmen – in Würdigung der Opfer von Repression an Sächsischen Hochschulen – habe ich keinen besseren und würdigeren Komponisten als H.Johannes Wallmann vorschlagen können. Die TU Dresden – dies hat mir Rektor Müller-Steinhagen am 21.April 2011 mitgeteilt – wird die Kosten des Konzertes übernehmen.

Dokument 1 (Bl.1): Brief vom 14.Mai 2011 an den Präsidenten der HfM, Stölzl

Ich werde in meinem Vortrag auch auf die Vita von Johannes Wallmann eingehen.

Herr Wallman studierte Musik an der Musikhochschule Weimar, erhielt aber kein Diplom, man sagte ihm, dass seine Arbeit nur als „Hausarbeit" gewertet werden könne.

2008 findet er in seiner Studentenakte auch die Kopie seines Diploms, dass ihm 34 Jahre zuvor nicht ausgehändigt worden war. Und er findet, dass der Dozent, der die Diplomarbeit damals mit 1 bewertete, gemaßregelt wurde und man die Arbeit auf die Note auf 2 herunterstufte. (S.63)
Die Vorenthaltung des Diploms ist heute als „betrügerische Rechtswidrigkeit" zu betrachten.

Auch zwei Ausschnitte aus den Akten des MfS erlaube ich mir Ihnen vorab zur Kenntnis zu geben:

„Inhalt und Ausdruck der Kompositionen des Wallmann lassen eine negative oder staatsfeindliche Thematik und Zielstellung vermuten"

Eine weitere Seite aus den Stasi-Unterlagen von Herrn Wallmann :

„...besteht die Möglichkeit, die Aussagekraft und Zielstellung der Kompositionen des Wallmann so zu deuten, das der Verdacht des hetzerischen oder staatsfeindlichen Inhalts besteht......"

Nach meiner Kenntnis ist die Musikhochschule Weimar mit dem Thema der Rehabilitation von Herrn Wallmann befasst.

Wie darf ich den Stand der Rehabilitation von Herrn Wallmann durch die Hochschule für Musik, Weimar, am 15.Juni vortragen?

Ich füge das Programm der Veranstaltung für Sie bei – Sie sind herzlich willkommen.

Mit freundlichem Gruß

G. Knoblauch

Dokument 1 (Bl.2): Brief vom 14.Mai 2011 an den Präsidenten der HfM, Stölzl

Der Rektor der TU Dresden, Prof. Kokenge, sagte am 15. Juni 2011 zum Thema Vergangenheitsaufarbeitung:

„Es wird deutlich, dass die sächsischen Universitäten und ihre Universitätsarchive die Aufarbeitung dieses wichtigen Forschungsdesiderates vorangetrieben haben. Insbesondere gilt mein Dank dabei den von Repressionen Betroffenen, die wichtige Unterlagen zur Verfügung gestellt haben. Oftmals konnten nur so Verstrickungen auch der Universität vor 1989 in Maßnahmen zur politischen Disziplinierung von Studenten und anderen Hochschulangehörigen dokumentiert werden. Am 28. April konnten wir mit Unterstützung des Landtagspräsidenten, Herrn Dr. Rößler, die Wanderausstellung der sächsischen Universitäten in würdigem Rahmen eröffnen. [...] Ich glaube, dass wir mit unseren Veröffentlichungen sowie der Ausstellung und den Begleitveranstaltungen eine Basis gelegt haben für die Aufarbeitung der Geschichte von politischer Repression gegen Hochschulangehörige, vor allem Studenten. [...] Ich freue mich, dass wir die Veranstaltungsreihe heute mit einem Festkonzert beschließen können. Herr Knoblauch als von politischer Repression Betroffener und Herr Dr. Jork, beide Absolventen unserer Universität, haben diese Veranstaltung angeregt und Herrn Wallmann, dessen Kompositionen vom Ministerium für Staatssicherheit als „staatsgefährdend" und „negativ" eingeschätzt wurden, für die Aufführung einer seiner wichtigsten Kompositionen gewonnen. Der Landtagspräsident und das Rektoratskollegium haben diese Anregung aufgenommen, um symbolisch die sächsischen Studierenden u.a. Hochschulangehörigen zu ehren, denen aus politischen Gründen großes Unrecht zugefügt wurde. [...] Wir freuen uns auf die jetzt folgende Aufführung des Konzerts aus dem Reiner-Kunze-Zyklus ‚Der Blaue Vogel' von Herrn H. Johannes Wallmann."

* * *

Seit nunmehr über sechs Jahren beschäftigen immer wieder Vorgänge um die HfM die Öffentlichkeit. Es wurden Unterlagen zusammengetragen, Korrespondenz ausgewertet, es gab Presseveröffentlichungen, Interviews im Rundfunk[108] und es wurden Dokumente öffentlich, die die HfM belasten. Der Fall des Studenten Wallmann ist, auch wenn die HfM dies leugnet, gut dokumentiert.

Wolfram Huschkes Aussage, nach der sich die DDR-Zeit nicht vollständig aufklären lasse, weil wesentliche Akten aus den Fünfziger- und Sechzigerjahren im April 1991 geschreddert wurden,[109] greift in diesem Falle nicht!

Ich unterstelle: Es bestand bei einigen Leuten kein Interesse an der Aufklärung – es fehlte der Wille dazu.

---

108 Vgl. u. a. Sendung „Zwischentöne" des Deutschlandfunks am 10.07.2011 zum Thema Johannes Wallmann mit Lutz Rathenow, Landesbeauftragter des Freistaates Sachsen für die Unterlagen des Staatssicherheitsdienstes der DDR.

109 Vgl. TLZ vom 16.2.2016.

Ein im Nichts verschwundenes Diplomzeugnis erlebt seine Auferstehung
Vielleicht ein kleiner Zufall – oder ein Fauxpas? H. Johannes Wallmann stößt 2009 bei einer Anfrage nach seiner Studentenakte auf etwas, das die HfM mit ihrer SED-Vergangenheit konfrontiert. Er findet die Kopie eines Diplom-Zeugnisses und deren Bewertung – ausgestellt auf seinen Namen – und erfährt so zum ersten Mal nach 35 Jahren, dass ihm 1974 sein Diplom vorenthalten wurde.[110]
Man würde 20 Jahre nach dem Zusammenbruch der DDR eigentlich erwarten, dass die Leitung der HfM schnell und klar reagiert und den ehemaligen Studenten rehabilitiert. Nein, das tut sie nicht! In der Folge treten die Vorgänge um den langsam entstehenden *Fall Wallmann* mehr und mehr in die Öffentlichkeit und werden von Rundfunk und Presse aufgegriffen. Doch die HfM sieht noch immer keinen Handlungsbedarf. Unverständliches Verhalten, Unwille oder Unfähigkeit, sich mit ihrer Vergangenheit auseinanderzusetzen?
Lassen Sie mich noch ein Stück zurück bis ins Jahr 2009 gehen.

Eine Anfrage des Forschungsverbunds SED-Staat der FU Berlin zur Aufarbeitung der DDR-Geschichte an die HfM läuft ins Leere
Ein Ereignis, im Januar 2010, lässt am Willen der HfM zweifeln, ihre eigene DDR-Vergangenheit genauer zu beleuchten: Am 21.01.2010 schrieb der *Forschungsverbund SED-Staat* der Freien Universität Berlin die HfM im Rahmen einer Umfrage an und bat um Auskunft über deren Stand der Aufarbeitung von Repression, Opposition und Widerstand zu DDR-Zeiten. [111] Die Antwort der Hochschule lautete, man habe in Zusammenarbeit mit einem 1995 eigens gegründeten Archiv Anfragen zu NS-Verfolgungen sowie Anfragen früherer Studenten beantwortet. Es wurden demnach Dienstleistungen zur Aufarbeitung erbracht und Anfragen zur NS-Zeit bis zum Ende der DDR beantwortet. Und darüber hinaus? War das alles?

In ihrer Antwort an den Forschungsverbund weist Frau Lucke-Kaminiarz[112], kommissarische Leiterin des Archivs der HfM, auch auf das Forschungsprojekt „Studentischer Widerstand an der Staatlichen Hochschule für Musik Weimar 1933–1956" hin. Dazu lägen Material und Zeitzeugeninterviews vor.
Doch dieses Projekt sei um die Jahrtausendwende zurückgestellt worden, da inzwischen mehrere Publikationen, *„in denen die politischen Ereignisse der Zeit von 1933 bis 1989/90 nachvollziehbar sind"*, erschienen seien.

---

[110] Vgl. www.integralart.de/content/biografie/biographie/kurzbiographie (26.03.2023). Wallmann, Jahrgang 1952, studierte von 1968 bis 1973 in Weimar Komposition. Er wurde schließlich 1973 von der HfM aufgrund seines politischen Engagements für die christliche Studentengemeinde relegiert.

[111] Dokument 2 Blatt 5 im Text, Privatarchiv G. Knoblauch.

[112] Dokument 3 (Blatt1/2 im Text, datiert 02.02.2010) von Dr. Irina Lucke-Kaminiarz, kommissarische Leiterin des Archivs der HfM seit 1994.

Diese Aussage mit dem Hinweis auf „mehrere Publikationen" verwundert. In einer Fußnote wird hierzu lediglich auf Huschkes Geschichte der HfM allgemein und auf Reinhard Schaus Ausführungen zum Weimarer Belvedere hingewiesen.[113]
Eine Stellungnahme, die wohl Eindruck erwecken soll, aber keine wirkliche Substanz enthält.

Nach den Worten von Detlef Altenburg auf der Podiumsdiskussion in Weimar am 19. November 2015 erfahren wir, dass es nicht Wolfram Huschkes Absicht und Anliegen gewesen sei, die politischen Ereignisse aufzuarbeiten. Allerdings wird Huschkes Publikation in diesem Zusammenhang immer wieder herangezogen.
Das passt nicht zusammen! Oder?

---

[113] Die angeführte Literatur ist Huschke: Zukunft Musik; Reinhard Schau: Das Weimarer Belvedere. Eine Bildungsstätte zwischen Goethezeit und Gegenwart, Köln/Weimar/Wien 2006.

Forschungsverbund SED-Staat  **Freie Universität** **Berlin**

Konferenzvorbereitung: Benjamin Schröder, Carolin Würfel

Freie Universität Berlin, Koserstraße 21, 14195 Berlin

Ihr Zeichen	Ihre Nachricht vom	Unser Zeichen:	Telefon: 030/ 838 55 853	Datum
			FAX: 030/ 838 55 235	
			Email: alea@zedat.fu-berlin.de	

Fragenkatalog zu Repression und Widerstand an Hochschulen der SBZ/DDR

Die Fragen beziehen sich stets auf den gesamten Zeitraum 1945–1989/90. Bei Angaben zu kleineren Teilzeiträumen sowie zu einzelnen Vorgängerinstitutionen der heutigen Hochschule geben Sie diese bitte mit an.

Falls es zu den Fragen keine (quantitativen) Erkenntnisse gibt, bitten wir Sie, auch dies zu vermerken.

1. Wie viele Entlassungen bzw. Exmatrikulationen aus politischen Gründen gab es an Ihrer Universität/Hochschule?
2. Gab es politische Prozesse gegen Hochschulangehörige (Verwaltung, Lehrkörper, Studierende)? Gegen wen? Wie viele insgesamt? Was waren die Anklagegründe? Wie viele Verurteilungen gab es? Welches Strafmaß wurde angelegt?
3. Gab es Oppositionsgruppen (in welcher Größe?) und/oder signifikante Widerstandshandlungen?
4. Wie hoch war der Anteil von SED-Mitgliedern unter den Dozenten? In der Verwaltung? Unter den Studierenden?
5. Gibt es Erkenntnisse über die Anzahl Inoffizieller Mitarbeiter der Staatssicherheit in der Hochschulverwaltung, im Lehrkörper und unter den Studierenden?
6. Gab es offizielle Verbindungen/Austauschbeziehungen zu westlichen Universitäten?

Dokument 2 (Bl.5): Anfrage des Forschungsverbundes SED-Staat der FU Berlin – die Dokumente 2 (Bl. 1-4) sind in der Dokumentenanlage am Ende des Beitrages beigefügt.

Hochschule für Musik FRANZ LISZT Weimar · Postfach 25 52 · 99406 Weimar

Hochschule für Musik
FRANZ LISZT Weimar

Platz der Demokratie 2/3
99423 Weimar

Tel +49(0)3643 555-0
Fax +49(0)3643 555-188

Freie Universität Berlin
z.Hd. Carolin Würfel, Benjamin Schröder
Koserstraße 21

14195 Berlin

Forschungsverbund SED-Forschung. Repression und Widerstand an Universitäten und Hochschulen in der SBZ/DDR 1945-1989

Sehr geehrte Damen und Herren,   Weimar, 2.2.2010
                                                                                      -ilk-

Herr Rektor Prof. Rolf-Dieter Arens übergab mir Ihr Schreiben, denn dieses Thema beschäftigt das Archiv der Hochschule für Musik FRANZ LISZT Weimar seit seiner Gründung 1995 intensiv, zunächst durch auszustellende Studienbescheinigungen, Anfragen früherer Studierender und Lehrer sowie durch eine 15jährige enge Zusammenarbeit mit dem „Landesamt für Rehabilitierung" und den Betroffenen.
Daraus und aus zahlreichen Anfragen zu NS-Verfolgungen ergab sich 1997 meine **Konzeption** eines Forschungsprojektes „ Studentischer Widerstand an der Staatlichen Hochschule für Musik Weimar 1933-1956". Dazu liegen Material-sammlungen und Zeitzeugeninterviews vor.
Das Projekt wurde zu Beginn der Jahrtausendwende zurückgestellt, da inzwischen mehrere **Publikationen**, in denen die politischen Ereignissen an der Hochschule in der Zeit von 1933 bis 1989/90 nachvollziehbar sind, erschienen waren bzw. erarbeitet wurden. [1] Hinzu kommt, dass signifikante Ereignisse in **Ausstellungen des Archivs** in Weimar und in der Hochschule zu den Hochschuljubiläen dargestellt wurden. Das betrifft auch Ausstellungen des Archivs zur Geschichte einzelner Institute, die zu DDR-Zeiten in besonderer Weise betroffen waren, wie z.B. das Institut für Kirchenmusik, das sogar seinen Namen verloren hatte. Dadurch wurden diese Ereignisse, auch durch die Resonanz in den Medien, einem breiteren Publikum präsent.
Das, nach Quellenlage und den Zeitzeugenaussagen, bekannteste politische Ereignis war die einzige **ungenehmigte Demonstration,** die es in der DDR gab. Anlass war ein Konzert von Herbert Roth (Friseur und Sänger volkstümlicher Lieder, u.a. „Rennsteiglied"), der von Walter Ulbricht gefördert wurde. Für Lehrende und Studierende an einer Hochschule mit eher klassischer Ausbildung lag diese Musik, die durch ästhetische Vorlieben von Politikern gefördert wurde, recht entfernt. Gleichzeitig fehlte es vielen Musikstudenten an elementarem Material für ihr Studium (Instrumente, Zubehör und Noten), was nicht thematisiert wurde, aber Alltagser-fahrung war. Studierende und einige Lehrende demonstrierten am **2. Mai 1956 in Weimar,** angeführt von einer Blaskapelle, die Melodien Roths parodierte. Die Demonstration wurde von der Polizei aufgelöst, Verhöre wurden durchgeführt, personelle Konsequenzen waren die Folge. In den Unterlagen der SED-

Dokument 3 (Bl.1) : Antwort d. HfM auf die Anfrage d. Forschungsverbundes SED-Staat

Bezirksleitung Erfurt wurde das Ereignis des 2. Mai 1956 an der Staatlichen Hochschule für Musik Weimar gleichgesetzt mit dem 17. Juni 1953.[2] Hinzu kommen die permanenten Repressionen gegen Mitglieder der *Jungen Gemeinde* sowie Studierende und Lehrende, die international gültige Rechte einforderten. Auch die nachfolgenden Entwicklungen, die in den Herbst 1989 mündeten, sind in der angeführten Literatur belegt. Was es nicht gibt, sind Statistiken, wie sie im Fragespiegel gefordert werden. Auch aus Datenschutzgründen wurde keine Datenbank angelegt. Im normalen Betrieb eines mit sehr unterschiedlichen Aufgabenstellungen, auch international sehr stark genutzten Archivs, ist das kaum zu leisten. Die Studenten-, Personal- und Sachakten [1945-1989/90; ca. 401 lfm] müssen dazu einer systematischen Erforschung unterzogen werden. Hinzu kommen umfangreiche Bestände im Thüringischen Hauptstaatsarchiv Weimar, darunter auch die SED-Bestände.

Durch die Ausrichtung des „Internationalen Musikseminars der DDR" an der Hochschule für Musik FRANZ LISZT Weimar seit 1960, das letztlich ein Fenster zur Welt war, gab es Kontakte zu Künstlern und Institutionen in westlichen Ländern.[3]
Ihr Schreiben wird zum Anlass genommen, ein Forschungsprojekt, das sich dem Thema „Repression und Widerstand in der SBZ/DDR 1945 bis 1989/90" an der Hochschule widmet, zu beantragen.

Mit freundlichen Grüßen

i. A. Dr. Irina Lucke-Kaminiarz

Kommissarische Leiterin des Archivs

1 Peter Gülke, Fluchtpunkt Musik, Kassel, Stuttgart, Weimar 1994;

Wolfram Huschke, Zukunft Musik. Eine Geschichte der Hochschule für Musik FRANZ LISZT Weimar, Köln, Weimar, Wien 2006;

Reinhard Schau, Das Weimarer Belvedere. Eine Bildungsstätte zwischen Goethezeit und Gegenwart, Köln, Weimar, Wien 2006

2 siehe Huschke, S. 386-388; s. Zeitzeugeninterview des Archivs

3 50 Jahre Meisterkurse an der Hochschule für Musik FRANZ LISZT Weimar, Weimar 2009

Dokument 3 (Bl.2): Antwort d. HfM auf Anfrage d. Forschungsverbundes SED-Staat

Es ist bekannt, dass Frau Lucke-Kaminiarz im Sinne des geplanten Projektes „Studentischer Widerstand an der Staatlichen Hochschule für Musik Weimar 1933–1956" bei Anrufen ehemaliger Studenten im Archiv der HfM, die Unterlagen aus ihrer Studentenzeit benötigten, ihrerseits nachfragte, ob der Anrufer etwas über studentischen Widerstand an der HfM zu DDR-Zeiten wisse.[114] Dies erlebte auch Herr Wallmann, als er sich nach seiner Studentenakte im Archiv der HfM erkundigte.

Interessant ist in diesem Zusammenhang, dass Frau Lucke-Kaminiarz sich sehr wohl und freundlich an den Studenten H. Johannes Wallmann erinnerte – und an dessen kompositorische Arbeiten, die schon zu DDR-Zeiten ihre Aufmerksamkeit erweckt hätten.

Auf ihre Frage nach Kenntnissen zum studentischen Widerstand an der HfM ging Wallmann jedoch nicht ein – aus Sorge, es könne dann Probleme mit der Herausgabe seiner Unterlagen geben.[115] Er misstraute der HfM.

Es kann davon ausgegangen werden, dass auch andere von der Archivleiterin angesprochene ehemalige Studenten der HfM ähnlich ängstlich reagierten, da Frau Lucke-Kaminiarz an der HfM unter anderem auch das Fach ML (Marxismus-Leninismus) unterrichtet haben soll. Das macht Vorbehalte bei vielen Ehemaligen sehr verständlich.

Auf ein solches Misstrauen stießen selbst Rainer Jork und ich, als wir die Dokumentation „Zwischen Humor und Repression – Studieren in der DDR"[116] erstellten und hierzu ehemalige Studenten von Hochschulen und Universitäten der DDR über die Zeit ihres Studiums befragten. Auffällig war, dass diejenigen, die während ihres Studiums in den Westen Deutschlands geflüchtet waren oder unmittelbar nach dem Mauerfall die DDR verließen, offener über ihre Studienzeit in der DDR berichteten als ihre in der DDR verbliebenen Kommilitonen.

Im Antwortschreiben von Frau Lucke-Kaminiarz an den *Forschungsverbund SED-Staat* heißt es mit dem Hinweis auf Wolfram Huschke[117] sowie auf ein Zeitzeugeninterview des Archivs: *„Das, nach Quellenlage und den Zeitzeugenaussagen, bekannteste politische Ereignis war die einzige ungenehmigte Demonstration, die es in der DDR gab. Anlass war ein Konzert von Herbert Roth (Friseur und Sänger volkstümlicher Lieder, u. a. „Rennsteiglied"), der von Walter Ulbricht gefördert wurde. Für Lehrende und Studierende an einer*

---

[114] Diese Information stammt aus einem Gespräch mit Herrn Wallmann, als er über seinen Anruf in der HfM berichtete. Da zu diesem Zeitpunkt bereits ein Teil der Hochschulakten vernichtet war, ist zu vermuten, dass die Hochschularchivarin auf diesem Wege Informationen zum Thema sammeln wollte.

[115] Ebd.

[116] Vgl. Jork/ Knoblauch (Hrsg.): „Zwischen Humor und Repression – Studieren in der DDR - Zeitzeugen erzählen", Mitteldeutscher Verlag, Halle, 2017, 548 Seiten.

[117] Vgl. Huschke: Zukunft Musik, S. 386–388.

Hochschule mit eher klassischer Ausbildung lag diese Musik, die durch ästhetische Vorlieben von Politikern gefördert wurde, recht entfernt."[118]

Dieses von Frau Lucke-Kaminiarz berichtete Ereignis – die *Austragung unterschiedlicher Musikauffassungen* – entwickelte sich erst im Verlaufe der Ereignisse zu einem Politikum. Die Bedeutung für eine zeithistorische Wertung dürfte eher gering sein.

Ihren Brief schließt Frau Lucke-Kaminiarz mit der Aussage: *„Ihr Schreiben (die Anfrage vom 21.01.2010, d. Verf.) wird zum Anlass genommen, ein Forschungsprojekt, dass sich dem Thema ‚Repression und Widerstand in der SBZ/DDR bis 1989/90' an der Hochschule widmet, zu beantragen."*

Eine Anfrage von Dezember 2013 an das Archiv der HfM über den Stand des hier angekündigten Projektes bzw. über weitere Auswertungen und Publikationen dieser Zeitzeugeninterviews wurde bisher nicht beantwortet.[119]

Nach der Aussage von Wolfram Huschke wurden Akten der 1950er und 1960er Jahre im ersten Halbjahr 1991 vernichtet. Doch das dürfte so nicht ganz glaubwürdig sein. Spätestens mit dem Bekanntwerden des Gerber-Briefes[120], auf den noch näher eingegangen wird, musste allen belasteten Führungskräften an der HfM klar geworden sein, dass das Archiv der HfM ein Gefahrenrisiko für ihre weitere berufliche Existenz bildet.[121]

---

[118] Siehe Dokument 3, Blatt 1 im Textbeitrag.

[119] Vgl. Privatarchiv Günter Knoblauch: E-Mail des Verfassers an den jetzigen Leiter des Archivs der HfM, Dr. Meixner, vom 27.12.2013.

[120] Vgl. den Beitrag von Roland Mey zur demokratischen Erneuerung der HfM in dieser Veröffentlichung. Die Briefe wurden 2016 nach Gerbers Tod von seiner Frau Ursula Gerber an das Archiv der HfM übergeben (Information von Herrn Meixner, Archivleiter der HfM bei einem Telefonat vom 20.06.2016 gegenüber dem Verfasser). Dr. Dr. Herman Gerber war Dozent, Sprachwissenschaftler und SED-Mitglied und flüchtete aus der DDR. Siehe hierzu auch Huschke: Zukunft Musik, S. 477.

[121] Die Gefahr lag in den Akten der SED-Parteiorganisation der HfM mit Protokollen, Anweisungen, Richtlinien und damit letztendlich auch der Fülle an Namen und Wertungen über Mitarbeiter, Dozenten und Studenten. Das war systemimmanente Praxis. Stasiakten lagerten in der HfM nicht. Belastete HfM-Mitarbeiter hatten Anfang 1990 noch die Möglichkeit, aus eigenem Entschluss zurückzutreten, bevor die im Entstehen begriffenen Personalüberprüfungskommissionen – die alle Hochschullehrer und -mitarbeiter überprüften und Belastete ausfindig machen sollten – ihre Arbeit ab 1990 aufnehmen konnten. Der Zugang zu den Stasiakten war den Kommissionen erst später möglich. Weitere Überprüfungen fanden deshalb an vielen ostdeutschen Hochschulen mitunter erst 1993/94 statt. Es sei auch auf den Modrow-Erlass hingewiesen, der allen DDR-Bürgern ermöglichte, ihre Personalakten zur „Einsichtnahme" mit nach Hause zu nehmen. Da wurde schnell vieles um- oder neugeschrieben.

Es kann daher angenommen werden, dass man sich besonders der belastenden Dokumente entledigte. Und dies dürften vermutlich die Unterlagen der SED-Parteileitung der HfM gewesen sein. Frau Lucke-Kaminiarz gehörte wohl zu diesem Personenkreis und wird deshalb, ebenso wie Huschke, Wissensträgerin sein.

Im offiziellen Schreiben der HfM an den *Forschungsverbund der FU Berlin* wurde dieser Tatbestand der möglicherweise gezielten Aktenvernichtung nicht erwähnt. Professor Stölzl formuliert es heute wie folgt: *„Dennoch hat sie [die HfM, der Verf.] sich selbstverständlich der Aufarbeitung ihrer Geschichte im Ganzen – also auch der hochproblematischen Jahre 1933–1945 und 1946–1989 gestellt. Das Resultat ist das äußerst faktenreiche Buch von Wolfram Huschke „Zukunft Musik" – Eine Geschichte der Hochschule für Musik FRANZ LISZT Weimar'. [...] Professor Huschke hat alle Akten minutiös ausgewertet und zeichnet ein kritisches Bild der DDR-Epoche der Hochschule. Wo freilich durch die Turbulenzen im Umbruchjahr 1989/90 Aktenbestände verloren gegangen sind, kann auch der verantwortungsvolle Historiker nur erzählen, was belegt ist."*[122]

„Professor Huschke hat alle Akten minutiös ausgewertet ..."

Es ist etwas wenig, wenn Professor Huschke im gesamten Buch nur von drei studentischen „Rädelsführern" spricht, die scharf gemaßregelt werden sollten. Namen der Studenten finden sich nicht. Dafür aber *„[...] sei [...] nur 1 Student exmatrikuliert worden, einem wurde das 5. Studienjahr und die Stipendienzahlung gestrichen, der dritte mit strengem Verweis und Stipendienkürzung bestraft."*[123]
Deutlicher wird Huschke nicht. Möglicherweise fanden sich keine Belege mehr für die ideologische Prägung und politische Repression an der HfM. Wissensträger sollte es dagegen im Bereich der HfM genügend gegeben haben. Entweder wollten Sie nicht sprechen oder niemand befragte sie.

Beschämend für die HfM bei der Wertung all dieser Vorgänge ist, dass die sogenannten „neuen" Erkenntnisse nicht aus einem Forschungsprogramm zur Vergangenheitsaufarbeitung durch die HfM stammen, sondern erst durch den Druck von außen bekannt wurden.[124]
Von den 593 Seiten von Huschkes Geschichte der HfM sind durch die „minutiöse Auswertung" drei Seiten der angesprochenen *hochproblematischen* SED-Vergangenheit gewidmet.[125] Drei Seiten!
Hier wird auf eigentlich politisch irrelevante Ereignisse reduziert.

---

[122] Privatarchiv Günter Knoblauch: E-Mail des Präsidenten der HfM, Christoph Stölzl, an den Verfasser betreffend „Nachtrag Gedenkveranstaltung der Konrad-Adenauer-Stiftung & TU Dresden am 15. Juni 2011" vom 29.07.2011.

[123] Huschke: Zukunft Musik, S. 388.

[124] Damit sind die Interviews, Pressenotizen und Veröffentlichungen gemeint, die im vorliegenden Text an den betreffenden Stellen mit Quellen angegeben werden.

[125] Vgl. Huschke: Zukunft Musik, S. 386–388.

Sicher wird es Lücken geben. Täter warten nicht, bis sie entdeckt und ihr Wirken öffentlich wird. Sie bereinigen in ihrem Umfeld und nutzen dabei auch ihre Netzwerke. Dies meint Herr Stölzl wohl, wenn er verharmlosend von „Turbulenzen im Umbruchsjahr 1989/90"[126] spricht. Aber auch das scheint so nicht korrekt und vollständig zu sein: Laut Wolfram Huschke fand die angesprochene Aktenvernichtung erst 1991 statt!

Hat Huschke alle Akten minutiös ausgewertet? Nein, das kann er nicht geleistet haben, wenn gleichzeitig dem *Forschungsverbund SED-Staat* der Freien Universität Berlin mitgeteilt wird: *„Die Studenten-, Personal- und Sachakten (1945–1989/90, ca. 401 lfm) müssen dazu einer systematischen Erforschung unterzogen werden."*[127]

Diesen Satz muss man sich direkt auf der Zunge zergehen lassen: Vierhundertundeins laufende Meter! Und das ist nur der Bestand der HfM! Was ist mit den Dokumenten aus der ehemaligen MfS-Kreisdienststelle Weimar, die die HfM betreffen? Oder den Dokumenten der Archive des Freistaats Thüringen?

Was genau hat Wolfram Huschke da minutiös ausgewertet???
Wer kann mir das erklären?

Kommen wir noch einmal zurück zu Frau Lucke-Kaminiarz' Stellungnahme vom Februar 2010. Der Fragenkatalog der FU Berlin zu Repression und Widerstand an der Hochschule in der SBZ und DDR lief bei der HfM ins Leere. Keine der Fragen wurde mit Zahlen oder Abschätzungen beantwortet. Lucke-Kaminiarz spricht davon, dass sie zwei Anläufe zum Thema Aufarbeitung gestartet hat: 1995 und 2010. Das spricht von Kenntnis in der Sache, der Notwendigkeit und dem Willen, das Thema Aufarbeitung anzugehen. Wurden mit dem Ende ihrer Amtszeit 2010 wieder einmal die Akten geschlossen? Auf wessen Druck?

Seit 2010 leitet Christoph Meixner das Archiv. Bei der Aufnahme seiner Tätigkeit stellte er fest, dass die Akten noch in Kisten verpackt seien und überhaupt erst erfasst werden müssten.[128]

Herr Staadt vom *Forschungsverbund SED-Staat* schrieb mir am 15. August 2011: *„[...] ein Archivar aus der Hochschule (HfM, Dr. Meixner, d. Verf.) nahm an der*

---

[126] Vgl. den Beitrag von Roland Mey zur demokratischen Erneuerung der HfM in dieser Veröffentlichung.

[127] Vgl. TLZ vom 16.2.2016.

[128] Mündliche Information beim Gründungstreffen der Projektgruppe am 29.11.2011 in Dresden/Radebeul: „Zeitzeugenserie – Studenten an DDR-Universitäten".

Tagung (die Hochschultagung der FU Berlin, d. Verf.) teil, der sehr interessiert schien, die Aufarbeitung dort voranzubringen."[129]
Ob auf Meixners Liste der genehmigten Projekte auch Themen zur Aufarbeitung der SED-Vergangenheit der HfM der Jahre 1945 bis 1989 gehörten,[130] ist mir nicht bekannt.

* * *

Aktualisierung 2023 – Was uns schon 2011 bekannt war
Doch was ist seit damals (2010) bis heute passiert? Was wurde abgearbeitet, erledigt?
Im Jahr 2023 – aktuell nach den Vorgängen zum 150-jährigen Jubiläum der HfM – sollten wir noch einmal genau darauf schauen, was Frau Lucke-Kaminiarz 2010 an den Forschungsverbund der FU Berlin geschrieben hat. Sie sprach von:

„[...] permanenten Repressionen gegen Mitglieder der Jungen Gemeinde sowie Studierende und Lehrende, die international gültige Rechte einforderten."
„Was es nicht gibt, sind Statistiken wie sie im Fragespiegel gefordert werden."
„Auch aus Datenschutzgründen wurde keine Datenbank angelegt."
„Hinzu kommen umfangreiche Bestände im Thüringischen Hauptstaatsarchiv Weimar, darunter auch die SED Bestände"
„Im normalen Betrieb eines [...] international sehr stark genutzten Archivs, ist das (Aktenaufarbeitung – Anm. G.K.) kaum zu leisten."

Wenn man aufarbeiten will, dann erfordert das eine Datenbank! Wie soll das sonst gehen? Nein, man wollte nicht! Oder liege ich da falsch? Lesen wir weiter:
„Ihr Schreiben wird zum Anlaß genommen ein Forschungsprojekt, das sich dem Thema „Repression und Widerstand in der SBZ/DDR 1945 bis 1989/90" an der Hochschule widmet, zu beantragen."
Wo ist das Projekt? Oder die Projekte?
Was ist daraus geworden?
Wo können die Weimarer Bürger nachlesen, was und wie ihr Schmuckstück ...?
Ich vermute, dass Frau Lucke-Kaminiarz Aufarbeitung wollte, aber davon abgehalten wurde. Einfachstes Instrument der Verhinderung: Keine Finanzmittel zur Verfügung stellen – dann erledigt sich das Thema von selbst. Bis heute! Oder?

Noch etwas fällt auf: Der Brief ist mit i.A. Dr. Irina Lucke-Kaminiarz, Kommissarische Leiterin des Archivs unterschrieben. Wie viele Jahre war die Leitung des Archivs der HFM kommissarisch besetzt? Warum?

* * *

---

[129] Privatarchiv Günter Knoblauch: E-Mail von Dr. Jochen Staadt, Forschungsverbund SED-Staat an der FU Berlin, an Günter Knoblauch vom 15.08.2011 mit dem Betreff „50 Jahre Mauer".
[130] Vgl. Privatarchiv Günter Knoblauch: Eine Anfrage des Verfassers vom 27.12.2013 hierzu an das Archiv der HfM wurde nicht beantwortet.

Gab es nach 1989 einen personellen Wandel an der HfM?

Offensichtlich wurde die SED-Vergangenheit seit 1989 nicht energisch, sondern höchstens sehr oberflächlich erforscht. Die Gründe hierzu können nur zum Teil nachempfunden werden. Ansätze hat es möglicherweise immer wieder gegeben. Ich verweise erneut auf die Gerber-Briefe: Es ist bekannt, dass der 1990 gerade neu gewählte Rektor der HfM nach Erscheinen dieses wohl sehr belastenden Materials schon nach wenigen Tagen Amtszeit das Rektorat niederlegte.

Jedoch soll hier der Fokus nicht auf den damaligen Gerber-Briefen liegen, sondern darauf, dass eine solch belastete Person überhaupt für den Posten nominiert und wiedergewählt werden konnte. Mit anderen Worten: Da müssen doch alte Strukturen an der HfM noch voll funktionsfähig gewesen sein. Der geplante gleitende Übergang vom systemtreuen Funktionär zum neuen Rektor mit demokratischer Gesinnung war in diesem Fall schiefgegangen.

Doch das änderte nichts an der grundsätzlichen Einstellung innerhalb der HfM, beim Übergang in das demokratische Staatssystem der Bundesrepublik möglichst *„die Kontinuität der Hochschule zu wahren"*, wie es Detlef Altenburg nannte. Es ging nach 1989 an der HfM um Posten und Funktionen, um Existenzen, die aus der sozialistischen Ära hinüber in die Demokratie gerettet werden sollten. Und dabei sollte es auch möglichst lange bleiben.

Wie also sah der personelle Wandel an der HfM nach 1990 aus? Was wurde aus jenen Lehrkräften, die Kraft ihrer parteipolitischen Position auf die künstlerisch und fachlich ausgezeichneten Lehrkräfte einwirkten und die Weichen für eine parteigenehme Ausbildung stellten? Wurde mit kleinen „kosmetischen" Maßnahmen" eine tiefgreifende personelle Erneuerung umgangen? Waren die Verstrickungen zu weitreichend? Wer waren die Opfer unter den Studenten und Lehrkräften? Was wurde aus Ihnen? Eine Fülle bis heute unbeantwortete Fragen! Die Reaktionen der HfM zum Fall Wallmann lassen eher den Eindruck einer bis heute *geschlossenen* Gesellschaft entstehen.

Der ehemalige Student Wallmann – heute noch ein rotes Tuch für die HfM?

Die Erfahrungen des ehemaligen HfM-Studenten Wallmann sind ein deutliches Zeichen dafür, dass an dieser Hochschule noch immer erheblicher Aufarbeitungsbedarf für den Zeitraum von 1945 bis 1989 besteht.

Wallmann war von 1970 bis 1974 Student der HfM. Die Dokumentenlage zu seinem Werdegang an der HfM ermöglicht Rückschlüsse auf die damaligen politischen Verhältnisse, die Repressionen durch SED-Funktionäre im Lehrkörper sowie deren Zusammenwirken mit dem MfS. Der Fall zeigt auch, dass die Leitung der HfM bis heute keinen ordentlichen Zugang zur angemessenen Aufarbeitung ihrer SED-Vergangenheit gesucht und gefunden hat. Natürlich hatte das MfS in einer so wichtigen Institution auch Inoffizielle Mitarbeiter (IM) im Lehrkörper und

Studentenbereich beschäftigt. Es stellt sich auch hier die Frage, was die Leitung der HfM seit 1989 unternommen hat, um die Verstrickung von Mitarbeitern der HfM mit dem MfS aufzuklären und die Betroffenen zu rehabilitieren. Wurde vergleichbar wie an anderen Hochschulen und Universitäten überprüft und bereinigt?[131]

Nein, man glaubte den Selbstauskünften und Ehrenerklärungen der HfM-Mitarbeiter. Der Zugang zu den Stasi-Unterlagen war erst Anfang der 1990er-Jahre möglich. Da war die *Umstrukturierung* an der HfM bereits erfolgt.

Kehren wir zu Wallmann zurück: Als Student bekommt er im zweiten Hauptfach „Komposition" das Diplomthema „Probleme der zeitgenössischen Musik und die Vorbereitung des Fagottisten auf deren Interpretation" gestellt. Er liefert 1974 eine Diplomarbeit zu diesem Thema ab. In der Beurteilung dieser Diplomarbeit durch Günter Lampe[132] heißt es:

„Johannes Wallmanns vorliegende Diplomarbeit ist ein nicht zu übersehender Beitrag zu theoretischen und praktischen Problemen der zeitgenössischen Musik überhaupt und zu Problemen der Musikerausbildung insbesondere."[133]

Lampe bewertet die eingereichte Diplomarbeit mit der Note „Eins". Dem Gutachten wird dann vom damaligen Prorektor für Studienangelegenheiten Wallraf („Wa") ein handschriftlicher Vermerk mit der Aufforderung zur Herunterstufung der Leistung Wallmanns hinzugefügt: „Nach R.[ücksprache] mit Koll.[egen] Lampe – Note: < 2 Wa". Wallraff war SED-Mitglied und zugleich Dozent für Marxismus-Leninismus. An der Hochschule war er als äußerst linientreu bekannt.

Ein weiteres Dokument aus der Studentenakte Wallmanns ist die Anlage zum Prüfungsprotokoll. Dort gibt es einen handschriftlichen Vermerk, ebenfalls vom Prüfer Lampe: „21. Mai 1974 Methodik des musiktheoretischen Unterrichts/ Lehrprobe: ‚3' Günter Lampe". Die Note ist in Anführungszeichen gesetzt. Unter „Prüfung im Hauptfach Komposition" steht: „Siehe beiliegendes Programm vom öffentlichen Abschlusskonzert am 5. April 1974 – Note 1". Die Note „1" ist

---

131 Vgl. beispielsweise die Universitätsgeschichte von Reiner Pommerin: Geschichte der TU Dresden 1828–2003, Köln/Weimar/Wien 2003, S. 314 f.: An der TU Dresden wurden im Rahmen der Personalüberprüfungen 1989/90 etwa 50 % des Lehrkörpers nicht übernommen. Pommerin beschreibt auch, wie die Einflussnahme und die Netzwerke zwischen SED-Kreisleitung, die Grundorganisationen in den Sektionen, MfS und den dort tätigen offiziellen und inoffiziellen Mitarbeitern funktionierten und welche administrative Macht sie hatten. Die TU Dresden war eine technische Bildungseinrichtung, die HfM eine kulturpolitische und damit ein noch sensiblerer Bereich für das SED-Regime.

132 Günter Lampe, Schüler für Komposition bei Hermann Gerstner, war von 1952 bis 1990 Dozent in Weimar.

133 Siehe Dokument 5, *Kopie Archiv* G. Knoblauch.

umrandet. Der mitunterschreibende Prüfer war Herbert Kirmße, damals Abteilungsleiter für Tonsatz/Komposition.

Eine Note in Anführungszeichen und eine Note umrandet? Günter Lampe war als integrer Dozent bekannt. War dies eine Form des Protestes gegen eine von ihm abverlangte Abwertung der Leistung des Studenten Wallmann? Offensichtlich war es eine Form des Protestes, denn im zum Staatsexamen ausgehändigten Zeugnis gibt es nur eine Note im Fach „Methodik des musiktheoretischen Unterrichts" und die lautet „3". Wallraff hat in seiner Funktion als SED-Funktionär und Prorektor der HfM die Prüfer zum offensichtlichen Betrug am Studenten Wallmann genötigt.

Dokument 4: Abschlussprüfung von Wallmann am 21. Mai 1974

BEURTEILUNG

der Diplomarbeit " Probleme der zeitgenössischen Musik und die
Vorbereitung des Fagottisten auf deren Interpretation " von
Johannes W a l l m a n n .

Johannes W a l l m a n n s vorliegende Diplomarbeit ist ein nicht zu
übersehender Beitrag zu theoretischen und praktischen Problemen der zeitgenössischen Musik überhaupt und zu Problemen der Musikausbildung insbesondere.

Der Thematik entsprechend, nimmt der theoretische, durch Heranziehung zahl-
reicher Quellen und Zitate gewissenhaft untermauerte allgemeingültige
Gedankengang Wallmanns einen notwendigerweise breiten Raum ein, bevor in
der die Arbeit abschließenden " Kleinen Hilfe zum modernen Fagottunterricht "
praxisbezogene Musikbeispiele pädagogischen Charakters zur Erprobung em-
pfohlen werden.

Es wäre sehr begrüßenswert, wenn diese Diplomarbeit Anregung geben könnte,
auch für andere Fachrichtungen ähnliche " Hilfen " zur instrumentalen Ausbildung zu entwickeln. Liegt doch m.E. die Bedeutung der Wallmannschen
Arbeit gerade darin, auf die Wichtigkeit der Verbreitung neuer und dem
zeitgenössischen Musikschaffen gemäßer Lehrpraktiken an unseren musikaus-
bildenden Instituten hingewiesen zu haben.

Ich betrachte das Vorhaben Johannes Wallmanns als außerordentlich gelungen.

Note : 1

53 Weimar, im Juni 1974   Günter Caupe

(Gutachter)

Dokument 5: Beurteilung der eingereichten Diplomarbeit von Wallmann vom Juni 1974

89

„Rehabilitierung, das hat stattgefunden und ist Geschichte.“

Fassen wir den heute noch belegbaren Ablauf anhand der vorliegenden Dokumente am Beispiel Wallmann zusammen: Der Student Wallmann hat im Hauptfach Komposition ein Diplomthema gestellt bekommen und eine Diplomarbeit eingereicht. Diese wurde mit der Note „1“ bewertet und als richtungsweisend für die zeitgenössische Musik eingeschätzt.

Wallmann bekommt jedoch nicht dieses Diplom ausgehändigt, sondern ein Staatsexamen für sein Studium in der Abteilung Blasinstrumente. Dass ihm dieses überhaupt ausgehändigt wird, erreicht Wallmann nach eigenen Worten erst nach monatelanger Auseinandersetzung mit der HfM. Es findet sich darin kein Hinweis auf seine eingereichte Diplomarbeit, keine Aushändigung des Prüfungsprotokolls findet statt. Erst im Jahr 2009 werden diese Unterlagen in der Studentenakte Wallmanns aufgefunden.

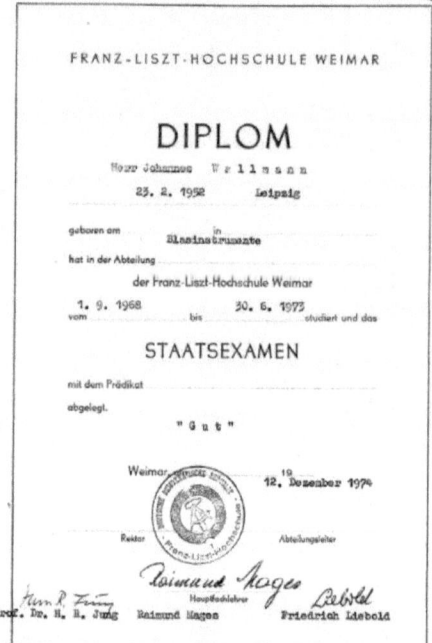

Dokumente 6: Corpora Delicti – die beiden Dokumente lösen die Causa Wallmann aus. Links das in der Studentenakte aufgefundene Diplom – rechts das ausgehändigte Staatsexamen. Der Verdacht des Betruges ist geboren. Es ist nachweisbar, dass die rechte Urkunde das „Original“ und die Linke Urkunde „Diplom“ der Durchschlag ist. Beide tragen Originalunterschriften!

Bei einem Vergleich der beiden Urkunden, des Staatsexamens und des Diplomzeugnisses, fällt auf, dass der maschinengeschriebene Text auf beiden Dokumenten sowohl im Abstand der Worte als auch der Zeilen identisch ist. Das Druckbild des Diplomzeugnisses ist geringfügig unscharf. Es kann als sicher angenommen werden, dass Staatsexamen und Diplomzeugnis gleichzeitig mittels Kohlepapier am 12. Dezember 1974 auf einer Schreibmaschine der HfM erstellt wurden.[134] Dafür spricht auch, dass der Text exakt in die Formularmaske des Staatsexamens passt und nicht in die des Diplomzeugnisses.

Nur die Unterschriften auf beiden Dokumenten sind geringfügig unterschiedlich. Das bedeutet, den drei Unterzeichnern war bewusst, dass sie zwei verschiedene Dokumente unterschiedlicher „Qualität" unterschrieben.

In wessen Auftrag und aus welchem Grund taten sie das? Waren sie die Täter oder waren sie „nur" Ausführende einer Vorgabe der SED-Parteileitung oder des Ministeriums für Staatssicherheit? Der Diplomdurchschlag ging in das Archiv.

Unterschriften unter zwei verschiedenen Formularen?

Was ist hier abgelaufen? Man kann es als Mangel an den richtigen Formularen oder als angeordneten vorsätzlichen Betrug interpretieren. Die Aufklärungspflicht darüber liegt seit 2008 bei der HfM. Stölzl hat jedoch mehrfach erklärt, dass es kein Diplom-Original bei den Akten gäbe und er dieses deshalb auch nicht nachträglich verleihen könne. Damit war für die HfM das Thema erledigt und abgeschlossen. Ich wurde gefragt, warum das Diplom *so* wichtig ist?

Die Antwort lautet: Das Diplom war eine formale Voraussetzung für eine akademische Laufbahn – für eine Promotion oder Habilitierung. So konnten unliebsame Bewerber rein „formal" von einer derartigen Laufbahn von vornherein ausgeschlossen werden. Es gab Fälle, bei denen systemkonforme Aspiranten auf SED-Anweisung, auch ohne die formalen Voraussetzungen zu erfüllen, eine Hochschulkarriere beginnen konnten. Und es gab andere Beispiele, bei denen es keine Rolle spielte, ob ein Absolvent einer Hochschule ein Diplom oder Staatsexamen besaß. Hier seien nur zwei Beispiele genannt: Der Sohn von Professor Gottfried Meinhold erhielt in Weimar als Kirchenmusiker kein „Diplomzeugnis", durfte sich aber Diplom-Musiker nennen, Professor Hermann Gerber war Sänger ohne Diplom.[135]

---

[134] Diese Auffälligkeiten wurden unabhängig von mir auch von Herrn Meixner festgestellt. Am 30.06.2016 habe ich eine bislang unbeantwortete offizielle Anfrage an die HfM gerichtet, welcher Art die damals ausgehändigten Unterlagen bei anderen Studenten dieses Jahrganges sind.

[135] Mündliche Information von Professor Meinhold.

Wallmann – ein Einzelfall?

Nein, das war er vermutlich nicht. Es war übliche Praxis, der sicherlich auch andere Studenten unterlagen, wenn sie nicht in das vorgegebene realsozialistische Kulturkonzept der SED passten. Eine klare politische Aufforderung für nicht systemkonforme Studenten und ebenso Dozenten an den Bildungseinrichtungen der DDR lautete: Abwerten, Schlechtmachen, Ausgrenzen, Verleumden, Bespitzeln! Festgelegt in: Durchführungsanweisung Nr. 1 /4/66 des Ministers für Staatssicherheit vom 10. Januar 1968. [136]
Die Führung der HfM war *Vollzugsorgan der SED.*

Beispielsweise schrieb der Student der HfM, Lothar Bohmann, am 10. Juli 1974 an seinen Freund Wallmann: *„Meine Diplomarbeit wurde von Hartwig abgelehnt mit tausend Begründungen, die in meinen Augen jeglicher Objektivität entbehren und die mir endgültig zeigen, daß es hier (an der HfM, d. Verf.) total sinnlos ist, irgendwelche Kastanien aus dem Feuer reißen zu wollen! Der größte Hammer war, daß man ganz allgemein einige meiner Gedanken auf unsere Freundschaft zurückführt – gewissermaßen, daß ich Gedankengut von Dir ... – muß ich noch weiter reden?!"*[137]

Für derartige interne „Willkür und Entscheidungen" war ein Netzwerk, sowohl in der Hochschule für Musik, als auch außerhalb nötig. Ich verweise auch hier auf die Dienstanweisung des Ministeriums für Staatssicherheit, in der die Vorgehensweise gegenüber „Nicht-Systemkonformen" Personen wie auch die Besetzung entsprechender Funktionen mit zuverlässigen Parteikadern im Bildungsapparat detailliert vorgegeben wird.[138] Findet das alles bis heute niemand im *Führungskreis* der HfM merkwürdig? Warum will sich dazu keiner äußern? Sitzen *Mittäter* oder Gleichgesinnte vielleicht heute noch in Gremien und Verbänden?

Nachdem seitens der HfM keinerlei Anstalten getroffen wurden, den ehemaligen Studenten Wallmann zu rehabilitieren – als ersten Schritt einer weitergehenden Aufarbeitung der SED-Vergangenheit der HfM – wurde der Fall seit 2012 in der

---

[136] Vgl. Archiv der BStU Dresden, BStU, MfS, BV DD, Abt. XI Nr. 22293, Durchführungsanweisung Nr. 1 zur Dienstanweisung Nr. 4/66 vom 10.01.1968, Im Rahmen eines Forschungsprojektes des Verfassers wurde diese Vertrauliche Verschlusssache in den Akten des MfS aufgefunden. Anweisungen zur Anwerbung, Überwachung, Bespitzelung von Lehrkräften, Studenten etc. Das Dokument wurde im Rahmen der von der Bundestiftung Aufarbeitung SED-Diktatur geförderten Dokumentation „Zwischen Humor und Repression" 2017 veröffentlicht.

[137] Hartwig war Prorektor für Gesellschaftswissenschaften, SED-Genosse und galt als einer der ideologischen Hardliner der Hochschule.

[138] Vgl. Archiv der BStU Dresden, BStU, MfS, BV DD, Abt. XI Nr. 22293,

TLZ[139], der Thüringer Allgemeinen (TA)[140] und überregional in der Zeitschrift des *Forschungsverbundes SED-Staat* der Freien Universität Berlin[141] publik.

Anstöße zur Aufarbeitung der SED-Vergangenheit

Alle Anstöße kamen bisher von außen und nicht aus der HfM. Wie sieht dies der Präsident der Hochschule für Musik FRANZ LISZT Weimar im Jahre 2012? Auf einer Podiumsdiskussion in der Weimarer Musikhochschule am 29. November 2012 fragte der Chefredakteur der TA Paul Josef Raue im Hinblick auf Wallmann: *„Und im Konkreten, geschah Herrn Wallmann Unrecht?"*

Der Präsident der HfM antwortete:
„Die DDR als Staat hat ihm (gemeint ist Wallmann, d. Verf.), weil sie ihn als Künstler nicht mochte, Unrecht getan. Aber für die Hochschule muss ich die Frage nach Sichtung aller Akten entschieden verneinen."[142]

So verharmlosend von Professor Stölzl vorgetragen, wird dies ein Statement, das die Geschichtsfälschung unterstützt. Schon in seiner Studienzeit war Wallmann als Künstler durchaus gefördert und anerkannt. Er war auf Grund seiner politischen und moralischen Geisteshaltung und seines Freundeskreises im System DDR nicht beliebt! Er kam aus einer Pfarrerfamilie und hatte einen Freundeskreis, der nach DDR-Sprachregelung als nicht systemkonform einzustufen war.
Der Qualität von Stölzls Aussage wird im Folgenden weiter nachgegangen.

Die HfM und das Ministerium für Staatssicherheit

Wie spannt sich der Bogen der Hochschule für Musik zum Ministerium für Staatssicherheit der DDR?
Hatte die HfM zum MfS der DDR einen *Draht?*
Gab es einen oder mehrere Verbindungsoffiziere innerhalb der Hochschule?
Wie viele IMs waren unter den Dozenten und Studenten angeworben worden?

---

139 Vgl. G.Knoblauch: „Das muss ein Anliegen der Hochschule sein", in: TLZ vom 28.06.2012.
140 Vgl. Sigurd Schwager: Warum der Komponist H. Johannes Wallmann seine Vergangenheit nicht vergessen kann, in: Thüringer Allgemeine (TA) vom 15.11.2012; dies.: Das Bild von der Kunst in der DDR ist nicht schwarz-weiß, in: TA vom 30.11.2012.
141 Vgl. die Rezension zu Wallmanns Buch: Jochen Staadt: Rezension „Die Wende ging schief – oder warum Biografie mehr als nur eine rein persönliche Angelegenheit ist" von Johannes Wallmann, in: Zeitschrift des Forschungsverbundes SED-Staat (im Folgenden ZdF), 29, Berlin 2011, S. 208 f., sowie Günter Knoblauch: Die Hochschule für Musik FRANZ LISZT Weimar und die DDR. Die SED-Vergangenheit ist noch nicht aufgearbeitet, in: ZdF 30, Berlin 2011, S. 157–159.
142 Paul Josef Raue: Bericht zur Podiumsdiskussion in der Weimarer Musikhochschule am 29.11.2012, in: TA vom 30.11.2012.

Im statistischen Mittel ist mit einem IM auf 89 DDR-Bürger zu rechnen.[143] Unter Akademikern war dieses Zahlenverhältnis wesentlich kleiner. Die SED war keine Arbeiterpartei, sie war eine Akademiker-Partei. Teilweise musste für Akademiker ein Eintrittsverbot ausgesprochen werden, um wenigstens den Schein einer Arbeiter-und-Bauern-Partei zu wahren. Natürlich gab es nicht nur an der HfM IMs. Beispielsweise hatte das MfS an der TU Dresden eine eigene Dienststelle mit etwa 30 hauptamtlichen Mitarbeitern fest installiert.[144]

Offensichtlich kooperierten Lehrkräfte der HfM mit der Staatssicherheit. In den BStU-Unterlagen zu Wallmann findet sich folgender Hinweis: *„Besteht die Möglichkeit, die Aussagekraft und Zielstellung der Kompositionen des Wallmann zu deuten, da der Verdacht des hetzerischen oder staatsfeindlichen Inhalts besteht, zumal er auch Bestrebungen zeigt, bestimmte Kompositionen in der BRD zu vertreiben."* An anderer Stelle heißt es: *„Inhalt und Ausdruck der Kompositionen des Wallmann lassen eine negative oder staatsfeindliche Thematik und Zielstellung vermuten."*[145]

Da sich das musikalische Urteilsvermögen der MfS-Offiziere vermutlich in Grenzen hielt, ist es nicht auszuschließen, dass sie sich über Wallmanns Kompositionen von ihren Vertrauensleuten in der HfM informieren und „Gutachten" anfertigen ließen. Zunächst wurde ein „Operativer Vorgang" angelegt und in einem ersten Schritt die Postkontrolle Wallmanns eingeleitet.

Ähnlich war es beispielsweise im Fall des IM „John" dokumentiert worden. In einer sehr aufwendig recherchierten Dokumentation der Fakultät für Geschichte, Kunst- und Orientwissenschaften der Universität Leipzig wird die „IM-Karriere" des Musikwissenschaftlers Heinz (Alfred) Brockhaus am Musikwissenschaftlichen Institut der Humboldt Universität Berlin mit einer Fülle an Dokumenten des MfS, wie IM-Protokollen und MfS-Richtlinien, belegt. Das MfS bediente sich des Musikwissenschaftlers, und dieser kooperierte von 1957 bis 1989 mit der Staatssicherheit. Die Motive der Informanten waren vielfältig: Überzeugung, Eitelkeit, Ausschalten von Konkurrenten, Vorteilsnahme, Erpressung und vieles mehr.[146]

In Wallmanns Stasi-Dokumenten findet sich als Maßnahme gegen Wallmann unter „Schwerpunktaufgaben zur Realisierung": „3. Durchführung von Maßnahmen zur

---

[143] Vgl. Helmut Müller-Enbergs: Die inoffiziellen Mitarbeiter (MfS-Handbuch, herausgegeben von der BStU), Berlin 2008, S. 35–38.

[144] Vgl. Reinhard Buthmann: Die Objektdienststellen des MfS (MfS-Handbuch, herausgegeben von der BStU, Berlin 1999, S. 19.

[145] Siehe Dokumente auf www.integralart.de

[146] Vgl. Lars Klingberg: IMS „John" und Schostakowitsch. Zur Stasi-Karriere von Heinz Alfred Brockhaus, in: Gunter Wolter/Ernst Kuhn (Hrsg.): Dmitri Schostakowitsch – Komponist und Zeitzeuge (= Schostakowitsch-Studien, Bd. 2), Berlin 2000, S. 194–226, und die überarbeitete Fassung /Heft7_BildUndText.pdf_092-126.pdf (08.10.2017).

Erarbeitung von Experteneinschätzungen zum Inhalt der von Wallmann verfassten musikalischen Werke."[147]

Wer die „Experten" in der HfM und außerhalb waren, ist bis heute ungeklärt. Natürlich blieben die IM-Einsätze nicht nur auf Wallmann beschränkt. Der Staatssicherheit ging es um dessen Umfeld an der HfM. Die Evangelische Studentengemeinde und später die „Jenaer Szene", die ab 1974 an verschiedenen Wochenenden in Kirchheim bei ihm zu Besuch war, sollten überwacht werden.[148]

```
Einleitung M-Kontrolle bis auf "Widerruf"

Die Person

            W a l l m a n n , Johannes
            5211 Kirchheim, Nr. 125,

wird durch unsere DE in einem OV gem. § 107 StGB bearbeitet.
Der OV ist Bestandteil des zentralen Kampfprogrammes der BV
zur Aktion "30" und besitzt pol.-op. Bedeutung, die den Verant-
wortungsbereich unserer KD überschreitet.

Wir bitten um Genehmigung der Einleitung der M-Kontrolle bis auf
"Widerruf".


Anlage
Fahndungsauftrag
```

Dokument 7: Auszug aus dem Vorgang der Staatssicherheit zu Johannes Wallmann

```
3. Durchführung von Maßnahmen zur Erarbeitung von Experteneinschät-
   zungen zum Inhalt der von Wallmann verfaßten musikalischen Werke.

4. Festlegung operativer Teilmaßnahmen zur Erarbeitung von Beweisen
   für die Erhärtung bzw. Entkräftung einer negativ-feindlichen Tä-
   tigkeit des Wallmann und der dazugehörigen operativ-interessanten
   Verbindungen.

5. Festlegung von Maßnahmen zur Gewährleistung einer einheitlichen
   operativen Bearbeitung des OV "Kreis" und des operativen Ausgangs-
   materials "Museum".
```

Dokument 8: Aus Stasi-Protokollen zu Johannes Wallmann (BStU-Dokument 1977–82)

Man könne nicht verleihen, was man nicht habe – stimmt das?

Im Jahr 2011 beging die Hochschule den 200. Geburtstag ihres Namensgebers mit beeindruckenden Konzerten und musikhistorischen Veranstaltungen. Zur Reputation einer kulturellen und wissenschaftlichen Einrichtung gehört es auch,

---

[147] Siehe Dokument 7.

[148] Ebd.: In den Dokumenten der Staatssicherheit werden diese Gruppen als „antisozialistische Elemente" bezeichnet. Die Namen der überwachten Personen sind in den Dokumenten geschwärzt – *Schutz der Persönlichkeitsrechte.*

sich mit den Fällen von Unrecht zu befassen, bei denen Studenten und Dozenten vor 1989 unter politischer Repression zu leiden hatten. Eine Möglichkeit zur zumindest symbolischen Wiedergutmachung ist die moralische Rehabilitation der Opfer. Wenn schon Originale nicht auffindbar sind, jedoch Belege über abgelegte Prüfungen vorhanden sind und es sich um besondere Leistungen handelt, dann verleiht man die Urkunde einfach neu oder ehrenhalber oder wie auch immer. Dabei sollte es gleichgültig sein, welche politischen Zwänge oder Vorgaben vor 1989 vorlagen und von wem auch immer diese zu verantworten waren (Leitung der HfM, SED-Bezirksleitung oder das MfS). Die Frage, die sich heute stellt, lautet: Wie steht die Leitung der HfM zu unserer demokratischen Gesellschaft?

Doch der Präsident der HfM steht seit Jahren auf dem Standpunkt, dass er nicht verleihen könne, was er nicht habe.

Es gehört schon ein gewisser Zynismus dazu, zu behaupten, dass es keine verwertbaren Unterlagen zu Wallmann gäbe. So führt Professor Stölzl im Interview mit der TLZ gegenüber Sabine Brandt aus, dass sich heute nicht mehr klären lasse, wie Diplomarbeiten, etwa die von Herrn Wallmann, in den Siebzigerjahren bewertet wurden. Die Dokumente hierfür sind seit 2011 im Internet einsehbar[149] und wurden Herrn Stölzl auch zur Kenntnis gegeben. Sie sollten immer noch in der Studentenakte von Wallmann sein.

Die HfM ein Einzelfall? – das Verhalten anderer Universitäten

Beispiele derartiger nachträglicher Rehabilitationen gab es an anderen Universitäten. Wolf Biermann war hinsichtlich eines Diplombetruges in einer vergleichbaren Lage: Die Humboldt-Universität Berlin hatte ihm zu DDR-Zeiten sein Diplom nicht ausgehändigt. Am 5. Juni 2008 wurde er jedoch durch die Universität rehabilitiert. Biermann studierte in der Zeit von 1959 bis 1963 an der Humboldt-Universität Philosophie (im Hauptfach) und Mathematik (im Nebenfach). Obwohl er seine Prüfungen erfolgreich absolviert hatte, war ihm das Philosophie-Diplom aus politischen Gründen nie ausgehändigt worden. Bei der Verleihung der Ehrendoktorwürde wurde Biermann nach 45 Jahren auch sein Philosophie-Diplom überreicht (08.10.2017).[150]

Auch der Fall des ehemaligen Studenten der Sozialpsychologie an der Friedrich-Schiller-Universität Jena, Jürgen Fuchs, gleicht dem von Wallmann aufs i-Tüpfelchen. Jürgen Fuchs erinnerte sich an seine Exmatrikulation: *„[...] einige Wochen später erfahre ich, dass meine Diplomarbeit, die ich mit ‚sehr gut‘ bereits verteidigt hatte, von der ‚Sektion nicht angenommen worden wäre. Das heißt, sie wurde im Nachhinein für ungültig erklärt.“*[151]

---

149 www.knobi-muc.de/Gunter/Publikationen/publikationen.html
150 https://de.wikinews.org/wiki/Wolf_Biermann_erhält_Ehrendoktortitel_der_HU_Berlin
151 Jürgen Fuchs: Gedächtnisprotokolle, Reinbek 1977, S. 84. Jürgen Fuchs studierte von 1971–1975 in Jena, Exmatrikulation 1975 wegen „Schädigung des Ansehens der

Der Gleichlauf der Entscheidungen und Argumente ist frappierend und eben nicht zufällig. Ein neues Werk von Wallmann wurde Jürgen Fuchs gewidmet.[152]

Die sogenannte Reputation der HfM –
eine Brücke, die der HfM gebaut, aber von ihr nicht genutzt wurde

Die der HfM im Rahmen der Gedenkveranstaltung „50 Jahre Mauer" in Dresden gebaute Brücke, die Rehabilitierung Wallmanns auszusprechen, wurde nicht genutzt. Professor Stölzl schrieb:

„Sehr geehrter Herr Knoblauch: die Hochschule für Musik FRANZ LISZT Weimar muss sich nicht um ihre Reputation sorgen. Sie ist seit 1990 eine herausragende Ausbildungsstätte für den künstlerischen Nachwuchs, eine Stätte bedeutender musikwissenschaftlicher Forschung und ein Ort lebendiger, täglich gelebter demokratischen Selbstverwaltung.
Ich würde mich freuen, wenn Sie zu dem gleichen Schluss kämen und zeichne, freundlich grüßend als Ihr Prof. Dr. Christoph Stölzl". [153]

Nein, zu diesem Schluss komme ich nicht. Es war sicher die ehrliche Überzeugung von Professor Stölzl, entsprechend seinem Kenntnisstand aus dem Jahr 2011. Anzumerken ist aber auch, dass man sich nicht so einfach von der Geschichte der Jahre vor 1989 verabschieden kann: Im Sinne von „damit haben wir nichts zu tun", aber gleichzeitig die kulturellen Leistungen und Traditionen sowie das humanistische Erbe der Hochschule für Musik FRANZ LISZT für sich als Ganzes in Anspruch nehmend.

Nein, die HfM habe sich nichts vorzuwerfen und zu korrigieren: Kein Original auffindbar, also kann auch nichts verliehen werden. Wallmann hat mit seinem autobiographischen Buch „Die Wende ging schief"[154] schon einen Anstoß zur erforderlichen Vergangenheitsaufarbeitung der HfM gegeben. Diese Publikation ist auch in der HfM wahrgenommen worden. Aber eben nicht mehr als das.

Universität" auf Grund seiner literarischen Arbeiten, FDJ- und Parteiausschluss, im November 1976 wurde er verhaftet.

[152] Johannes Wallmann: Ich schweige nicht. Das Jürgen-Fuchs-Projekt. Oder welche Bedeutung die Reflexion der Vergangenheit für die Gestaltung der Zukunft hat. Sechs Konzerte und Symposien, 2014–2016. Der Jürgen-Fuchs-Zyklus war ein interdisziplinäres Projekt mit Ausstellungen, Vorträgen, Symposien und Aufführungen des Jürgen-Fuchs-Zyklus in Berlin, Leipzig, Graz, Jena, Hamburg und Dresden anlässlich von 25 Jahren Friedliche Revolution Mauerfall 2014/15.

[153] *Schreiben Stölzl vom 29. Juli 2011, AW Gedenkveranstaltung der Konrad-Adenauer-Stiftung & TU Dresden am 15. Juni 2011 – Gedenkveranstaltung.*

[154] Johannes H. Wallmann: Die Wende ging schief – oder warum Biografie mehr als nur eine rein persönliche Angelegenheit ist, *Kulturverlag Kadmos* Berlin 2009.

Eine weitere Brücke für die HfM wurde am 22. September 2011 mit der Einladung zur Teilnahme an der geplanten Zeitzeugenserie „Studenten an DDR-Universitäten" gebaut.[155]

Ich schrieb an den Leiter des Archivs der HfM: *„Sehr geehrter Herr Meixner, [...] Am 29. September treffen wir uns in Dresden (Dr. Jork, Prof. Reinschke, Prof. Kokenge (Rektor der TU Dresden), Dr. Blecher (Uni Leipzig), um zu entscheiden, ob es das Projekt einer Zeitzeugenserie (Studenten an DDR-Universitäten) geben kann/sollte oder, ob wir es begraben. [...] Mir geht der Gedanke durch den Kopf, ob die HfM sich dem Thema nicht offiziell anschließen könnte."*[156]

Und Herr Meixner antwortete mir am 23. September: *„Wenn Sie gestatten, würde ich [...] gerne zu dieser Runde in Dresden (29. Sept.) dazu stoßen. [...] Da Prof. Stölzl für diesen Themenkomplex ohnehin noch Einiges vorhat, wäre die Einbettung des Weimarer Hochschularchivs in diesen Verbund eine sicherlich sinnvolle Sache. Viele Grüße Christoph Meixner".*[157]

Eine sehr bemerkenswerte Aussage von Herrn Meixner: *„Da Prof. Stölzl für diesen Themenkomplex ohnehin einiges vorhat, ..."*

Herr Meixner nahm an diesem Gespräch in Dresden-Radebeul teil. Er wolle Prof. Stölzl ausführlich informieren und erhoffe eine Teilnahme am Projekt. Später berichtete er mir, dass es keine Entscheidung – eher Widerstände – innerhalb der HfM gäbe und er ohne Auftrag und Finanzmittel nichts tun könne.

Es ist mir bis heute nicht bekannt, ob auf der Liste seiner genehmigten Projekte auch Themen zur Aufarbeitung der SED-Vergangenheit der HfM der Jahre 1945 bis 1989 gehörten.[158]

Noch einmal der Präsident der Hochschule: *„Sehr gerne hören wir stichpunktartig Zeitzeugen, um über die Aktenlage hinaus Licht in die Vergangenheit der Hochschule für Musik FRANZ LISZT Weimar bringen zu können."*[159]

---

[155] R. Jork, G. Knoblauch und H. Kokenge (Altrektor der TU Dresden).

[156] Privatarchiv G. Knoblauch: E-Mail an den Leiter des Archivs der HfM, Dr. Meixner, vom 22.11.2011 mit dem Betreff „Wallmann und Gedanke einer Zeitzeugenserie".

[157] Privatarchiv G. Knoblauch: E-Mail des Archivleiters der HfM, Meixner, an den Verfasser betreffend Zeitzeugenserie vom 23.09.2011: Am 12.09.2011 trafen sich in Dresden-Radebeul, Dr. J. Blecher (Archivleiter Universität Leipzig), Dr. R. Jork, (Radebeul), G. Knoblauch (München), Dr. Meixner (Archivleiter der HfM) und Prof. K. Reinschke (Dresden) zur Besprechung des geplanten Projektes „Mein Studium in der DDR".

[158] Vgl. Privatarchiv G. Knoblauch; Schreiben des Verfassers an das Archiv der HfM vom 27.12.2013: Eine Anfrage des Verfassers vom 27.12.2013 hierzu an das Archiv der HfM wurde bislang nicht beantwortet.

[159] Privatarchiv G.Knoblauch: Kopie Brief des Präsidenten der HfM an Johannes Wallmann vom 12.3.2012.

Behindert die Macht alter Strukturen und Denkweisen die Aufarbeitung?

Wir sind wieder an dem Punkt, an dem der Verdacht entsteht, dass anscheinend alte Strukturen noch sehr aktiv sind. Ein Mitarbeiter der HfM sagte mir, auf das Thema Wallmann angesprochen: *„Herr Knoblauch, da bewegen wir uns in einem Minenfeld.“*[160]

Wallmann braucht kein Diplom, um *Frieden mit der Hochschule für Musik FRANZ LISZT Weimar zu schließen*! Die Qualität seiner musikalischen Arbeiten und auch besonders seiner Beiträge zur Theorie der Modernen Musik stehen außer Zweifel. Das hatte schon sein Mentor Günter Lampe festgestellt.

Wenn seitens der HfM versucht wird, den Eindruck zu vermitteln, dass *vielleicht* oder *bedauerlicherweise* oder *die Zeit war damals leider so*, Wallmann deshalb noch unter *unbewältigter persönlicher Kränkung* leide, dann will man nicht verstehen.

Wenn dann darauf verwiesen wird, dass Wallmann in der DDR trotz allem eine sehr gute Laufbahn als Musiker und Preisträger vorweisen konnte, so entschuldigt das nicht das Verhalten der HfM in den 1970er Jahren.

Es entschuldigt es nicht!

Wallmann schrieb 2011 an den Präsidenten der HfM Stölzl und forderte ihn auf, den Diplombetrug offiziell „einzugestehen und Ausgleich zu schaffen.“[161]

Doch die HfM missverstand anscheinend vollkommen das Anliegen von Wallmann. In der Antwort bezog sie sich auf die sogenannte *berufliche Rehabilitation*, auf den Ausgleich wirtschaftlicher Nachteile und das läge nicht in der Verantwortung der HfM. Auf der Podiumsdiskussion formuliert Stölzl dies so: *„Auch die Rehabilitierungen, die gesetzlichen – soweit dies möglich war – sind gelaufen [...] und sind abgeschlossen.“*[162]

Auch hier ist das Verhalten der HfM seltsam: So bittet Wallmann im Jahr 2013 die Thüringer Landesverwaltung um eine Kopie der von der HfM abgegebenen Stellungnahme auf deren Anfrage zum Thema der beruflichen Rehabilitation. Dies lehnt die Thüringer Landesverwaltung ab, da der Verfasser die HfM ist, und verweist an diese. Als Wallmann am 21. Mai 2013 die HfM um eine Kopie bittet, wird das von der HfM abgelehnt. Bis heute wurde Herrn Wallmann diese Stellungnahme der HfM nicht offiziell ausgehändigt. Hat die HfM korrekt Auskunft erteilt oder hält ihre Stellungnahme einer kritischen Prüfung nicht stand?

---

160 Mündliche Information an den Verfasser, mit Bitte, den Namen nicht zu nennen.
161 Brief vom 29.11.2010, im *Archiv* Wallmann.
162 Professor Stölzl, Präsident der Hochschule für Musik FRANZ LISZT Weimar, auf der Podiumsdiskussion in Weimar am 19.11.2015 bei Radio LOTTE Weimar.

In der Wallmann vorenthaltenen Stellungnahme [163] der HfM heißt es: *„[...] Aus den in der Studentenakte enthaltenen Beurteilungen der Diplomarbeit [...] lässt sich rekonstruieren, dass zum Zeitpunkt des Studienendes im Juni 1973 die Diplomarbeit nicht vorlag. Prüfungsleistungen konnten jedoch noch bis 3 Jahre nach Beendigung seines Studiums erbracht werden. So hat Herr Wallmann offenbar nach regulärer Beendigung seines Studiums mit dem Staatsexamen noch seine Diplomarbeit geschrieben bzw. beendet.*
Das erste Gutachten wurde am 26.02.1974 ausgefertigt, ein anderes trägt als Datum „im Juni 1974". Warum das Diplom-Zeugnis erst am 12.12.1974 ausgestellt wurde, ist nicht mehr nachvollziehbar."
Für Wallmann ist es für seine berufliche Rehabilitation, und damit auch für seine Rentenansprüche, wichtig. Was lief hier im „Untergrund"? Ging es vielleicht um eine nicht korrekte Beurteilung zum Nachteil für Wallmann?

Ahnte, oder vermutete man, dass – unbewusst oder vorsätzlich? – etwas nicht korrekt abgelaufen war?

In einem Dokument „Gutachten zur politischen Verfolgung von Herrn Wallmann in Weimar Anfang der 1970er Jahre" des *Bürgerbüros e.V. – Verein zur Aufarbeitung von Folgeschäden der SED-Diktatur*, schreibt deren Vorsitzender Ehrhardt Neubert:
„Damals war klar zu erkennen, dass die FDJ-Leitung der Hochschule [HfM] und andere politische Stellen mit dieser Arbeit nicht einverstanden waren. Mir wurde dies von kirchlichen Vorgesetzten mitgeteilt."[164] Das bezieht sich zum einen auf Wallmanns Engagement im kirchlichen Bereich und zum anderem auf die von ihm um 1970 initiierte sogenannte „Weimarer Trilogie"[165].

Die hier angesprochene FDJ-Leitung der HfM war ein Instrument der Hochschulleitung und musste als solche fungieren, um in die Studentenschaft im Sinne der SED hineinzuwirken. Wallmann berichtet hierzu:
„Ich bin genau am Ende meines Studiums im Juni 1973 tatsächlich noch [in die FDJ] eingetreten, nachdem überall Ablehnungen erfolgt waren. Dafür übernehme ich die volle Verantwortung, auch wenn es damals ein Zugeständnis an die mit mir befreundeten beiden FDJ Sekretäre der Hochschule, Rüdiger Tietz und Lothar Bohmann, war. Wir waren befreundet und Anhänger des Prager Frühlings. Wie sehr die beiden wegen mir in Bedrängnis gerieten, ist vielleicht dem Brief von L.

---

[163] Die Stellungnahme der HfM ist auf den 04.05.2006 datiert und von Hans-Peter Hoffmann unterschrieben.
[164] Vgl. Dokumente 13.1/2 im Dokumentenanhang.
[165] Die „Weimarer Trilogie" war ein alljährliches überregionales Fest von Theologen der Evangelischen Studentengemeinde und Künstlern, auf dem Literatur, Musik und Bildende Kunst miteinander verbunden wurden.

Bohmann zu entnehmen, dem seine Diplomarbeit wegen dem „Gedankengut von Dir" (gemeint ist Wallmanns Gedankengut, der Verf.) abgelehnt wurde."[166]

Wie dieser schon erwähnte Brief zeigt, wurde seitens der Leitung der HfM der Gedankenaustausch mit Wallmann zu einem politisch-ideologischen Vergehen hochstilisiert, das sogar die Ablehnung einer Diplomarbeit nach sich zog. Die politisch-ideologische Hochschulleitung war quasi in der Person des Professors Edgar Hartwig, Prorektor für Gesellschaftswissenschaften, vereint.

Eine weitere schriftliche Zeugenaussage des damaligen Ersten FDJ-Sekretärs der HfM, Rüdiger Tietz, vom August 2007 liegt ebenso vor. Darin sagt er aus:

„Auf Grund meiner Tätigkeit als FDJ-Sekretär der Hochschule für Musik in Weimar (1972–1975) und der damit verbundenen Einblicke in hochschulleitungsinterne Vorgänge kann ich bezeugen: Johannes Wallmann wurde die Weiterführung seines Kompositionsstudium 1973 eindeutig aus politischen Gründen verwehrt. Die interne Meinung der politischen Leitung der Hochschule (z.B. Prof. Hartwig; Marxismus/Leninismus): ‚Der Student Wallmann steht auf staatsfeindlichen Positionen und nimmt in diesem Sinne gefährlichen Einfluss auf Kommilitonen'. Makaber ist es, daß diese Repressalien bis in die Gegenwart und Zukunft hinein wirksam sind. Wesentlich weniger kompetente aber an die Parteidoktrin der SED angepaßte Studenten genießen ihre Karriere und Positionen bis in unsere Zeit hinein. Rüdiger Tietz"[167]

Klingt da Stölzls Bewertung der HfM-Geschichte nicht wie blanker Hohn, wenn er schreibt: „Sehr geehrter Herr Knoblauch, die Hochschule für Musik FRANZ LISZT Weimar muss sich nicht um ihre Reputation sorgen."

Sieht so die Wertschätzung von Dozenten und Studenten aus, die zu DDR-Zeiten versuchten, einen halbwegs anständigen Lehrbetrieb und Umgang mit den Studenten zu führen?

Wenden wir uns wieder unserem Zeitzeugen Professor Huschke zu, dem Verfasser der Geschichte der Hochschule für Musik, Rektor der HfM von 1993 bis 2001 und seit 2012 Ehrensenator der Hochschule: Keiner wäre so prädestiniert gewesen wie er, den Makel von der HfM zu nehmen, zeitweise eine kulturelle Bildungsstätte in Deutschland gewesen zu sein, die in den Zeiten der SED-Diktatur Verformungen erfuhr. Doch seine Geschichte der HfM bleibt in diesem Punkt mangelhaft.

Es reicht nicht aus, wenn man auf die Verformungen nur hinweist, nicht jedoch Ross und Reiter benennt. Es müssen erst ehemalige Studenten kommen und die Aufarbeitung einfordern. Da muss erst ein ehemaliger *kleiner* FDJ-Sekretär aufstehen und sagen, „das war schäbig". Es war sehr schäbig, was damals an der HfM lief, und es wirkt bis heute.

---

[166] E-Mail Bohmann an H. J. Wallmann vom 10.07.1974.
[167] In Defekte einer Hochschulchronik, mdv 2018, Tietz, Seite 85.

Eine Aufforderung zum Handeln an Professor Huschke

Am 1. Januar 2012 schrieb ich an Professor Huschke und informierte ihn über meine Kontaktaufnahme zu Stölzl im Fall Wallmann. Mit dem Hinweis darauf, dass er schon zu DDR-Zeiten die Befähigung des Studenten Wallmann erkannt habe. Huschke schrieb schon 1980 über Wallmann unter der Überschrift:

In Ruhe reifen lassen – Ein junger Komponist macht auf sich aufmerksam: *„Von ihm, so glaube ich, werden wir Meisterwerke erwarten können. An Substanz und origineller Ausdrucksweise sind sie heute schon außerordentlich reich. [...] Mir hat an Wallmanns Werken und im Gespräch mit ihm dies gefallen: die unbequeme Suche nach neuen Identifikationen, das Bemühen, weder in Klischees noch in Gags zu verfallen, sondern gut zu arbeiten, die unbedingte Ernsthaftigkeit und selbstbewusste Bescheidenheit. Er hat musikalisch etwas zu sagen. Hören wir hin!"*[168]

Seine, Huschkes, erste Reaktion auf meinen Brief vom 1. Januar 2012 ließ hoffen, dass man an der HfM das Thema der Aufarbeitung (am Fall Wallmann) aufgreift. Doch dann schrieb mir Professor Huschke, dass er sich für das übergebene Material bedanke und *„Ungeachtet der Tatsache, dass Sie mit übermäßig generalisierenden Aussagen (wie etwa in Ihrem ZdF-Artikel) Ihrem Anliegen keinen wahrhaften Dienst erweisen, habe ich mich damit beschäftigt und an der Beratung des Präsidenten (gemeint ist Prof. Stölzl, d. Verf.) dazu teilgenommen. Freundliche Grüße Prof. Dr. W. Huschke"*[169]

Darauf entgegnete ich Professor Huschke: „Eine Aussage in Ihrem Brief muss ich richtigstellen: Ich persönlich habe kein Anliegen an die HfM. Aber, hatte die HfM nicht über 20 Jahre Zeit, die Betroffenen von Willkür des SED-Regimes an der HfM – ehemalige Studenten und auch Mitglieder des Lehrkörpers – zu rehabilitieren? So, wie es andere Hochschulen und Universitäten längst getan haben?" [170]

Man kann aus Professor Huschkes Zeilen auch herauslesen, dass er sich wohl bewusst darüber ist, dass an der HfM die Vergangenheitsaufarbeitung bisher nicht stattgefunden hat. Warum sonst nimmt er zum Thema Wallmann an der Beratung des Präsidenten teil? Er war als ehemaliger Rektor (1993–2001) der HfM auch für

---

[168] Wolfram Huschke: „In Ruhe reifen lassen – ein junger Komponist macht auf sich aufmerksam", in: TLZ vom 02.02.1980.

[169] Privatarchiv G.Knoblauch: Brief von Professor Huschke an den Verfasser vom 21.02.2012. Der im Zitat erwähnte Artikel ist: Knoblauch: „Die Hochschule für Musik FRANZ LISZT Weimar und die DDR - Die SED-Vergangenheit ist noch nicht aufgearbeitet", in: ZdF 30 Berlin 2011, S 157-159.

[170] Schreiben des Verfassers an Wolfram Huschke vom 23.03.2012.

die nicht erfolgte Aufarbeitung der SED-Diktatur an dieser Hochschule mitverantwortlich.

Hierzu hat Professor Altenburg auf der Podiumsdiskussion am 19. November 2015 schon eine sehr ehrliche Wertung abgegeben:

„[...] Es ist doch logisch, dass ein gewesener Rektor nicht so aus dem Nähkästchen plaudern kann, zumal ihn die Fürsorgepflicht für gewesene Mitarbeiter und Kollegen bindet und das hat er auch erkannt. Und er hat den Fehler gemacht, dass er darüber überhaupt spricht."[171]

Doch bleibt weiterhin ungeklärt, wer in der HfM bis heute immer noch verhindert, dass mit der Vergangenheit offen umgegangen wird?

Nachdem verschiedene DDR-Kompositionsprofessoren (und SED-Genossen) Wallmanns Musik plötzlich hoch einschätzten und auch Gerd Schönfelder (später als Stasi-IM „Hans Mai" enttarnt) Wallmanns „Synopsis" in der Sächsischen Zeitung (September 1979) „als etwas derart selten Hohes" bezeichnet hatten, begann eine Vereinnahmungskampagne. Sogar der DDR-Komponistenverbandsvorsitzende, Ernst Hermann Meyer (steht im Ruf, ein alter Stalinist zu sein), soll nach Ansicht einer Orchester-Partitur von Wallmann konstatiert haben: „um den kommen wir nicht herum" (Friedrich Goldmann). So erhielt Wallmann 1980 den Eisler-Kompositionspreis, um den er sich nicht beworben hatte.

Die Vergangenheit: Alles nur Missverständnisse? Oder doch Betrug?

Wenn ich in der Korrespondenz lese, *„Die heutige, seit dem 3.10.1990 auf demokratischen, rechtsstaatlichen Fundamenten ruhende Hochschule für Musik FRANZ LISZT Weimar, für die ich verantwortlich bin, hat niemanden betrogen und kann deshalb auch nichts eingestehen."*[172], dann frage ich mich, warum bis heute diese Scheu vor der Aktensichtung, der Auseinandersetzung mit den Zeitzeugendokumenten und der Suche nach Zeitzeugen?

Mit welchem Lehrkörper erfolgte am 3. Oktober 1990 der Start in die Demokratie und Rechtstaatlichkeit?

Die HfM steht im Verdacht, ihre ehemaligen Studenten betrogen zu haben. Sie ist der Täter und dafür auch noch heute verantwortlich.

Ihr Rückzug auf den 3. Oktober 1990 ist eine seltsame Interpretation eines Teils deutscher Geschichte an der HfM: Der Leugnung ihrer historischen Verantwortlichkeit für die Vorgänge vor 1990 muss widersprochen werden. Die HfM war doch 1990 keine Neugründung!

---

[171] Podiumsdiskussion am 19.11.2015 im Sendesaal von Radio LOTTE in Weimar.

[172] Archiv Wallmann: Schreiben des Präsidenten der HfM Weimar, Stölzl, vom 08.12.2011 an H. Johannes Wallmann.

Es wird immer wieder auf die lange Tradition verwiesen. Wenn die Leitung und der Lehrkörper der HfM das weit zurückreichende künstlerische Erbe für sich in Anspruch nehmen, dann müssen sie auch die Altlasten tragen. Kein „cherry-picking"!

Am 12. März 2012 schrieb der Präsident der HfM an Wallmann, er könne nach sorgfältigem Studium des Buches „Die Wende ging schief" „diesem nicht entnehmen, dass Ihnen durch die Hochschule Unrecht widerfahren sei."[173]

Es fehlt schlichtweg bis heute die Sensibilität für begangenes Unrecht und der Wille zur ungeschönten Aufarbeitung der Vergangenheit.

Ein Resümee: Die zwei Anläufe zur Aufarbeitung der SED-Diktatur

Der erste Anlauf für eine Aufarbeitung der SED-Vergangenheit an der HfM wurde anscheinend von Frau Lucke-Kaminiarz im Jahre 1997 mit der Konzeption eines Forschungsprojektes „Studentischer Widerstand an der staatlichen Hochschule für Musik Weimar 1933–1956" genommen.[174] *„Dazu liegen Materialsammlungen und Zeitzeugeninterviews vor. Das Projekt wurde zu Beginn der Jahrtausendwende eingestellt, da ... "*

Der zweite *Anlauf* war eine Reaktion auf die Anfrage der FU Berlin von 2009: *„Ihr Schreiben wird zum Anlass genommen, ein Forschungsprojekt, das sich dem Thema ,Repression und Widerstand in der SBZ/DDR 1945 bis 1989/90' an der Hochschule widmet, zu beantragen."*[175]

Und schon wieder gibt es eine Auffälligkeit: Das um die Jahrtausendwende eingestellte Projekt beschränkte sich auf die Jahre 1933–1956.

Anscheinend wollte niemand an das „heiße Eisen" herangehen: Die DDR-Kernzeit bis zum Zusammenbruch, die Jahre 1956–1989.

Auf meine Nachfrage zum Stand dieses „Antrages von 2009" bei der HfM: Schweigen.[176]

Wer würgt da jedes Mal den Versuch einer Vergangenheitsaufarbeitung innerhalb der HfM ab?

Durch wen sieht sich bis heute Professor Huschke unter Druck gesetzt, wenn er formuliert, dass ich mit der Veröffentlichung des Beitrages über die HfM in der Zeitschrift des Forschungsverbundes SED-Staat der FU Berlin[177] meinem Anliegen keinen guten Dienst getan hätte?

---

173 Archiv Wallmann: Brief, Stölzl, vom 12.03.2012 an H. Johannes Wallmann.
174 Siehe Dokument 3 im Text.
175 Ebd.
176 Anfragen des Verfassers vom 26. und 27.12.2013 an das Archiv der HfM.
177 Vgl. Knoblauch: Die Hochschule für Musik FRANZ LISZT „Das muss ein Anliegen der Hochschule sein", in: TLZ vom 28.06.2012.

War Wallmann nur ein Einzelfall? Nein, das war er nicht! Betraf die Repression nur die Hauptfach-Kompositionsstudenten, bei denen man eine ideologische Abweichung rigoros ahndete, da die Künste in der DDR zur *Ideologie-Produktion* missbraucht wurden? Nein, sie betraf wohl alle.

Was prädestiniert den ehemaligen Studenten Wallmann, der Kristallisationspunkt einer Aufarbeitung an der HfM zu sein? Seine Vita. Sein schon während des Studiums an der HfM *auffälliges* kompositorisches Werk und sein darüber hinausgehendes Wirken in einem großen Freundeskreis – auch aus dem Bereich der damaligen HfM. Der Beitrag Huschkes in der TLZ vom 2. Februar 1980 „In Ruhe reifen lassen" belegt das. Aber auch, dass die HfM in der studentischen Folgezeit gegenüber dem Studenten Wallmann mehr und mehr in die Rolle eines SED-gesteuerten, repressiven Vollzugsorgans wechselte.

Hildigund Neubert[178] sieht es so: *„Ich kann die Haltung der HfM nicht nachvollziehen, dass sie die damalige Disziplinierung von Wallmann nicht als politischen, möglicherweise durch die Stasi angestoßenen Vorgang erkennen wollen."*[179]

Vom Präsidenten der Hochschule, Christoph Stölzl, der als ehemaliger Generaldirektor des Deutschen Historischen Museums in vielerlei Hinsicht zur Förderung des kulturellen und historischen Gedächtnisses der Deutschen beigetragen hat, sollte man erwarten können, dass das um die Jahrtausendwende zurückgestellte Projekt zur Aufarbeitung der HfM-Vergangenheit endlich wieder aufgegriffen wird. Und dass dieses mit der 2009 an die FU Berlin gemeldeten Absichtserklärung für ein neues Projekt „Repression und Widerstand in der SBZ/DDR 1945 bis 1989/90 an der HfM" verbunden wird. Das ist die Übernahme von historischer Verantwortung gegenüber ihren ehemaligen Studenten und dem Lehrkörper.
In seinem Schlusswort der Podiumsdiskussion führte Stölzl aus, dass es staatlich bezahlte Institute, wie zum Beispiel die Bundesstiftung zur Aufarbeitung der SED-Diktatur gäbe und *„[...] es gibt viele Forscher, die sich mit der DDR befassen. Mögen sie sich auch mit der HfM befassen. Ich fände es toll."*

Und Frau Neubert: *„[...] ich kann Professor Stölzl, den ich für einen gebildeten, kulturvollen Menschen halte, nicht verstehen, dass ihm die politischen Hintergründe der Geschichte seiner Hochschule so gleichgültig sind."*[180]

---

178 Frau Neubert moderierte das Podiumsgespräch am 19.11.2015 bei Radio LOTTE.
179 Privatarchiv G. Knoblauch: E-Mail vom 21.06.2016 an den Verfasser.
180 Ebd.

Eine Verklärung der SED-Vergangenheit an der HfM darf nicht zugelassen werden. Jeder Tag, den man weiter tatenlos verstreichen lässt, wird dem Image und der Reputation der Hochschule für Musik FRANZ LISZT Weimar schaden. Stölzl leistet der HfM keinen guten Dienst, wenn er auf der Podiumstagung die Auffassung vertritt, die Hochschule sei kein geschichtsforschendes Institut und verfüge nicht über die Mittel, und: „Rehabilitierung, das hat stattgefunden und ist Geschichte."[181] Von ihm wird man wohl keinen Beitrag zur Vergangenheitsaufarbeitung an der HfM erwarten können.

Doch es mehren sich die Stimmen: Am 24. April 2017 schrieb Peter E. Rompf an den Präsidenten der Hochschule für Musik FRANZ LISZT und forderte „wenigstens eine ehrliche und gründliche Aufarbeitung aller Parameter der Vergangenheit"[182]. Die Zeitschrift „Gerbergasse 18" veröffentlichte in der ersten Ausgabe 2017 ein Exzerpt von Professor Gottfried Meinhold zu Peter E. Rompf mit dem Titel „Klassenfeind ‚Neue Musik'. Zersetzung eines Künstlerkreises um den Komponisten und Organisten Peter E. Rompf."[183]
Wie das Diskriminieren und Schikanieren systematisch durchzuführen war, legte die Durchführungsanweisung Nr. 1 zur Dienstanweisung Nr. 4/66 des MfS vom 10. Januar 1968 fest.[184]
Herr Stölzl hat einfach nicht verstanden, welche Dimensionen der Unrechtsstaat DDR hatte.

H. Johannes Wallmann schreibt: „Gerade, weil Musik – wie die großen Komponisten es mit ihren Werken beweisen – sich dem Universellen in besonderem Maße zu nähern vermag, hat sie eine ganz besondere Verpflichtung zur Wahrhaftigkeit, die für die Zukunft von Musik – aber auch für die Zukunft von Kultur überhaupt – von entscheidender Bedeutung ist."[185]

---

[181] Frau Neubert wies Stölzl auf dem Podium darauf hin, dass sehr wohl die rechtliche Lage weitere Rehabilitierungen zulasse.

[182] Siehe Dokument 16 im Dokumentenanhang. Schreiben von Peter E. Rompf an den Präsidenten der HfM, Stölzl, vom 27.04.2017.

[183] Vgl. Gottfried Meinhold: Klassenfeind „Neue Musik". Zersetzung eines Künstlerkreises um den Komponisten und Organisten Peter E. Rompf, in: Gerbergasse 18 (Thüringer Vierteljahresschrift für Zeitgeschichte und Politik), Heft 82, Ausgabe I, Jena 2017. Siehe Dokument 17 in der Ausgabe von 2018.

[184] Dieses 18-seitige Dokument ist als Ganzes veröffentlicht in: Jork/Knoblauch (Hrsg.): „Zwischen Humor und Repression".

[185] H. Johannes Wallmann: Wolfram Huschkes Zukunft Musik. Eine Geschichte der Hochschule für Musik FRANZ LISZT Weimar – eine Entgegnung von H. Johannes Wallmann, in: Zeitschrift des Forschungsbundes SED-Staat, Ausgabe 35, Berlin 2014, S. 158.

Bei Wolfram Huschke ist zu lesen: „Denn, wenn Herkunft Zukunft prägend beeinflusst und Wissen darüber aufklärend zu wirken und Identitätsbewusstsein zu stärken vermag, dann sollte die Antwort auf die Frage, woher man kommt, belastbar bekannt sein, um für die beiden weiteren Fragen – wer man ist und wohin man geht – eine gute Grundlage abgeben." [186]

✳ ✳ ✳ ✳

Dokumentenanhang zu
„Ein Diplomzeugnis, das im Nichts verschwand"
Buchausgabe 2018

---

[186] Huschke, Zukunft Musik.

Konferenzvorbereitung: Benjamin Schröder, Carolin Würfel   Termin/e zum ....

Freie Universität Berlin, Koserstraße 21, 14195 Berlin

Büro des Rektors
Technische Universität Dresden
Helmholtzstraße 10
01062 Dresden

> **Technische Universität Dresden**
> SG Allgemeine Verwaltung
>
> ZPE-Nr.: ....
>
> 25. Jan. 2010
>
> AZ: ....
>
> Anlagen 2

Mr. Lienut
Fax 37178
02. FEB.

Ihr Zeichen	Ihre Nachricht vom	Unser Zeichen	Telefon: 030/ 838 55 853	Datum
			FAX: 030/ 838 55 235	
			Email: b.schroeder@fu-berlin.de	

21.01.10

Betr. Repression und Widerstrand an Universitäten und Hochschulen in der SBZ/DDR 1945–1989, Kontaktvermittlung

Sehr geehrter Herr Professor Kokenge,

im Rahmen des Berliner Wissenschaftsjahres 2010 bereitet der Forschungsverbund SED-Staat an der Freien Universität Berlin eine Tagung zur Aufarbeitung der politischen Repression an den Universitäten und Hochschulen der SBZ/DDR vor. Eines unserer eigenen Forschungsprojekte untersucht seit geraumer Zeit im Auftrag des Präsidiums der Freien Universität die Berliner Hochschullandschaft in den Jahren der Teilung. Im Mittelpunkt dieser Untersuchung stehen Maßnahmen der politischen Repression und Widerstandshandlungen gegen das SED-Regime an den Berliner Hochschulen aber auch die trotz der Teilung fortbestehenden Beziehungen zwischen Studenten und Hochschulangehörigen in beiden Teilen Berlin. Die für den 20. und 21. Mai vorgesehene Tagung soll nun einen ersten Überblick über die bisherige historische Aufarbeitung der Universitätsgeschichte(n) in der SBZ/DDR geben. Das Ziel der Zusammenschau von Einzelinitiativen, Forschungsprojekten und Zeitzeugenerinnerungen ist es, einmal den Forschungsstand als Ganzes ins Auge zu fassen, um ein möglichst umfassendes Bild kommunistischer Hochschulpolitik und politischer Verfolgung von der unmittelbaren Nachkriegszeit bis zum Zusammenbruch der DDR 1989/90 zu gewinnen.

Die Konferenz an der Freien Universität Berlin soll die bisherigen Aufarbeitungsinitiativen und Forschungsprojekte über Repression und Widerstand an den Universitäten und Hochschulen der SBZ/DDR vorstellen und ihre Ergebnisse in einer Gesamtschau dem interessier-

Dokument 2 (Bl. 1): Anfrage des Forschungsverbundes SED-Staat der FU Berlin

ten Fachpublikum vorstellen. Vorgesehen ist auch ein Zeitzeugenforum, in dem exemplarische Erfahrungen von verfolgten Studenten und/oder Mitgliedern von universitären Widerstandsgruppen dargestellt werden. Angestrebt wird eine Vernetzung der laufenden Forschungsprojekte zur Geschichte der Hochschulen und Universitäten unter dem SED-Regime.

Zur Vorbereitung unserer Konferenz bitten wir Sie, uns den Kontakt zu Forschern oder Institutionen zu vermitteln, die zur Geschichte Ihrer Universität/Hochschule bzw. zu in Ihre Einrichtung eingegliederten Vorgängerinstitutionen in der SBZ/DDR geforscht haben und zum möglichen Teilnehmer- und Referentenkreis unserer Tagung gehören. Ein Exposé unseres Vorhabens, das Sie gerne zur Information direkt an Interessierte und Ihre Hochschularchivare weiterleiten können, fügen wir bei. Wir bitten um baldige Rückmeldung, die spätestens bis zum 15. Februar bei uns eingehen sollte.

In Anlage ebenfalls ein knapper Fragespiegel, den wir an alle Universitäten und Hochschulen der ehemaligen DDR versandt haben, um im Vorfeld der geplanten Konferenz eine erste Zusammenfassung vorliegender grundlegender Erkenntnisse über Repression und Widerstand im Hochschulbereich anfertigen zu können. Bitte leiten Sie den Fragebogen, sofern Sie ihn nicht selbst beantworten können, an Ihre Hochschularchive oder an jene Personen weiter, die sich mit der Geschichte Ihrer Institution zwischen 1945 und 1989 befaßt haben.

Für Rückfragen stehen wir Ihnen jederzeit auch per Mail oder Telefon zur Verfügung. Gerne können Sie sich auch an Dr. Jochen Staadt wenden (Tel. 030 / 838 55562, E-Mail: j.staadt@fu-berlin.de), der das Projekt über die Berliner Hochschulen in den Jahren der Teilung gemeinsam mit Prof. Dr. Klaus Schroeder leitet und federführend die Berliner Konferenz über Repression und Widerstand an der Universitäten und Hochschulen der SBZ/DDR vorbereitet.

Mit bestem Dank und freundlichem Gruß

Benjamin Schröder, Carolin Würfel

Anmerkung: Es musste hier auf das Archiv der TU Dresden zugegriffen werden, da die Anfrage des Forschungsverbundes in Weimar nicht auffindbar war. Die Texte der Anfragen waren für alle Universitäten gleich.

Dokument 2 (Bl. 2): Anfrage des Forschungsverbundes SED-Staat der FU Berlin

Exposé: Repression, Opposition und Widerstand an den Hochschulen der SBZ/DDR

Um die sozialistische Ordnung zu etablieren, war eine strenge politische Kontrolle über das Bildungswesen in der DDR unerlässlich. Hier wurden die nachfolgenden Generationen erzogen, hier konnten „sozialistische Persönlichkeiten" geformt werden, hier war die Zukunft der Gesellschaft in ihrer Essenz steuerbar. Eine besondere Rolle kam dabei der Hochschulpolitik zu, denn an den Universitäten und Hochschulen wurde die zukünftige Elite des Landes ausgebildet. Diese sollte in der DDR nicht nur fachliche Kompetenz erwerben, sondern vor allem auch zu politischer Zuverlässigkeit im Sinne der herrschenden Staatspartei erzogen werden.

Wie versuchte die SED, ihren Führungsanspruch in den verschiedenen Abschnitten der DDR-Geschichte durchzusetzen? Dieser und weiteren sich daran anschließenden Fragen möchten wir auf der Tagung nachgehen. Wie wurde der Machtanspruch der SED konkret durchgesetzt, d.h. insbesondere: welchen Formen und welchem Ausmaß von Repressionen sahen sich Lehrkörper, Verwaltung und Studierende einzelner Universitäten ausgesetzt? Dabei gehen wir davon aus, dass es eine erste Phase der harten Repression in den fünfziger Jahren bis zum Mauerbau gab. In dieser Zeit erfolgte die Ausrichtung der Universitäten und Hochschulen der DDR im Sinne der SED-Bildungspolitik. Daran schloss sich die Zeit von 1961 bis zur Einbindung der DDR in internationale Verträge an, als deren Folge in den siebziger und achtziger Jahren die Mechanismen der Repression verdecktere Formen annahmen. In dieser Zeit weitete auch das Ministerium für Staatssicherheit seine Tätigkeit in den Hochschulen aus.

In diesem Zusammenhang möchten wir auch nach dem Erfolg der politischen Kontrolle fragen, was die Reaktionen der Betroffenen in den Mittelpunkt der Aufmerksamkeit rückt. Wie begegneten Dozenten und Studierende der politischen Kontrolle, mit Rückzug, Flucht, Anpassung? Inwieweit wurde den staatlichen Leitungs- und Überwachungseinrichtungen aus den Universitäten und Hochschulen „zugearbeitet"? Im Mittelpunkt der Tagung soll allerdings das widerständige Ver-

Dokument 2 (Bl. 3): Anfrage des Forschungsverbundes SED-Staat der FU Berlin, Anlage

110

halten von Hochschulangehörigen stehen. Welche Formen von Opposition und Widerstand gab es in den verschiedenen Phasen, wie wurden diese sanktioniert, und welche Rolle spielten die Hochschulen und Universitäten in der friedlichen Revolution von 1989?

Bei der Beantwortung dieser und ähnlicher Fragen geht es uns darum, den gegenwärtigen Stand des Wissens über Repression, Opposition und Widerstand an den Universitäten und Hochschulen der DDR als Ganzes ins Auge zu fassen. Dabei geht es nicht um die Nachzeichnung der staatlichen Hochschulpolitik und ihrer Intentionen, sondern vorrangig darum, bereits vorhandene Einzelfalluntersuchungen zueinander in Beziehung zu setzen und einen Überblick über das bislang vorhandene Wissen zu diesem Aspekt der DDR-Geschichte sowie über die hier noch vorhandenen Erkenntnislücken zu gewinnen. Wir hoffen durch die Tagung auch zu einer Vernetzung der mit dieser Geschichte befassten Personen beitragen zu können, was sowohl Wissenschaftler wie auch Betroffene und andere Zeitzeugen betrifft. Auch der von Seiten der Friedrich-Schiller-Universität Jena angeregte Aufbau einer Datenbank zum Thema Repression, Opposition und Widerstand an den Universitäten und Hochschulen der DDR kann durch die Ergebnisse der Konferenz vorangebracht werden.

Dokument 2 (Bl. 4): Anfrage des Forschungsverbundes SED-Staat der FU Berlin, Anlage

BÜRGERBÜRO e. V.

Verein zur Aufarbeitung von Folgeschäden der SED-Diktatur

Bürgerbüro e.V.   Bernauer Str. 111   13355 Berlin   Tel.: 030 / 463 48 06 Fax: 030 / 463 57 18
info@buergerbuero-berlin.de   www.buergerbuero-berlin.de
Dr. Ehrhart Neubert, Vorsitzender

Berlin, den 20.2.2008

Gutachten
zur politischen Verfolgung von Herrn Johannes Wallmann (heute Berlin)
in Weimar Anfang der 1970er Jahre

Herr Johannes Wallmann ist mir aus meiner Zeit in Weimar als Studentenpfarrer 1972 bis 1984 bekannt. Als ich den Dienst in Weimar antrat, war Herr Wallmann gewählter Vertrauensstudent (Sprecher der Studentenschaft) der Evangelischen Studentengemeinde Weimar. Da das Studentenpfarramt vor meinem Dienstantritt etwa ein Jahr unbesetzt war, war Herr Wallmann als Vertrauensstudent über das Maß des Üblichen mit Angelegenheiten der Studentengemeinde befasst. In dieser Zeit hat er mit großem Engagement die Studentenschaft zusammengehalten und die inhaltliche und organisatorische Arbeit wesentlich bestimmt. Auch in den ersten beiden Semestern meines Dienstes hat er diese Aufgaben weitergeführt und mir die Einarbeitung wesentlich erleichtert.
Herr Wallmann studierte damals Musik (Fächer Fagott und Komposition).

Die damalige politische Lage der Studentengemeinden in der DDR war äußerst prekär. Nach dem Machtantritt Honeckers 1970/71 verschärfte sich der ideologische Druck auf junge Christen im Zuge der verstärkten Abgrenzungspolitik des SED-Staates. Davon waren Schulkinder und Studenten im besonderen Maße betroffen. Dies ist in der historischen Literatur inzwischen gut belegt. Das Erziehungsziel war die „allseitig gebildete sozialistische Persönlichkeit", die keinesfalls religiös sein sollte. Die Kirchen konnten die Jugend nur bedingt schützen. Die Beteiligung besonders von Studenten am kirchlichen Leben war für deren berufliches Fortkommen in jedem Fall abträglich. Das galt für jeden Studenten, der die Gemeinde besuchte. Das Risiko erhöhte sich noch, wenn Studenten besondere kirchliche Funktionen übernahmen. Sie wurden in unterschiedlicher Intensität behindert, benachteiligt und zurückgestuft.

Das gilt besonders für christliche Studenten, die sich besonders engagierten wie Herr Wallmann. Die Risiken sind allein schon an den Arbeitsaufgaben ablesbar, mit denen Herr Wallmann betraut war. Die Studentengemeinde unterhielt Kontakte zu Partnergemeinden in der Bundesrepublik (Hamburg, später Karlsruhe). Diese Arbeit lag an der Grenze des legal

Dokument 13 (Bl. 1): Gutachten zur politischen Verfolgung von Johannes Wallmann

112

Möglichen. Neben der Organisation des religiösen Lebens, gehörte auch eine theologisch motivierte kulturelle Arbeit zur Studentenseelsorge, um den geistig-geistlichen Horizont der Studenten zu erweitern.

Diesen Aufgaben hat sich Herr Wallmann intensiv gestellt. Aus der Vielzahl seiner Aktivitäten seien nur einige erwähnt. Zweimal hat er die gesamte organisatorische und inhaltliche Vorbereitung der so genannten „Weimarer Trilogie" verantwortet. Dies war eine jährlich stattfindende Tagung mit Künstlern und Theologen. Herr Wallmann hat damals auf Grund seiner Verbindungen den 1977 aus dem Schriftstellerverband ausgeschlossenen und seit Jahren verfolgten Schriftsteller Reiner Kunze für Lesungen zur „Weimarer Trilogie" gewinnen können. Allein das war für die Sicherheitsorgane von höchstem Interesse.

Damals war klar zu erkennen, dass die FDJ-Leitung der Hochschule und andere politische Stellen mit dieser Arbeit nicht einverstanden waren. Mir wurde dies von kirchlichen Vorgesetzten mitgeteilt.

Herr Wallmann war Sohn eines Pfarrers, der Anfang der fünfziger Jahre während der Verfolgung der Jungen Gemeinde Pressionsmaßnahmen der SED ausgesetzt war. Da jedermann in der DDR in seinen Akten auch die Vergangenheit seiner Eltern verzeichnet hatte, stand Herr Wallmanns Entwicklung auf keinem guten Grunde. Damals war zu beobachten, dass es auch Menschen gab, die Herrn Wallmanns außerordentliche musische Begabung schätzten und förderten. Doch auch sie waren machtlos, wenn aus dem Hintergrund konspirative Verfolgungsmaßnahmen gesteuert wurden.

Zur Aktenlage: Die Evangelische Studentengemeinde Weimar wurde damals nicht nur vom MfS, sondern von der politischen Abteilung der Kriminalpolizei, der K 1, bearbeitet. Die Akten der K 1 sind um die Jahreswende 1989/1990 weitgehend vernichtet worden, da die Bürgerbewegungen die Funktion der K 1 nicht kannten. In meiner MfS-Akte fehlen daher Dokumente von Anfang der 1970er Jahre. Nur ein einziges Blatt (Dublette) blieb erhalten. Aus diesen Gründen wird es für Herrn Wallmann schwierig sein, seine komplette Verfolgungsgeschichte mit Akten belegen zu können.

Ich verweise darauf, dass meine Angaben sich sowohl auf meine Zeitzeugenschaft beziehen, wie ich auch als ehemaliger Fachbereichsleiter der Wissenschaftsabteilung der BStU umfangreiche Erfahrungen zu Repressionsmaßnahmen habe sammeln können und wissenschaftlich dazu arbeite.

Dr. Ehrhart Neubert

Dokument 13 (Bl. 2): Gutachten zur politischen Verfolgung von Johannes Wallmann

* * *

Ergänzung/Aktualisierung 2023

Bereits am 30.Juni 2016 schrieb ich an den Leiter des Archivs Meixner: „Auffälligkeiten beim Diplomzeugnis Wallmann" (siehe Dokumente 17 im Text). Die Verdachtsmomente sind von mir beschrieben. Meixner kommt zum gleichen Ergebnis. Wenn Meixner und ich – unabhängig voneinander – im Sommer 2016 zum gleichen – für uns plausiblen, aber nicht verstehbaren, nicht erklärbarem Ergebnis kommen, warum hat die Leitung der HfM nicht die Erklärung von Meixner und mir aufgegriffen und gehandelt?

Warum wurden weitere betroffene Studenten nicht „informiert und aufgeklärt"? Sie waren nicht bekannt? Warum suchte man nicht nach Ihnen? Warum nicht?

Warum beließ man es bei Deutungen wie: Die HfM hätte vielleicht „Papier sparen wollen" oder sie hätte vielleicht zu „wenig Formulare" gehabt oder hätte vielleicht ... und deshalb ....
Ich denke, intern gab es nach 1989 noch die Wissensträger, die das hätten aufklären können. Doch es war ihnen wohl peinlich. Was war ihnen so peinlich?

Ich frage einmal so: Warum überhaupt hatte die HfM Diplom-Urkunden und stellte diese nicht aus? Das hatte anscheinend – wie wir heute wissen – nichts mit Wallmann zu tun. Nur, Wallmann fand oder erhielt zufällig eine Kopie „Diplomurkunde". Und damit löste er, mit dem sehr verständlichem Verdacht „Diplombetrug an mir, Wallmann", eine bis heute weiterlaufende Lawine aus.

Da musste erst 2022 Prof. Meinhold kommen und die Erklärung öffentlich machen in: „Zensuren-Manipulation als politische Strafmaßnahme – mit skandalösem Nachspiel, Der Fall H. Johannes Wallmann" (siehe folgender Beitrag).

Und was passiert: Meinhold wird angegriffen, als ob er die HfM angezündet hätte!

Die HfM hätte das „Thema" – aus meiner Sicht – schnell und überzeugend zum Abschluss bringen können – tat sie aber nicht. Vermutlich war es Ihr so peinlich, dass ... - aber darüber schrieb ich bereits.

Dipl.-Ing. Günter Knoblauch

Veith-Lutz-Straße 10
D - 82061 Neuried
Tel. (089) - 755 62 06
www.knobi-muc.de

Neuried, 30.Juni 2016

Herrn Dr. Meixner

Leiter des Archivs der HfM

Weimar

Per Mail gesendet

Betrifft: Diplom Wallmann

Sehr geehrter Herr Dr. Meixner,
das Thema Staatsexamen oder Diplom-Betrug beschäftigt schon seit 2009 nicht nur den betroffenen H.Johannes Wallmann sondern ist auch in Veröffentlichungen und Diskussionen immer wieder in Zusammenhang mit der nicht aufgearbeiteten SED-Vergangenheit der HfM genannt worden. Es wird bis heute emotional, kontrovers diskutiert und dargestellt.

Bei der Vorbereitung einer neuen Publikation habe ich mich erneut mit dem Zeugnisthema Wallmann beschäftigt.
In Veröffentlichungen wurden beide Dokumente – das ausgehändigte Staatsexamen als auch das unterschlagene Diplom – zusammen gezeigt. Bei genauer Betrachtung sind einige Details merkwürdig.

Die Merkwürdigkeiten sind:

Gemeinsamkeiten der beiden Dokumente:
Das Ausstellungsdatum auf beiden Dokumenten ist identisch
Die eingesetzten Daten in den 7 Zeilen sind identisch
Die Zeilenabstände der Texte in beiden Dokumenten sind identisch
Die Wortabstände sind in beiden Dokumenten identisch (!!)
Die senkrechte Ausrichtung bei z.B. Datum zur Unterschriftszeile scheint identisch zu sein
Unterschiede:
Die Einträge im Staatsexamen sind exakt in das vorgegebene Formular eingesetzt
Die Einträge im Diplom sind schlampig eingesetzt – Zeilenhöhe paßt nicht
Geburtsdatum und Geburtsort hängen beim Diplom bezugslos unter dem Namen
Die Unterschriften sind unterschiedlich, d.h. jeweils beide Dokumente wurden unterschrieben
Die Stempel sind identisch, jedes Dokument wurde gestempelt – leicht verdreht.

Ausgabe 2023: zusätzlich eingefügte Dokumente
Dokument 17 (Bl. 1): Der *Diplombetrug* gewinnt an Gestalt enthalten). Es tauchen Fragen auf, die nicht beantwortet werden können.

Besonders auffällig:

Datum 12. Dezember 1974 – warum nicht ordentlich in die dafür vorgesehene Zeile eingetragen? Schreibmaschinenunterschriften, Raimund Mages: Warum nicht ordentlich unter Hauptfachlehrer?

Sonstige Auffälligkeiten:

Schriftbild auf dem Staatsexamen ist – zumindest auf meiner Kopie – klarer.

Zusammenfassung:

Texte und Formatierungen scheinen identisch zu sein. Das Staatsexamen ist - was die Zuordnung der Daten in die Formularfelder betrifft – stimmig. Beim Diplom passt eigentlich außer dem Namenseintrag nichts richtig in das Formular. Hat man damals wirklich solch schlampige Diplom-Zeugnisse ausgefertigt / ausgehändigt?

Meine Fragen an Sie:

Können Sie feststellen, ob im Jahre 1974 bei anderen Absolventen "Blasinstrumente" (oder ähnliche Studienrichtung zum gleichen Ausstellungsdatum) ebenfalls "Diplome" in den Studentenunterlagen liegen?

Wenn ja, dann wäre es wichtig zu wissen, was diesen Absolventen damals ausgehändigt wurde. Ich vermute: Staatsexamenszeugnis.

Das umstrittene Diplom von Wallmann liegt bei Ihnen im Archiv nach meiner Kenntnis nur in Kopie vor. Kann festgestellt werden, ob die eingetragenen Daten Kohlepapierspuren aufweisen?

Die gleiche Frage bezieht sich auf die Unterschriften: Tinte oder Kugelschreiber oder Kohlepapierabdruck.

Wenn dies zutreffen würde, dann wäre möglicherweise auch die Sicht der Vorgänge zu Wallmann zu korrigieren. Allerdings ändert das nichts an der grundsätzlichen Pflicht der HfM zur Vergangenheitsaufarbeitung.

Ich wäre Ihnen dankbar, wenn Sie meinen Fragen nachgehen und diese beantworten könnten.

Mit freundlichen Grüßen

Ausgabe 2023: zusätzlich eingefügte Dokumente
Dokument 17 (Bl. 2): Der *Diplombetrug* gewinnt an Gestalt

Nur in Ausgabe 2018 enthalten:
Brief G.Knoblauch an den Präsidenten der HfM vom 22. Juli 2011: Dokument 9
Brief von Peter E. Rompf vom 16.4.2017 an Prof. Stölzl: Dokument 16:

Zensuren-Manipulation als politische Strafmaßnahme – mit skandalösem Nachspiel

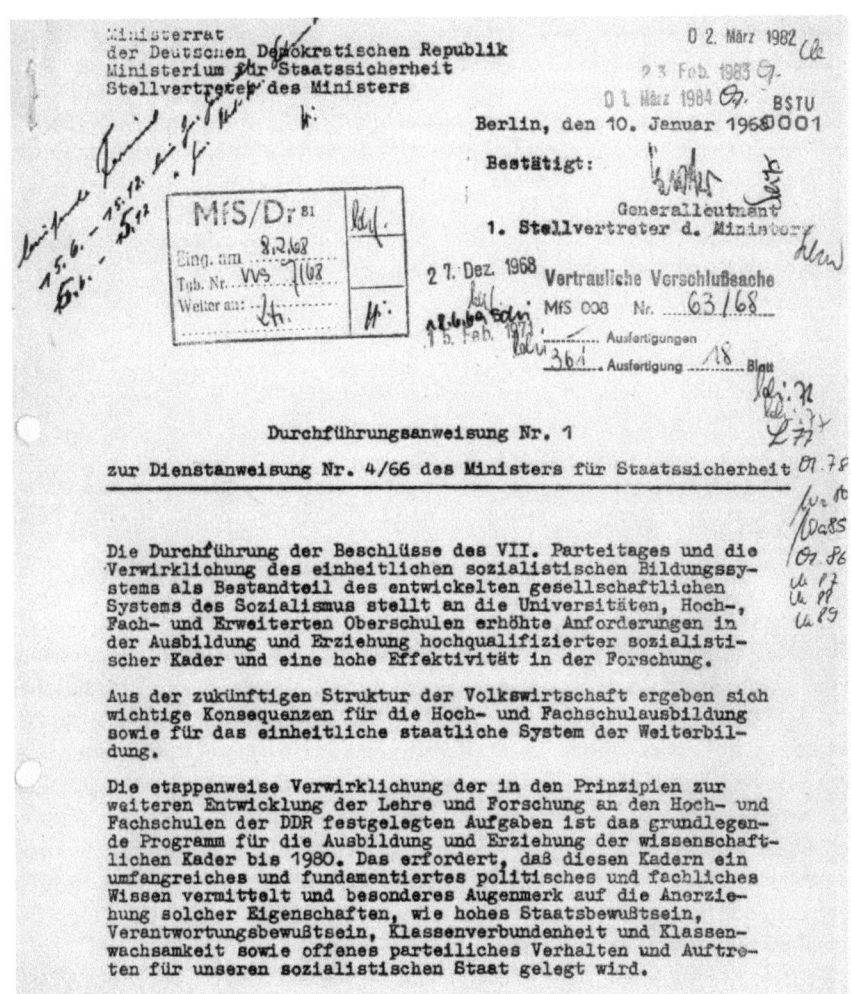

Die Durchführungsanweisung Nr. 1 ist ein 18-seitiges Dokument.[188]

---

[187] [GK] Erstveröffentlichung in der Zeitschrift des Forschungsverbundes SED-Staat der Freien Universität Berlin, ZdF 49/2022, S. 133 – 143.

[188] [GK] Anweisungen zur Anwerbung, Überwachung, Bespitzelung von Lehrkräften, Studenten etc. Das Dokument wurde im Rahmen der von der Bundesstiftung Aufarbeitung SED-Diktatur geförderten Dokumentation „Zwischen Humor und Repression" 2017 veröffentlicht – siehe hierzu Fußnote 136.

Eine Vorbemerkung von Günter Knoblauch zum Beitrag Meinhold
„Der Fall H. Johannes Wallmann"

Dieser Beitrag von Prof. Meinhold erschien 4 Jahre nach der Veröffentlichung von „Defekte einer Hochschulchronik" in der Zeitschrift des Forschungsverbundes SED-Staat der Freien Universität Berlin. Aus dieser Veröffentlichung habe ich mir erlaubt, eine Passage herauszugreifen und vor den Beitrag von Meinhold zu setzen. Warum? Meinhold drückt in wenigen Sätzen das aus, was bereits im Jahre 2011 an den Präsidenten der HFM, Stölzl, von mir und anderen herangetragen wurde.

Die Zwischenüberschriften des folgenden Beitrages als auch zusätzliche Fußnoten – gekennzeichnet mit [GK] – sind von mir eingefügt.

- Inhalt und Ausdruck der Kompositionen des Wallmann lassen eine negative oder staatsfeindliche Thematik und Zielstellung vermuten.

    UD0368

Aus der BStU-Akte von Wallmann

„Für die heutige Hochschule für Musik Weimar als eine zur moralischen Haftung verpflichtete Rechtsnachfolgerin jener Hochschule, unter deren Unrechtsaktionen und Schikanen H. Johannes Wallmann zu leiden hatte, wäre es unerlässlich gewesen, mit aller Kraft dazu beizutragen, den Unrechtscharakter des Geschehenen zu erkennen, ihn zu verdeutlichen und zu bedauern. Zumindest hätte eine moralische Rehabilitierung erfolgen können, wie sie an anderen Thüringischen Hochschulen in den 1990er Jahren in größerer Zahl geleistet wurde. Es wäre allerdings die Pflicht der Hochschulleitung in den Jahren nach 1989/90 gewesen, solche Vorgänge ausfindig zu machen, sie öffentlich zu bekennen und Betroffene um Verzeihung zu bitten, ..."
Gottfried Meinhold

Gottfried Meinhold

Zensuren-Manipulation als politische Strafmaßnahme – mit skandalösem Nachspiel

Die Vorgänge um den Studienabschluß des Komponisten

H. Johannes Wallmann an der Hochschule für Musik FRANZ LISZT in Weimar im Jahr 1974 bieten ein fatales Beispiel für die vorsätzliche Unterbewertung von Prüfungsleistungen aus politischen Motiven zu Zeiten der SED-Diktatur. Es wird die Absicht erkennbar, einen Studenten vor allem in seiner angestrebten Berufsausübung als Komponist zu schädigen. Die Leitung der Hochschule für Musik veranlasste 1974 Eingriffe in die Prädikatvergabe, und zwar bei Teilleistungen von Wallmanns Studienfach Komposition. Zum einen betrafen die Eingriffe die Bewertung der Diplomarbeit Wallmanns, zum anderen das Prädikat für die mündliche Abschlussprüfung im Fach Methodik der Musiktheorie, ein in diesem fachlichen Kontext zentrales Element. Der Student Wallmann galt seit seiner Aufnahmeprüfung als „hervorragende Begabung" und höchst kreativer Student. Er war laut Zulassungsbescheid vom 10. Juli 1968 „zum Studium an der Franz-Liszt-Hochschule Weimar in der Abteilung Blasinstrumente, Fachrichtung Fagott" zugelassen (s. Studentenakte im Hochschularchiv).

*

Heinrich Johannes Wallmann, geboren 1952 in Leipzig, Sohn eines evangelischen Pfarrers und spätestens seit den endsiebziger Jahren zeitgenössischer Komponist von hohen Graden, hatte 1966 keine Zulassung zum Besuch der Erweiterten Oberschule (EOS) – wohl seiner sozialen Herkunft wegen – erhalten. Diese Nichtzulassung zur EOS wurde ihm im Jahre 2008 durch eine Rehabilitierungsbescheinigung der Landesdirektion Chemnitz als „Rechtsstaatswidrigkeit" bestätigt. Seinen leidenschaftlichen Berufswunsch, Komponist zu werden und ein Studium der Komposition an einer Musikhochschule aufzunehmen, konnte er nur in Verbindung mit dem Studium bzw. der Studienvorbereitung in einem Instrumentalfach – bei ihm Fagott – verwirklichen. Allerdings machte sich Wallmann alsbald nach dem Studienbeginn nicht nur durch sein Engagement für die evangelische Studentengemeinde, sondern auch durch seine systemkritische Grundhaltung politisch missliebig und galt noch während seiner Studienzeit als „staatsfeindlich". Darüber hinaus mochte bei der politischen Beurteilung seiner Person auch seine musikästhetische Orientierung eine Rolle spielen, wie sie in seinen kompositorischen Arbeiten zutage trat. Sie war mit den ästhetischen Maßgaben einer sozialistischen Musik-Auffassung noch in den späten siebziger Jahren kaum vereinbar. Solche ästhetischen Bewertungen sollten auch Jahre nach dem Ende seines Studiums, als er von der DDR-Staatssicherheit oberserviert wurde, eine Rolle spielen – wie noch zu zeigen ist. Nach dem derzeitigen Kenntnisstand ist vorerst nur stark zu vermuten, dass bei der politischen Meinungsbildung über den Studenten Wallmann ein Zusammenwirken zwischen der SED-Parteileitung der Hochschule und der sogenannten staatlichen Leitung einerseits sowie dem Ministerium für Staatssicherheit der DDR andererseits stattfand.

*

Manipulation von Leistungsergebnissen der Studenten

Durch Dokumente der Studentenakte ist belegt, dass die Hochschulleitung in Gestalt des Prorektors für Studienangelegenheiten, Dr. Lothar Wallraf, beschlossen hatte, die Bewertung von Wallmanns Diplomarbeit zu manipulieren. Des Weiteren wurde der Prüfungsverlauf bei der mündlichen Prüfung „Methodik der Musiktheorie" durch einen zusätzlichen, nicht vorgesehenen Prüfer in spezifischer Weise beeinflusst, um ein minderes Prädikat zu erzielen, das dem hohen Leistungsstandard des Studenten ganz und gar nicht entsprach. Zu Einzelheiten dieser beiden Vorgänge später mehr.

Dass H. Johannes Wallmann 1973 - wie auch sein mit ihm befreundeter Studienkollege Lothar Bohmann - ausdrücklich mit einem Thema für eine „Diplomarbeit" bedacht wurde, ohne dass die Hochschule in dieser Zeit über das Diplomrecht mit einer dementsprechenden Diplomordnung verfügt hätte, bedarf einer Erklärung: Zunächst war es eine besondere Situation, dass die Hochschule den Musiklehrern trotz des bis 1976 fehlenden Diplomrechts seit 1969 den akademischen Grad Diplom-Lehrer verleihen musste - auf einer rechtlichen Grundlage, für die das Ministerium für Volksbildung verantwortlich zeichnete. Für die Studierenden der künstlerischen Fächer war andererseits von 1973 an in den vom Ministerium für Kultur (!) erlassenen Studienplänen die folgende Verfahrensweise vorgesehen: Bei besonders hohem Leistungsvermögen - mit der Aussicht auf eine Solistenlaufbahn, „Solisten" genannt - konnte Studierenden nach dem Ende des 2. Studienjahres ein 5. Studienjahr genehmigt werden. Damit im Zusammenhang war es möglich, durch eine Abschlussarbeit mit höherem Anspruchsniveau über das Abschlusszeugnis hinaus „zuzüglich ein Diplom der Hochschule" zu erwerben. [189] Mit diesem „Diplom", das „zuzüglich" zur Staatsexamensurkunde verliehen wurde, konnte die Hochschule also - der Empfehlung des Kulturministeriums entsprechend - das besondere Leistungsniveau des Absolventen dokumentieren, und zwar - nota bene - nach dem Abschluss am Ende eines 5. Studienjahres. Bemerkenswert ist hierbei, dass neben der Anerkennung der besonderen künstlerischen Qualität auch eine wissenschaftliche Leistung gefordert war, letztere nachgewiesen durch eine im Vergleich zu den Staatsexamensarbeiten umfangreichere, anspruchsvollere Hausarbeit. Die Annahme ist gerechtfertigt, dass es sich bei Wallmann und

---

[189] Vgl. im „Studienplan für die Fachrichtung Tasteninstrumente an den Hochschulen für Musik der Deutschen Demokratischen Republik 1973", S. 21.

Bohmann um solche Hausarbeiten handelte, die somit auf dem vorgegebenen Titelblatt ausdrücklich als „Diplomarbeit" gekennzeichnet wurden. Mit diesem „Diplom", das das Ministerium für Kultur empfahl, erfolgte freilich eben nicht die Verleihung des akademischen Diplomgrades an die Absolventen. Diese Möglichkeit eröffnete sich erst Jahre später, als die Hochschule 1976 das Diplomrecht erhalten hatte, und zwar verliehen durch das Ministerium für Hoch- und Fachschulwesen. Jedoch handelte es sich bei der vom Kulturministerium 1973 empfohlenen Diplomvergabe immerhin um die Zertifizierung eines besonderen Leistungsniveaus des Absolventen – künstlerisch und wissenschaftlich. Dass diese Form einer Diplomierung bei den Studenten begehrt war, versteht sich. Die Zuständigkeit dreier Ministerien in den Diplom-Angelegenheiten (Ministerium für Volksbildung, Kulturministerium und Ministerium für Hoch- und Fachschulwesen) sowie die merkwürdige Anisochronie (1969, 1973, 1976) mochte für die Hochschulleitung durchaus etwas Irritierendes gehabt haben, das den Verzicht auf die Aushändigung von Diplomzertifikaten in den Jahren 1974-75, trotz absolvierter Diplom-Leistungen – wie eben einer „Diplomarbeit" – erklären könnte.

Wenn aber die Hochschulleitung 1973 Studierende auf einen Abschluss „mit Diplom" orientierte und in dieser Zeit Hausarbeiten ausdrücklich im Range von „Diplomarbeiten" verfassen ließ, wenn ein Hochschullehrer, nämlich Paul Michel, damit betraut war, die „Diplom"-Anwärter spezifisch zu beraten, dann ist es mehr als erstaunlich, wenn ihnen letztendlich dennoch kein „Diplom" ausgehändigt wurde.

Die Hochschulleitung war vermutlich unterdessen anderen Sinnes geworden und musste womöglich erkannt haben, dass jeder Diplomabschluss nach der Hochschulreform – wie bei den Lehrerstudenten – mit dem Erwerb des akademischen Diplomgrades verbunden war, und zwar auch in den künstlerischen Fächern, also weit über die Zertifizierung eines besonderen Leistungsniveaus hinausreichend, und dass es unumgänglich war, für diese Verfahrensweise die Verleihung des Diplomrechts abzuwarten.

Es bleibt wohl eine offene Frage, warum die Hochschule für Musik Weimar nach der 3. Hochschulreform von 1968/69 das generelle „Diplomrecht" erst 1976, also mit großer Verspätung verliehen bekam, obwohl für die Studierenden der Schulmusik der Titel „Diplom-Lehrer" seit 1969 vergeben werden musste. Demgemäß ist es auch nicht ausgeschlossen, dass die Hochschule mit der Offerte von Diplomabschlüssen seit etwa 1973 in der Annahme handelte, das Diplomrecht würde alsbald verliehen. Dennoch: es war zugleich auch möglich, sich auf die zitierte Empfehlung des Kulturministeriums zu berufen. Immerhin war Prof. Dr. Paul Michel damit beauftragt, den Diplom-Kandidaten die Spezifik der anspruchsvolleren Hausarbeit qua Diplomarbeit bzw. des Prüfungsgeschehens zu erläutern. In Einzelkonsultationen wurden die Studierenden von ihm als dem „Diplom-Übervater" persönlich „instruiert", wie Wallmann es in „starker Erinnerung" hat. Es sei noch einmal hervorgehoben, dass – anders als an

Universitäten, Technischen Hochschulen und sonstigen Kunsthochschulen – an den Musikhochschulen vor der 3. Hochschulreform kein Diplom-Grad verliehen wurde. Die in der Zeit vor 1969 benutzten Urkunden der Hochschule mit dem Aufdruck „Diplom" dokumentierten nicht den Erwerb des akademischen Diplom-Grades („Diplom-Musiker" usw.), sondern dienten lediglich der Markierung des spezifischen Hochschulabschlusses, und zwar zur Unterscheidung vom Fachschulabschluss der Orchester- und Chorschule, die der Hochschule angegliedert war. Bei der seltsamen Verzögerung der Diplomrecht-Verleihung an die Musikhochschule mochte eine ähnliche ministerielle Verschleppung im Spiel gewesen sein, wie sie schon in früheren Fällen – zum Beispiel beim Hochschulstatut – 1962 von Paul Michel kritisiert wurden.[190]

Mit der Verleihung des Diplomrechts an die Hochschule durch das Ministerium für Hoch- und Fachschulwesen im Jahre 1976 ergab sich hinsichtlich des Erwerbs des akademischen Grades „Diplom", der nunmehr möglich war (Diplom-Musiker, Diplom-Dirigent, Diplom-Sänger, Diplom-Musikpädagoge, Diplom-Komponist), wiederum eine duale Verfahrensweise wie sie auch in den Studienplänen des Ministeriums für Kultur vorgesehen war.

Von denjenigen Studierenden, die keine wissenschaftliche Leistung mit höherem Anspruch in Form einer „Diplomarbeit" erbringen wollten, wurde nur eine Hausarbeit geringeren Anspruchs gefordert und am Ende erfolgte die übliche Zertifizierung des Staatsexamens.

Diejenigen Studierenden, die den Diplomgrad erwerben wollten, erhielten nach der Annahme und Begutachtung der ausdrücklich als Diplomarbeit bezeichneten Hausarbeit zusammen mit der Zertifizierung des (vorausgesetzten) Staatsexamens den spezifischen akademischen Grad „Diplom" (s. o.).

Merkwürdigerweise war kein Diplom-Musikwissenschaftler vorgesehen. Auch der Diplom-Organist wurde erst Jahre später ergänzt.

Die Studierenden, die 1973 bis 1975 eine Diplomarbeit geschrieben hatten, nahmen zu Recht an, sie hätten damit Anspruch auf ein ihre Leistung dokumentierendes zusätzliches „Diplom". Dass ebendies nicht ausgehändigt wurde, könnte, so darf man vermuten, bei den Studierenden schon Frustrationen bewirkt haben. Sie mochten sich „betrogen" vorkommen, ein Umstand der später, nach dem Umbruch von 1989/90 noch für Verwirrung sorgen sollte – bis hin zu einem fälschlicherweise der Hochschule für Musik angelasteten Diplombetrug. Als nämlich in den Studentenakten Kopien mit dem Aufdruck „Diplom" aufgefunden wurden, schien dies darauf hinzudeuten, die Hochschule habe den Absolventen das Original-Diplom vorenthalten. (Doch handelte es sich bei diesen Kopien lediglich um obsolet gewordene Formulare aus der Zeit vor der 3.

---

[190] Vgl. Meinhold, Gottfried: Prominente Professoren der Musikhochschule Weimar als Handlanger der DDR-Staatssicherheit. Zwei Fallbeschreibungen mit Dokumentation (1957-1989), Arbeitspapiere des Forschungsverbundes SED-Staat an der Freien Universität Berlin, Nr. 52/2021, S. 41.

Hochschulreform, die für den Durchschlag des Originals benutzt wurden, der in der Studentenakte verblieb. Fatalerweise hatte es die Hochschule versäumt – oder sie hatte sich gescheut –, den Studierenden diese prekäre, höchst peinliche Situation zu erläutern, durch die sie sich genötigt sah, von der Aushändigung eines Diploms Abstand zu nehmen.)

Hier seien nun die wesentlichen Sachverhalte im besonderen Fall H. Johannes Wallmanns konkretisiert: Als nach seinem Examen im 1. Hauptfach, Fagott, 1973 nach fünfjährigem Studium die Regelstudienzeit abgelaufen war und die Exmatrikulation erfolgte, war das Studium im 2. Hauptfach Komposition noch nicht abgeschlossen; die Diplomarbeit, deren Thematik geändert worden war, musste noch eingereicht werden, darüber hinaus waren einige weitere Leistungen zu erbringen, nämlich das öffentliche Konzert mit eigenen Werken und eine mündliche Prüfung in Methodik der Musiktheorie. Deshalb arbeitete Wallmann als Externer (Gasthörer) neben seiner begonnenen Berufstätigkeit als Solofagottist im Orchester des Meininger Theaters auf den Abschluss des 2. Hauptfaches Komposition hin, für ihn das wichtigere Fach, selbstverständlich mit dem Ziel, den Diplomabschluss zu erhalten, den er sich wünschte und der ihm wichtig war.

Der Kandidat Wallmann hatte somit keinerlei Grund, daran zu zweifeln, ein in einem Diplomverfahren agierender Kandidat, eben ein Diplomand zu sein. Von der erwähnten Rechtslage, nach der noch keine angemessene Zertifizierung mit der Verleihung des akademischen Diplomgrades als Diplom-(Musiker usw.) erfolgen konnte, wusste er nichts. Jedoch bestätigte die Hochschule ihm schließlich lediglich das implizierte Staatsexamen und händigte ihm keinerlei Diplom aus – weder das „zusätzliche", vom Kulturministerium empfohlene Diplom, geschweige denn ein dem noch nicht verliehenen Diplomrecht entsprechendes Zertifikat.

Dass die Musikhochschule dennoch für den Durchschlag der Urkunde des Hochschulabschlusses – aus Sparsamkeitsgründen? – die obsolet gewordenen Formulare mit dem Diplom-Aufdruck verwendete, die vor der Hochschulreform dazu gedient hatten, den Hochschulabschluss generell zu zertifizieren, sorgte – wie gesagt – später für Missdeutung und Verwirrung. Dazu trug auch bei, dass sich auf der Kopie – wie auf dem Original – in Wallmanns Fall selbstverständlich die Unterschriften von Rektor Jung sowie vom Hauptfachlehrer Mages und Abteilungsleiter Liebold befanden. Der für das 2. Hauptfach Komposition Zuständige, Günter Lampe, war bei den Unterzeichnern nicht vertreten.

*

Die Manipulationen

Als besonders gravierend in dem Prüfungsgeschehen sind jedoch die nachzuweisenden Manipulationen bei der Leistungsbewertung Wallmanns zu beurteilen. Zur vermutlich politischen Motivation dieses Vorgehens muss man wissen, dass Wallmann als kritischer Kopf – über sein Engagement in der Studentengemeinde hinaus – keinen Hehl aus seiner politischen Gesinnung machte, die von den tonangebenden Ideologen – so vom Prorektor für Gesellschaftswissenschaften, zugleich der in der Lehre für Marxismus-Leninismus zuständige Hochschullehrer, Prof. Dr. Edgar Hartwig – spätestens um 1973 als „staatsfeindlich" charakterisiert wurde.[191]

Dazu hatte sicher auch beigetragen, dass Wallmann einen ihm verliehenen Sonderpreis für die Vertonung dreier Texte des damals bereits politisch in Ungnade gefallenen Dichters Reiner Kunze (!), nicht angenommen hatte, was er – mit eigenen Worten – als einen Akt der Selbstbehauptung und der Anspruchserhebung auf den Berufsweg „Komponist" verstanden wissen wollte (persönliche Mitteilung). Die Nichtannahme des Preises war auch Ausdruck des Protestes gegen die 1972 erfolgte Ablehnung seiner Aufnahme in die Meisterklasse des Komponisten Prof. Johann Cilenšek, damit die Verhinderung eines Zusatzstudiums im Fach Komposition. Dabei hatte es aussichtsreich begonnen: Ein Antrag des Zusatzstudiums war von der Abteilung Komposition und Musiktheorie an den Prorektor Wallraf geschickt worden, der daraufhin am 18. Oktober 1972 bei Cilenšek angefragt hatte, ob ein Antrag zur Aufnahme Wallmanns in seine Meisterklasse möglich wäre, da ein Zusatzstudium „nach den Anweisungen des Ministeriums nur in der Meisterklasse absolviert werden" könne. Cilenšek, mit dem Wallmann schon zuvor darüber gesprochen hatte und der seine „Serenade für 15 Blasinstrumente, Pauken und Schlagzeug" schätzte, signalisierte Wallraf seine Bereitschaft. Er hielt auch die späte Antragstellung für „nicht so tragisch", „falls die Qualität der Kompositionen ausreicht", wovon er jedenfalls überzeugt war. Daraufhin forderte Wallraf Cilenšek auf, Wallmann einzuladen und ihm zu erklären, er möge Unterlagen für „den offiziellen Antrag zur Aufnahme in die Meisterklasse" von Prof. Cilenšek einreichen.[192]

Eine zentrale Jury des Ministeriums für Kultur befand sodann am 4. Dezember1972 über den Antrag. Ihr gehörte neben Cilenšek als Vorsitzendem und neben Kochan, Matthus unter anderem auch der höchst „linientreue" Wolfgang Lesser an, der seit 1968 Erster Sekretär des VDK (Verband der Komponisten und Musikwissenschaftler der DDR) war und seit 1971 Mitglied der Kulturkommission beim Politbüro des ZK der SED sowie bis 1989 Abgeordneter der Volkskammer, ein jüdischer Emigrant und überzeugter Kommunist.

---

[191] Vgl. Knoblauch, Günter / Roland Mey: Defekte einer Hochschulchronik – Die Hochschule für Musik FRANZ LISZT in Weimar – eine Aufarbeitung, Halle (Saale) 2018, S. 85.
[192] [GK] Siehe Studentenakte Wallmann im Archiv der Hochschule für Musik.

War das Motiv die politische Gesinnung Wallmanns?

Diese Jury lehnte Wallmanns Antrag einstimmig ab. Dass hierbei ein politisches Urteil über den Antragsteller eine entscheidende Wirkung erzielt haben musste, da es fachliche Einwände seitens Cilenšeks nicht gab, liegt auf der Hand. Wer das entscheidende Argument gegen die Aufnahme in die Meisterklasse vorbrachte, und warum Cilenšek als Vorsitzender sich offensichtlich nicht für den Studenten stark machte, sondern mit gegen ihn stimmte, wird für immer im Dunkel bleiben. Es musste jedenfalls ein knallhartes Argument gewesen sein, gegen das niemand in der Runde etwas einzuwenden wagte. Die Ablehnung wurde immerhin einstimmig beschlossen. Da günstige Beurteilungen seitens der FDJ und sogar der ML-Abteilung vorlagen, könnte eine politische Intervention von ganz anderer Seite im Spiel gewesen sein, was auch der damalige FDJ-Sekretär der Hochschule, Rüdiger Tietz, annahm.[193]

Die Vermutung liegt nahe, dass Prorektor Hartwig sich mit Lesser kurzgeschlossen und ihm „reinen Wein" über die politische Gesinnung des Studenten Wallmann eingeschenkt hatte. Wallmanns Entscheidung, den Preis für seine drei Kunze-Lieder nicht anzunehmen, konnte jedenfalls dabei noch keine Rolle gespielt haben, weil sie später erfolgte. Sie mochte aber im nächstfolgenden Jahr die höchstwahrscheinlich bestehende politische Aversion einiger Personen der Hochschulleitung und SED-Parteileitung gegen Wallmann als suspekten Studenten bestärkt haben. Sein Kompositionslehrer Lampe hatte ihm davon abgeraten, den Preis nicht anzunehmen, und wurde dazu genötigt, sich von dieser Entscheidung seines Studenten, der darauf beharrte, ausdrücklich schriftlich zu distanzieren. (Es hatte sich um eine Wettbewerbsaufgabe aller Kompositionsstudenten der DDR gehandelt, die aufgefordert waren, sich anlässlich und zu Ehren der Weltfestspiele der Jugend und Studenten in Ost-Berlin im Jahr 1973 an einem Kompositionswettbewerb zu beteiligen.) [194]

---

[193] Vgl. Knoblauch, Günter/Mey, Roland., „Defekte einer Hochschulchronik", S. 85.

[194] [GK] Die Weltfestspiele der Jugend und Studenten (kurz: Weltjugendspiele) sind unregelmäßig veranstaltete internationale Jugendtreffen, die 1947 vom Weltbund der Demokratischen Jugend (WBDJ) ins Leben gerufen wurden. Die teilnehmenden Jugend- und Studierendenverbände sind überwiegend links, oft kommunistisch ausgerichtet. 1973 fanden vom 28. Juli bis zum 5. August die Weltfestspiele ein weiteres Mal in Ost-Berlin statt. In den neun Veranstaltungstagen kamen etwa acht Millionen Besucher mit 25.600 Gästen aus 140 Staaten zusammen. Auf 95 Bühnen gab es Beat- und Rockmusik und Lieder von Singeklubs. Das in einem Preisausschreiben siegreiche Festivallied war: „Die junge Welt ist in Berlin zu Gast, und sie schert sich nicht drum, ob es dem Feinde passt". Stellvertretender Leiter des Organisationskomitees war der Mitarbeiter im FDJ-Zentralrat Wolfgang Berghofer (1986-1990 Oberbürgermeister von Dresden). Aufgrund der zeitlichen Nähe zum Woodstock-Festival in den USA nannten westliche Beobachter die Weltfestspiele 1973 auch das „Woodstock des Ostens". Dahinter stand die größte

Dass Wallmann für drei Liedkompositionen drei Gedichte von Reiner Kunze ausgewählt hatte, der 1968 aus Protest gegen die Niederschlagung des Prager Frühlings aus der SED ausgetreten war, darunter die zwei Texte „einladung zur einer tasse jasmintee" und „zweites gedicht über das fensterputzen", die man mit Fug und Recht als politisch doppelbödig und subversiv betrachten durfte, könnte freilich bei tonangebenden Ideologen der Hochschule zur Steigerung seiner politischen Suspektheit beigetragen haben (obwohl diese Texte sogar in einer Reclam-Ausgabe der Gedichte Kunzes [„Brief mit blauem Siegel"] von 1973 und 1974 in der DDR publiziert worden waren). Doch muss allein schon die Wahl dieses Autors mit Sicherheit bei manchem strengen Wächter über politisches Wohlverhalten als Signal politischer Renitenz gegolten haben.

*

Der Eingriff in das Prüfungsgeschehen – politische Diskreditierung?

Nun zum Prüfungsgeschehen. Die beiden Gutachter Mages und Lampe beurteilten die ihnen als Diplomarbeit vorliegende Untersuchung Wallmanns mit dem Titel „Probleme der zeitgenössischen Musik und die Vorbereitung des Fagottisten auf deren Interpretation" und bewerteten sie mit „gut" (Mages) bzw. „sehr gut" (Lampe). Der Eingriff der Hochschulleitung in Lampes Bewertung der Diplomarbeit ist in der Studentenakte eindeutig dokumentiert. Man hatte am Prädikat „sehr gut" von Lampe Anstoß genommen. Der Direktor für Studienangelegenheiten, Dr. L. Wallraf, forderte in einer „Rücksprache" mit Günter Lampe die Zurücknahme des Prädikats „sehr gut" bzw. eine Bewertung mit „geringer als zwei". Die dies betreffende handschriftliche Eintragung Wallrafs unter dem Begutachtungstext von Lampe lautet: „Nach R.[ücksprache] mit Koll. Lampe [darunter] Note: < 2", unter der Ziffer das Namenskürzel „Wa" für Wallraf. Was schließlich erteilt wurde, war zumindest kein „sehr gut", aber auch nicht weniger bzw. schlechter als „gut", wie es das Kleiner-als-Zeichen – anders als die mathematische Aussage – in diesem Kontext eigentlich verlangte. Vielleicht war schon das ein Wagnis für Lampe. Diese

---

Polizeiaktion seit der Niederschlagung des Volksaufstandes im Juni 1953 und dem Mauerbau 1961. Die Hauptabteilung Kriminalpolizei meldete allein in Berlin und dem märkischen Umland 2073 Festnahmen von „Asozialen", 604 Menschen wurden in psychiatrische Einrichtungen eingewiesen. Circa 1800 Jugendliche wurden in Spezialheime oder Jugendwerkhöfe eingewiesen.
Aus der Bundesrepublik Deutschland fuhr eine Delegation von 800 Teilnehmern zu den Weltfestspielen, unter anderem vom SDAJ (Sozialistische Deutsche Arbeiterjugend – marxistisch-leninistisch orientierter Jugendbund), VDS und MSB (Marxistischer Studentenbund Spartakus) und Koordinierungsgruppe 10. Weltfestspiele (Jusos, DGB-Jugend, Jungdemokraten und andere). Für die Zeit der Spiele wurde der Schießbefehl an der Mauer außer Kraft gesetzt. Quelle: nach Wikipedia, Zugriff 18.03.2023.

erwiesene Prädikatsmanipulation deutet darauf hin, dass im Fall Wallmann aus dem „Hintergrund konspirative Verfolgungsmaßnahmen gesteuert wurden".[195] Wallrafs Aufforderung, das Prädikat zu „korrigieren", ist jedenfalls ein unerhörter Eingriff und stellt – außer der bewusst angestrebten Schädigung Wallmanns – zugleich eine Brüskierung des Gutachters dar, was sich Günter Lampe hätte verbitten müssen. Doch sich gegen dieses Ansinnen zu verwahren, wagte er offenbar nicht, wohl im Wissen um den evidenten politischen Hintergrund, der ihm – wenigstens zum Teil – bekannt gewesen sein musste. Hier deutlich zu widerstreben, hätte für ihn, den Parteilosen, eine hochgradige existenzielle Gefährdung bedeutet.

Einige Zeit zuvor bereits musste jedoch höchstwahrscheinlich auch eine Rücksprache mit Raimund Mages, dem Erstgutachter und Lehrer des 1. Hauptfaches, dessen Gutachten bereits im Februar 1974 vorlag, stattgefunden haben. Anders ist ein gravierendes politisch-ideologisches Urteil über die Diplomarbeit im Gutachtentext des als völlig unpolitisch geltenden, parteilosen Mages, der seinem Studenten Wallmann sehr wohlgesonnen war, nicht zu erklären. Zu Beginn bemängelt Mages in seiner Beurteilung ein Defizit an Klarheit bei Wallmann. Damit nicht genug, schließt der erste Absatz mit der ideologisch pointierten Mahnung: *„Die Wichtigkeit der Grundkonzeption der musikalischen Sprache muß der Komponist dem Volk ablauschen, um in seiner Wiedergabe dem sozialistischen Schaffen und [der!] kommunistischen Gesellschaftsordnung zu dienen. Das hat Wallmann in seiner Arbeit nicht in der ganzen Klarheit erfasst."* Dem sprachlich kritikwürdigen Satz zur „Wichtigkeit der Grundkonzeption der musikalischen Sprache" – mit der politsprachlichen, klischeehaften Phrase vom „sozialistischen Schaffen" und „der kommunistischen Gesellschaft", die Mages von sich aus kaum benutzt hätte – folgt zwar eine abschwächende Feststellung („nicht in der ganzen Klarheit"), dennoch transportieren beide Sätze ein politisch-ideologisches Verdikt. Diese Formulierungen und einige andere im Text des Gutachtens von Mages nehmen sich aus, wie unter Druck verfasst bzw. schriftlich vorgegeben.

Sie enthalten jedenfalls eine dezidierte politische Diskreditierung. Die Aussage hat den Charakter einer – auch in dieser abgemilderten Form – kaderpolitischen Untauglichkeitserklärung in einer Art und Weise, wie sie dazumal in der DDR bei persönlichen Beurteilungen üblich waren. Dass Mages am Schluss des Gutachtens glaubt, „mit gutem Gewissen" das Prädikat „gut" erteilen zu können, war angesichts der erwähnten Einschränkungen zu Beginn vollkommen unstimmig und

---

[195] Vgl. Dr. E. Neubert: Knoblauch, Günter/Mey, Roland, „Defekte einer Hochschulchronik".

mit der massiven ideologischen Beanstandung logisch unvereinbar. Man gewinnt den Eindruck, als hätte Mages sich gegen ein schlechteres Prädikat gesträubt.[196]

*

Handelte der „unsichtbare" Prüfer im Auftrag?

Im Diplomverfahren Wallmanns stand im Mai 1974 nach dem öffentlichen Konzert, dem Diplomkonzert, lediglich noch eine Prüfung aus, und zwar im Fach „Methodik des musiktheoretischen Unterrichts". Neben den vorgesehenen Prüfern Herbert Kirmße, dem Leiter der Abteilung Komposition und Musiktheorie, und Günter Lampe als Wallmanns Kompositionslehrer, agierte – wie schon erwähnt – ein weiterer Prüfer, der Dozent für Komposition Dieter Nowka, der sogar das Prüfungsgeschehen dominierte, dessen Name jedoch auf dem Prüfungsprotokoll neben den vorgesehenen Prüfern Lampe und Kirmße nicht vermerkt ist. Der Kandidat war erschrocken darüber, in welcher Art Nowka – SED-Mitglied – das Prüfungsgespräch an sich riss und führte, so als sei es sein Ziel (vermutlich sein Auftrag!?), gerade weil für das im April stattgefundene Diplomkonzert ein optimales Prädikat („sehr gut") vorlag, eine Minderleistung des Prüflings in diesem Fach nachzuweisen oder ihn vielleicht sogar nicht bestehen zu lassen. Der Kandidat kam schließlich mit der Note „3" – immerhin keiner noch schlechteren Note – davon, die ihn freilich für einen künftigen Hochschulunterricht in Musiktheorie disqualifizierte, so dass er später keine Chance einer entsprechenden Lehrtätigkeit an einer Musikhochschule gehabt hätte, die normalerweise für einen Komponisten die berufliche Finanzierungsgrundlage bildete.

Lampe, der Protokollführer, hatte die Note 1 für das öffentliche Konzert durch Umkreisung auf dem Protokoll besonders hervorgehoben, die Note 3 in Methodik der Musiktheorie demgegenüber in Anführungsstriche gesetzt, die, wie es die sprachliche Funktion dieser Zeichen als Kennzeichnung direkter Rede signalisiert, eine Äußerung – und das wäre hier die Prädikatziffer – ausdrücklich einer bestimmten anderen Person zuordnet. An dieser Stelle wären die Anführungsstriche wohl als ein Signal des Vorbehalts oder einer Distanzierung des Protokollanten zu deuten. [197]

Das Prüfungsergebnis musste dem selbstbewussten Wallmann als eine ungerechte, absichtsvolle fachliche Degradierung erschienen sein. Dahinter stand unverkennbar eine auf die Behinderung späterer Berufstätigkeit als Komponist gerichtete Intention, nämlich – es sei bekräftigt – eine spätere Lehrtätigkeit des Absolventen an einer Musikhochschule im Fach Musiktheorie unmöglich zu

---

[196] Siehe Gutachten von Lampe und Mages in der Studentenakte Wallmann, Archiv der Hochschule für Musik, Weimar, [GK] auch Beitrag Knoblauch: „Ein Diplomzeugnis, das im Nichts verschwand", Dokument 4 und 5.

[197] [GK] Ebd. - Dokument 4 im Buch.

machen. Lampe, daraufhin von Wallmann angesprochen, reagierte, wie Wallmann sich genau erinnert, folgendermaßen:

„Günter Lampe [hat sich] bei mir dafür entschuldigt und mich um Verständnis gebeten, dass er sich gegen mich positionieren und auch – anläßlich meiner Preis-Ablehnung – eine Distanzierung schreiben musste. Er sah seine Existenz gefährdet. Und ich verstand ihn ... Bzgl. der Prüfung hat er mir in die Augen geschaut – mit einer Hilflosigkeitsgeste und ‚Nowka'. [...] Und weil das alles klar war, haben Lampe und ich darüber nicht nochmal geredet." [198]

Kleine Schikanen dieser „renommierten" Institution – oder?

Nach der letzten Prüfung am 21. Mai und dem vorherigen Konzert mit eigenen Werken [„Kammermusik unkonventionell"], am 5. April 1974 – nicht ohne einen Behinderungsversuch durch kurzfristige Vorverlegung des Konzerttermins vom 8. April auf den 5. April – wurde das Zeugnis am 12. Dezember 1974, also erst nach mehr als einem halben Jahr, ausgefertigt. Ausgehändigt bekam es der schon berufstätige Wallmann trotz mehrfacher Nachfragen und Bitten erst im Frühjahr des darauffolgenden Jahres (1975). Man hatte dem Absolventen also eine Wartezeit von etwa einem Jahr zugemutet.

Die lange Zeitspanne zwischen letzter Prüfung und Ausfertigung könnte der Unschlüssigkeit der Hochschulleitung geschuldet sein, welche Art Zertifikat der „Diplomand" erhalten sollte; die weitere Wartezeit zwischen Ausfertigung und Aushändigung des Zeugnisses mutet allerdings an wie eine vorbedachte Drangsalierung, wenn man sie nicht als verwaltungstechnische Säumigkeit tadeln will. Die Eingriffe in die Bewertung von Examensleistungen mochten durchaus – neben der Absicht einer nachhaltig wirkenden Schädigung – psychologisch darauf abzielen, Wallmann zu entmutigen, wenn nicht zu zermürben.

Nachdem seine politische Gesinnung deutlich genug offenbar war, geschah dies ganz in der Art von Vorgehensweisen des Ministeriums für Staatssicherheit der DDR, im Jargon dieses „Organs" Zersetzung genannt – in ähnlicher Weise auch im Verlagswesen der DDR praktiziert, dort intern als Ermüdung von Autoren bezeichnet, die darauf gerichtet war, unerwünschte literarische Projekte bzw. ihre Autoren abzuwehren und zum Aufgeben zu veranlassen.

Statt der erwarteten Diplomurkunde oder sogar einer Diplom-Graduierung wurde Wallmann also lediglich die Urkunde über ein abgelegtes Staatsexamen in der Abt. für Blasinstrumente ausgehändigt. Die Fächer des 2. Hauptfaches Komposition waren unter den sonstigen Prüfungsfächern des ersten und zweiten Hauptfaches sowie des Grundstudiums aufgeführt. Eine Diplomarbeit fand keine Erwähnung, das Prädikat „gut" erhielt als Beurteilung einer „Hausarbeit" seinen Platz.

Als H. Johannes Wallmann bei einer späteren Sichtung seiner Studentenakte als Kopie des ihm ausgehändigten Zertifikats seines Hochschulabschlusses das Blatt

---

[198] Briefliche Mitteilung von H. Johannes Wallmann an G. Meinhold.

mit dem Aufdruck „Diplom" entdeckte, folgerte er, man habe ihm 1974/75 das Diplom-Zeugnis vorsätzlich nicht ausgehändigt und nannte diesen Sachverhalt „Diplombetrug", eine erklärliche Reaktion.[199]

Dass die Duplikate mit dem Diplom-Aufdruck lediglich Durchschläge der Staatsexamensurkunde waren, stellte sich erst nach Recherchen des Direktors des Archivs der Weimarer Hochschule für Musik, Dr. Meixner, heraus.[200]

Es bleibt aber unbenommen, dass Wallmann sich – mit Recht – betrogen fühlte. Schließlich hatte die Hochschule 1973 und danach – das sei bekräftigt – die Ablegung eines Diplomexamens „vorgetäuscht" und dem Studenten gegenüber nichts annulliert oder erklärt. (Es gab jedoch Fälle an der Hochschule, wo Studierenden trotz bestandenen Diplomverfahrens – zum Beispiel in der Schulmusik – eine Verleihung des Diplom-Grades [als Diplom-Lehrer] vorenthalten wurde. Die Hochschule händigte ihnen lediglich eine Urkunde für ein bestandenes Examen aus, wenn sie etwa durchblicken ließen, künftig nicht an allgemeinbildenden Schulen, sondern stattdessen an „Volksmusikschulen" arbeiten zu wollen.)

*

Die HfM eine Elitehochschule? Verdient sie dieses Label?

Es ist nachzutragen, dass Johannes Wallmann bereits in der Frühzeit seines Direktstudiums erleben musste, dass ihm eine besondere Förderung im Fach Komposition bzw. die Erfüllung des Wunsches, Komposition als 1. Hauptfach zu studieren, verweigert worden war, obwohl an seiner eminenten kompositorischen Begabung nicht gezweifelt wurde.

Schon mit dieser Verhinderung erfolgte eine entscheidende Weichenstellung zur Obstruktion; spätere Maßnahmen sollten sich stringent anschließen, so eben auch die erwähnten Vorgänge um den Antrag von 1972 zur Aufnahme Wallmanns in die Meisterklasse von Prof. Johannes Cilenšek, der es nicht gewagt hatte, für Wallmann zu plädieren, obwohl zwei weitere Bewerber aus Weimar, unter ihnen der gleichaltrige Reinhard Wolschina, anstandslos aufgenommen wurden.

Sollte durch solche evidenten Benachteiligungen der Kreativität und künstlerischen Potenz Wallmanns Schaden zugefügt werden? Dieser Verdacht

---

[199] [GK] Darauf basierte auch die Veröffentlichung unter den Titel „Ein Diplomzeugnis, das im Nichts verschwand" in Defekte einer Hochschulchronik, von Knoblauch/Mey, Mitteldeutscher Verlag 2018.

[200] [GK] Ich hatte Meixner im Juni 2016 auf Auffälligkeiten beim Staatsexamen als auch der Diplomurkunde hingewiesen (Dokumentenvergleich) und bereits vermutet, dass hier mit dem damals üblichen Blaupapier (zur Erstellung von Kopien – Kopierer gab es noch nicht) das Staatsexamen und möglicherweise im gleichen Erstellungsvorgang, mittels Blaupapiers, eine Diplomurkunde erstellt wurde. Siehe: Ein Zeugnis das im Nichts verschwand - Dokument 17.

lässt sich nicht entkräften. Dass es trotzdem nicht gelang, H. Johannes Wallmanns künstlerische Produktivität dauerhaft zu beeinträchtigen – womöglich aber temporär –, zeugt von der Stärke seines Willens zum künstlerischen Schaffen und von seiner eminenten geistigen Widerstandskraft und Souveränität.

Spätere Entwicklungsschritte (Meisterklasse Goldmann, diverse Auszeichnungen – noch in der DDR) bezeugen eine Entfaltung von Wallmanns kompositorischer Kreativität – und auch seine Anerkennung, allem zum Trotz.

Um die Annahme zu erhärten, dass bei den beschriebenen obstruktiven Handlungsweisen – nicht nur der Hochschule – eine politische Motivation in Betracht zu ziehen ist, seien noch einige weitere Beweise oder Indizien angeführt. Wallmanns systemkritische politische Gesinnung sowie auch sein kirchliches Engagement als Vertrauensstudent der evangelischen Studentengemeinde waren – wie erwähnt – der Hochschulleitung bekannt und hochverdächtig.

Ein Zeitzeuge offenbart sich – Respekt!

Durch die Zeitzeugenäußerung des damaligen FDJ-Sekretärs der Hochschule für Musik, Rüdiger Tietz, der 2007 seine Erinnerung daran niederschrieb,[201] ist belegt, dass Prof. Hartwig, Marxismus-Leninismus-Lehrer und Prorektor, geäußert habe, die Hochschulleitung sei der Meinung, Wallmann stände „auf staatsfeindlichen Positionen" und nähme „in diesem Sinne gefährlichen Einfluß auf Kommilitonen".

Die im Entstehen begriffene Diplomarbeit eines Studienkollegen und Freundes von Wallmann, Lothar Bohmann, wurde von Hartwig, unter anderem auch mit Hinweis darauf, sie enthalte Gedankengut seines Freundes Wallmann, im Juli 1974 zurückgewiesen (handschriftliche Mitteilung von Lothar Bohmann an Johannes Wallmann vom 10. Juli 1974, im Besitz von Wallmann; siehe kompletten Text in „Defekte einer Hochschulchronik", Seite 37). Bohmann absolvierte später mit einer anderen Arbeit ebendieses fragwürdige „Diplomverfahren", erhielt aber wie Wallmann nur ein Zertifikat für das implizierte „Staatsexamen", was ohne weiteres aus der verschobenen Position der Schrifteintragungen auf dem obsoleten Diplomformular als Duplikat [Durchschlag] in seiner Studentenakte zu schließen ist.

Das MfS wird gegen Wallmann „aktiv"

In der Zeit nach dem Studienabschluss ließ das Ministerium für Staatssicherheit der DDR Wallmann observieren, und zwar, so die Aussage der Akten, eindeutig mit der Absicht, Tatbestände zu eruieren, die seine geplante Inhaftierung rechtfertigen sollten, und zwar im Hinblick auf Straftatbestände des § 107 (verfassungsfeindlicher Zusammenschluss) und § 99 (landesverräterische Nachrichtenübermittlung) des StGB der DDR sowie §§ 218/219 StGB

---

201 [GK] siehe Ausgabe 2018 - Die Causa Wallmann, Dokument 14.

(Zusammenschluss zur Verfolgung gesetzwidriger Ziele sowie ungesetzliche Verbindungsaufnahme). Einiges deutet darauf hin, dass sich die Staatssicherheit durch Wallmanns Gründung der „Gruppe Neue Musik Weimar", die er von 1976 bis 1985 leitete, zu besonderer Observation veranlasst sah. In diesem Zusammenhang wurde 1979 eine Postkontrolle der Staatssicherheit gegen ihn eingeleitet. Es wäre noch, weil naheliegend, zu ermitteln, ob diese Intention des MfS nicht einen Vorlauf hat, der bis in seine Studienzeit zurückreicht. Was Unterlagen der Kriminalpolizei (K1) betrifft, die die Weimarer Studentengemeinde im Visier hatte, so ist allerdings mit weitgehender Aktenvernichtung zu rechnen. (Siehe Neubert[202] bei Knoblauch und Mey, Defekte einer Hochschulchronik, S. 83/84)

Das Ziel der Observation von Johannes Wallmann durch das MfS betraf auch ausdrücklich seine musikalisch-künstlerische Orientierung: *„Inhalt und Ausdruck der Kompositionen des Wallmann lassen eine negative und staatsfeindliche Thematik und Zielstellung vermuten."* Um dies zu bestätigen, bemühte sich das MfS seit 1977 um „Experteneinschätzungen". (Die faksimilierten MfS-Dokumente, aus denen hier zitiert wird, siehe Knoblauch und Mey, Buchausgabe 2018, S. 74 f.)

Der Makel der HfM – besteht er weiter?

Für die heutige Hochschule für Musik Weimar als eine zur moralischen Haftung verpflichtete Rechtsnachfolgerin jener Hochschule, unter deren Unrechtsaktionen und Schikanen H. Johannes Wallmann zu leiden hatte, wäre es unerlässlich gewesen, mit aller Kraft dazu beizutragen, den Unrechtscharakter des Geschehenen zu erkennen, ihn zu verdeutlichen und zu bedauern. Zumindest hätte eine moralische Rehabilitierung erfolgen können, wie sie an anderen Thüringischen Hochschulen in den 1990er Jahren in größerer Zahl geleistet wurde.

Nur in einem Fall, bei dem Dozenten Hermann Gerber, ist dies offenbar – nicht ohne Widerstand des Senats – geschehen. Die Universität Jena hatte betroffene ehemalige Studierende in vergleichbaren Fällen schon in den frühen neunziger Jahren für politisch motivierte Restriktionen, Drangsalierungen oder Exmatrikulationen um Verzeihung gebeten oder versagte Diplome rehabilitationis causa ausgefertigt und überreicht, so bei Lutz Rathenow.

Einem 92jährigen ehemaligen Mitglied der Universität, Dr. Leopold Hartmann, wurde auf der Grundlage seiner 1956 aus politischen Gründen verworfenen Habilitationsschrift eine nachträgliche Habilitation zuteil. Die Hochschule für Musik FRANZ LISZT in Weimar wäre gut beraten gewesen, noch um 2006, als sie dem

---

[202] [GK] Hildigund Neubert war Mitglied der DDR-Opposition und Politikerin (CDU). Von 2003 bis 2013 war sie Landesbeauftragte des Freistaats Thüringen für die Unterlagen des Staatssicherheitsdienstes der DDR. Von November 2013 bis Dezember 2014 war Neubert Staatssekretärin in der Thüringer Staatskanzlei.

Landesamt für Familie und Soziales Auskunft über den Studenten Johannes Wallmann zu geben hatte, seine Rehabilitierung mit Ehrlichkeit und aller Kraft zu betreiben. Dass dies nicht geschah und auf welche Weise es versäumt wurde, gereicht der Hochschule mit Sicherheit nicht zur Ehre.

Der von H. Johannes Wallmann benutzte Begriff des Diplombetruges bedarf nach Berücksichtigung aller bisherigen Fakten einer Ergänzung und Erweiterung: Betrogen durften sich alle Studierenden fühlen, die in der Zeit zwischen 1970 und 1976 eine Diplomurkunde als Abschlussdokument trotz einer ordnungsgemäß bewerteten Diplomarbeit nicht ausgehändigt bekamen oder bekommen konnten, sondern die stattdessen nur die für die Zertifizierung des Hochschulabschlusses (Staatsexamen) übliche Urkunde erhielten. Es wäre allerdings die Pflicht der Hochschulleitung in den Jahren nach 1989/90 gewesen, solche Vorgänge ausfindig zu machen, sie öffentlich zu bekennen und Betroffene um Verzeihung zu bitten, auch wenn das Geschehen in diesem Fall nicht durch politische Motive verursacht war. – Dass es H. Johannes Wallmann gelungen ist, trotz aller Widrigkeiten vor allem nach seiner Ausreise aus der DDR ein musikalisches Œuvre von musikgeschichtlicher Relevanz zu schaffen, ist mehr als ein Glücksfall, es ist ein Zeichen geistiger, künstlerischer Unbeugsamkeit.

*

Verletzt die HfM ihre Sorgfaltspflicht bis zum heutigen Tag?

Leider hatte allerdings die beschriebene politisch motivierte Erbärmlichkeit lange nach der Revolution von 1989 und dem Ende der DDR noch ein unwürdiges Nachspiel. Als der Komponist H. Johannes Wallmann 2006 einen Antrag auf berufliche Rehabilitierung an das Landesamt für Soziales und Familie in Suhl stellte, holte diese Dienststelle eine Auskunft bei der Musikhochschule Weimar ein, die der damalige Leiter der Abteilung für akademische und studentische Angelegenheiten, Hoffmann, erteilte. Er war ehemalige Lehrkraft für Marxismus-Leninismus und seit September 1989 letzter von der SED eingesetzter Direktor für studentische Angelegenheiten an der Hochschule. Nach der Abwicklung wurde Hoffmann in der Hochschule als Direktor des Amtes für akademische und studentische Angelegenheiten weiterbeschäftigt (!). Höchstwahrscheinlich wurde auf seinen Antwortbrief hin der Antrag Wallmanns auf Rehabilitation abschlägig beschieden.

Aus diesem Brief Hoffmanns vom 4. Mai 2006 an das Landesamt für Soziales und Familie geht hervor, dass der Unterzeichner nicht an der Existenz einer Diplomarbeit und der ordnungsgemäßen Absolvierung des Diplomverfahrens Wallmanns zweifelte. (!) Jedoch wusste er offensichtlich nichts von der Situation an der Hochschule in den Jahren vor der Verleihung des Diplomrechts. Er nahm sogar dementsprechend fälschlicherweise an, es sei am 12. Dezember 1974 eine Wallmann zustehende Zertifizierung durch ein „Diplomzeugnis [...] ausgefertigt" worden. Doch was die Hochschule am 12. Dezember 1974 ausfertigen ließ, war nur die Urkunde über ein abgelegtes Staatsexamen – was der Abteilungsleiter entweder nicht wusste oder in seinem Brief an das Landesamt verschwieg. Für den Briefschreiber war es also plausibel, dass Wallmann ein tatsächlich für ihn ausgefertigtes Diplom-Zeugnis erhalten haben musste bzw. dass er ein Diplomzeugnis hätte erhalten müssen. Er ging somit von der Absolvierung eines Diplomverfahrens aus.) Allerdings widerspricht er sich wenige Zeilen später auf peinliche Weise, indem er trotz im Hochschularchiv vorhandener gegenteilig lautender Dokumente behauptet, für externe Studierende (wie Wallmann) sei das Ablegen von Prüfungen gar nicht möglich gewesen. Diese Behauptung zeugt von erheblicher Unkenntnis der Sachlage. Das Landesamt war freilich offenbar nicht in der Lage oder nicht willens, diesen flagranten Widersinn zu erkennen und eine revidierte Recherche zu verlangen. Die evidente Benachteiligung des Studenten durch die Unterbewertung von Prüfungsleistungen erwähnte Hoffmann mit keinem Wort. Obwohl sie in der Studentenakte dokumentiert war, hatte er sie nicht wahrgenommen.

Diese irreführende, lückenhafte und stellenweise falsche „Auskunft" eines Angehörigen der Hochschulleitung aus dem Jahr 2006 zeugt zumindest von einer flagranten Verletzung der Sorgfaltspflicht.
Sein Brief dürfte vermutlich dazu beigetragen haben, dass das Landesamt für Soziales und Familie den Antrag von H. Johannes Wallmann auf berufliche Rehabilitierung abschlägig beschied   für ihn ein Schaden von erheblichem Ausmaß.

Der Fall H. Johannes Wallmann ist ein exemplarischer, paradigmatischer Fall, der tief blicken lässt – hinab in das enge Netz ideologischer Strangulierung und eines mehr oder weniger subtilen politischen Terrors, der, gegen die Freiheit künstlerischer Kreativität gerichtet, angetan war, geistige Entflammbarkeit und Schaffenskraft zu schädigen, vom kunstphilosophischen Format und von strukturtheoretischen Problemen musikalischer Phänomene ganz zu schweigen.
Um so mehr strahlen die Beispiele der Unerschrockenheit, Standhaftigkeit und des Trotzes derer, die dem Druck nicht erlagen. Sie sind allemal Quellen begründeter Hoffnung – erst recht nach dem Ende von Diktaturen. Das sollte hinreichend zur weiteren historiographischen Erschließung von Repressionsszenarien zuzeiten der SED-Diktatur motivieren, unter denen auch das Musikschaffen in der DDR zu leiden hatte – mit Nachwirkungen letztlich bis heute.

* * * * *

Prominente Professoren der Musikhochschule Weimar als Handlanger der DDR-Staatssicherheit
Prof. Meinhold

Eine Anmerkung von G.Knoblauch zur Publikation von Prof. Meinhold

Gottfried Meinhold

Prominente Professoren der Musikhochschule Weimar als Handlanger der DDR-Staatssicherheit

Zwei Fallbeschreibungen mit Dokumentation (1957–1989)

Arbeitspapiere
des Forschungsverbundes SED-Staat an der Freien Universität Berlin
Nr. 52/2021

Die Ergebnisse der Recherche von Prof. Meinhold wurden bereits 2021 veröffentlicht.[203] Sie ergänzen und belegen Vorwürfe gegen die HfM der vergangenen Jahre. Publikationen der HfM, im Sinne seiner Entkräftung der Vorwürfe, sind uns nicht bekannt. Warum auch immer diese *Lücken* immer noch vorliegen: Sie bestätigen, die von verschiedenen Seiten immer wieder erhobenen Vorwürfe, die HfM weigere sich, ihre Vergangenheit als Ganzes anzunehmen, sie beschränke sich aufs „cherry picking".

Deshalb ist es uns wichtig, auf die Ergebnisse der Arbeit Meinholds hinzuweisen. Ein Nachdruck würde allerdings den Rahmen dieser Publikation sprengen. Die bis heute, als Folge einer von der HfM nicht aufgearbeiteten Vergangenheit, existierenden *Aggressionen* im Spannungsfeld *Täter und Opfer* lassen sich auch für Außenstehende gut nachempfinden.

Peter Rompf und ich waren uns einig, dass wir sowohl das Vorwort als auch die Vorbemerkung zum Arbeitspapier des Forschungsverbundes Nr. 52/2021" von Meinhold ungekürzt übernehmen.

Peter Rompf stellt Meinholds Vorwort und seinen Vorbemerkungen eine Rezension voran.

---

[203] Arbeitspapiere des Forschungsverbundes SED-Staat der Freien Universität Berlin, ZdF 52/2021, 173 Seiten.

Peter Rompf

Versuch einer Annäherung an

„Prominente Professoren der Musikhochschule Weimar als Handlanger der DDR-Staatssicherheit" von Gottfried Meinhold

Was hat IMS "Otto'" mit einer Untersuchung über den Liedschatz bei Vier- und Fünfjährigen zu tun, was hat IM "Meiler" mit einem "Komponisten-Streichquartett" aus den USA zu tun, und was eigentlich verbindet diese Professoren-IM der HfM "Franz Liszt'" mit deren Namensgeber?

Welche Rolle spielte dabei das MfS und dessen Offiziere?

Prof. Dr. Gottfried Meinhold begab sich im Laufe seiner Recherche zur jüngeren Geschichte der HfM "Franz Liszt" Weimar in die Abgründe des Staates DDR und seiner geheimdienstlichen Helfershelfer, die mit speziellem Auftrag, oft aber auch aus eigenem Antrieb mit sich selbst überholender Freiwilligkeit die ihnen anvertrauten Studenten, jedoch auch Kollegen hinsichtlich ihrer Gesinnung oder sogar - in diesem Fall - Personen in Politik und auf diplomatischer Ebene auszuspähen und zu denunzieren an die skrupellose Staatsmacht, hier die SED mit ihrem "Schild und Schwert', dem MfS, an deren Messer lieferte und somit Karrieren schon vor ihrem Beginn zerstörte.

Dass sich auch Professoren der "Schönen Künste' in ganz und gar unästhetischer Weise an ihren Schutzbefohlenen, den Musikstudenten, nicht nur ideologisch vergingen, wird in diesem Buch anhand der Stasi-Aktenlage nachvollzogen, den nachfolgenden Generationen hoffentlich zum Nutzen und Frommen und als Mahnung, aus der jüngsten Vergangenheit resultierende Begebnisse bedrückender Art zu beherzigen.

Denn nicht selten endete diese skrupellose Machtausübung über junge Menschen, die diesen Professoren zur (nicht nur musikalischen) Ausbildung und Formung überantwortet wurden, im Stasi-Knast. Meist wegen unbotmäßigen Einsatzes eigener Denkprozesse im Gegensatz zur täglich verkündeten Wahrheitslehre des Marxismus und somit zur Doktrin der SED-Machthaber.

Meinholds Buch ist ernüchternd und aufklärend, ein transparenter Text über einen Dschungel der Verstrickungen bis in das Jahr 1989, Realien, die landläufig gern vergessen werden, weil sie schaudern machen. Und darüber hinaus ein Spiegel gegen das Vergessenwollen sind, auch und vielleicht wegen seiner so vielschichtigen Ambivalenz der jeweiligen Handlungen und Personen.

Fast könnte man aufgrund der bisherigen Verhaltensweisen der Nachfolger in Weimar meinen, Meinhold sei der Nestbeschmutzer schlechthin, der in der Lage ist, Jubelfeiern zu vermiesen, die "schöne heile Welt" der DDR-Wohlfühl-Nische zu vergrämen.

Ein "Externer" aus Jena widmete sich einem aufwändigen Aktenstudium, um der HfM Weimar fatale Geschehnisse ihrer Vergangenheit und Verstrickungen bei angesehenen Hochschullehrern wenigstens partiell aufzuzeigen, wozu diese HfM von sich aus offensichtlich nicht in der Lage war und ist.

Es ist ein wichtiges Buch, ein aufregendes Buch, ein rares Buch voller trauriger Wahrheiten, das ich dringend denen zum Studium empfehlen will, die auch heute Verantwortung vor Ort zu tragen haben.

Auszüge aus: Gottfried Meinhold, [204]

Prominente Professoren der Musikhochschule Weimar als Handlanger der DDR-Staatssicherheit

Vorwort zur Publikation „Prominente Professoren der ...

Diese Studie über zwei Professoren der Musikhochschule Weimar – beide waren sehr erfolgreich in wissenschaftlichen Fächern tätig – beansprucht nicht nur zeitgeschichtliches Interesse, etwa für das Charakterbild der deutschen sozialistischen Diktatur und die Wirkung ihrer Fangarme. Es deutet sich in besonderem Maße eine allgemein menschliche Dimension an, die unter der Oberfläche der gegebenen Faktizität auszuloten wäre. Wird doch sehr Prinzipielles angesprochen, nämlich die schizoide psychische Disposition des von der historischen Turbulenz des Lebens in einer Diktatur überforderten Menschen, der auf kürzestem Wege mit der Verpflichtung zu geheimdienstlicher Zuarbeit zum Übeltäter werden kann, obwohl Kultiviertheit – zudem der geistige Raum der musikalischen, akademischen Bildung – sein moralisches Immunsystem gegen die Versuchung schändlicher Hörigkeit gegenüber einer Despotie feien sollte. Das 20. Jahrhundert bietet – mehr als andere Zeitalter bisher – ein vielfältiges Panoptikum solch fataler Beispiele. In unserem Falle kommen Besonderheiten hinzu, die es rechtfertigen, gerade diesen Exempeln – und dem geistigen, politischen Milieu, dem sie angehörten – volle Aufmerksamkeit zu widmen, zumal die Berichterstattung beider Personen auch der Hochschulgeschichtsschreibung als aufschlussreiche, sogar verlässliche Quelle dienen kann. Die Darstellung stützt sich dabei auf ein relativ umfangreiches Corpus von MfS-Akten aus dem Bestand des BStU und verzichtet fast vollständig auf hochschuleigene Personalakten sowie SED-Parteiakten, mit deren Unvollständigkeit ohnehin zu rechnen ist.

Für die archivalische Aufbereitung und viele helfende Gespräche in Detailfragen bin ich Frau Cordula Kamm in der Außenstelle Gera des Bundesbeauftragten für die Unterlagen des Staatssicherheitsdienstes der DDR zu besonders herzlichem Dank verpflichtet. Gleicherweise erfuhr ich dankenswerte archivalische und beratende Unterstützung durch Herrn Dr. Christoph Meixner, den Leiter des Thüringischen Landesmusikarchivs und des Archivs der Hochschule für Musik „Franz Liszt" Weimar.

Vorbemerkung zur Publikation „Prominente Professoren der HfM

Die Weimarer Hochschule für Musik „FRANZ LISZT" war zuzeiten der SED-Diktatur durchaus kein Areal, dem politischer Druck, Erpressung und misstrauische ideologische Überwachung durch die SED und geheimdienstliche Mitarbeiter erspart geblieben wäre. Im Gegenteil: Die sozialistischen Ideologen blickten auf die Kunst und diejenigen, die sie betrieben, die Künstler, auch die Schriftsteller,

---

[204] Arbeitspapiere des Forschungsverbund SED-Staat der FU Berlin, ZdF 52/2021, S. 1-3.

zweifellos mit einem Generalverdacht potenzieller Dissidenz als begleitendem Hintergedanken. (Noch in den späten achtziger Jahren wurde den Kandidaten des Schriftstellerverbandes der DDR zugemutet, sich per Unterschrift auf die Anerkennung der „führenden Rolle der Arbeiterklasse und ihrer Partei", der SED, einschwören zu lassen. Im ersten Absatz des Statuts des Schriftstellerverbandes hatten sich die Schriftsteller „zu den Grundsätzen des sozialistischen Realismus" zu „bekennen".) Die von der Diktatur aufgenötigte geistige und politische Hörigkeit wurde freilich von vielen Personen gerade dieses Metiers, wohl sogar von den meisten, unterlaufen oder ignoriert.

Dennoch: In der Musik machte sich erstaunlicherweise nicht erst in den achtziger Jahren eine gewisse Toleranz gegenüber der Moderne – die nichts mit sozialistischem Realismus zu tun hatte – bemerkbar, was in den fünfziger und sechziger Jahren undenkbar gewesen wäre. Immerhin hatte noch 1963 ein Mitglied des Lehrkörpers der Weimarer Musikhochschule, der Professor für Psychologie und Pädagogik, Paul Michel, seit 1951 an der Hochschule tätig und seit 1957 dem Ministerium für Staatssicherheit (MfS) zu inoffizieller Zusammenarbeit verpflichtet, die Zwölftonmusik Arnold Schönbergs in einer für das MfS angefertigten Analyse von musikalischen Neuerscheinungen in der Bundesrepublik als dekadent disqualifiziert. (S. Dok. O.5, pag. 75.) Reichlich zehn Jahre später freilich waren Studium und Anwendung der Dodekaphonie im Kompositionsstudium an der Weimarer Hochschule eine Selbstverständlichkeit.

Die Neigung von Kunststudenten zu geistiger Insubordination und politischer Aufmüpfigkeit oder auch Gleichgültigkeit bot der in den fünfziger Jahren sich entfaltenden Staatssicherheit der DDR genügend Anlass, künstlerische Bildungsstätten ins Visier zu nehmen. Es verwundert dabei, dass dies – im Vergleich zu den größeren Hochschulen, zumal zu den Universitäten – zunächst mit geringer Intensität und relativ spät geschah. Bei dem erwähnten Prof. Dr. Paul Michel, einem besonders markanten Fall geheimdienstlicher Tätigkeit an der Weimarer Hochschule für Musik, ließ die Staatssicherheit sechs Jahre vergehen, bevor sie ihn als Geheimen Informator (GI, später IM bzw. IMS) verpflichtete. Welche Vorgänger er hatte und wie dicht das Netz der Inoffiziellen Mitarbeiter (IM) an der Hochschule später war, ist bis heute unerforscht geblieben. Die beiden exemplarischen Fälle, die hier vorzustellen sind, Prof. Dr. Paul Michel für die Zeitspanne von 1957–1979/80 sowie Prof. Dr. Karl-Heinz Köhler vom Beginn der achtziger Jahre an bis zum Umbruch von 1989, sind vor allem wegen des großen Radius ihrer Berichterstattung aufschlussreich. Sie agierten sowohl im engeren Umkreis der Hochschule als auch auf dem internationalen Feld ihrer scientific community, sogar – bei Köhler – bis hinein in die diplomatischen Kreise von Botschaften. Internationale Verbindungen aller Art im Auge zu haben, gehörte zu den besonders ehrgeizigen Intentionen der Dienststellen des MfS. Das erweist sich deutlich im

Falle Karl-Heinz Köhlers, der 1979 von der Ost-Berliner Staatsbibliothek an die Weimarer Hochschule übergewechselt war und vor allem wegen seiner internationalen Verbindungen – als Direktor der Musikabteilung der Staatsbibliothek – 1976 von der Berliner Bezirksdienststelle des MfS als IM verpflichtet wurde. (Die MfS-Dienststellen des Bezirkes Erfurt hatten freilich erst ein bis zwei Jahre nach seinem Tätigkeitsbeginn an der Musikhochschule Weimar ein besonderes Interesse an seiner Mitarbeit entwickelt – wahrscheinlich auf Hinweise aus der Berliner MfS-Zentrale hin.)

Dass die Weimarer Hochschule den hier vorgestellten Fällen bisher nicht nachgegangen war, bedarf wohl einer besonderen Erklärung. Sichtet man den historiographischen Versuch von Wolfram Huschke (Zukunft Musik – Eine Geschichte der Musikhochschule Weimar) so nimmt es wunder, dass ausgerechnet in der so wichtigen Zeitspanne der sozialistischen Diktatur, die der Autor großenteils vor Ort miterlebt hat, merkwürdige Lücken blieben, nicht nur bezüglich markanter politischer Repressionsfälle, sondern auch generell, und zwar ausgerechnet die Zusammenarbeit von Mitgliedern der Hochschule oder Studierenden mit dem Ministerium für Staatssicherheit der DDR betreffend.

Die Arbeit von höheren Bildungseinrichtungen der DDR ist ohne diese höchste Instanz staatlicher Überwachung – als „Schild und Schwert" der SED – nicht denkbar. Die Überwachungstätigkeit der Staatssicherheit und ihre Auswirkungen waren jedoch für Huschke, womöglich auch generell im Erneuerungsprozess an der Weimarer Musikhochschule kein Thema. Dies mutet besonders deshalb merkwürdig an, weil Informationen aus den Akten der Dienststellen des Ministeriums für Staatssicherheit sogar schon vor dem Inkrafttreten des Stasi-Unterlagen-Gesetzes am 29. Dezember 1991 für die Evaluationsprozesse erreichbar waren. Eine systematische, gründlichere Erforschung der IM-Tätigkeit an Hochschulen und Universitäten konnte allerdings erst nach 1991 einsetzen.
Für die Nutzung von Akten der Musikhochschule ist die Lage bis heute problematisch: Wichtiges archivalisch zu sicherndes, womöglich aufschlussreiches Schriftgut ging durch vorschnelle, radikale Entsorgung von Ablagen in der Zeit vor der Vereinigung, aber auch noch danach verloren. Personalakten haben zudem durch das Gesetz des Kabinetts Modrow von Ende März 1990, die Überführung der Kaderakten in Personalakten betreffend, mit der Möglichkeit, Personalbögen und Lebensläufe zu ersetzen und politisch relevante Schriftstücke auszusondern, an Wert eingebüßt.

Seit der im Oktober 1995 erfolgten Gründung des Hochschularchivs (während des Rektorats von Wolfram Huschke) erfährt das noch vorhandene DDR-Quellenmaterial eine Betreuung auf der Basis archivrechtlicher Bestimmungen. Dass MfS-Überlieferungen eher gemieden wurden, anstatt gezielt herangezogen zu werden, ist schon als ein Defizit historisch-politischer Gewissenhaftigkeit zu beurteilen, wofür bei Huschke ein interessantes Indiz nachzulesen ist: Ihm erschien es unbegreiflich, dass der Senat der Hochschule in einem der eklatantesten Fälle politischer Drangsalierung und Entlassung aus politischen Gründen noch 1990 nicht bereit war, sich bei Professor Dr. Hermann Gerber für angetanes Unrecht zu entschuldigen sowie das Hausverbot und das Kontaktverbot mit Studenten von 1981 endlich aufzuheben, oder gar Hermann Gerber in aller Form moralisch zu rehabilitieren.

Der Senat von 1990 habe, so Huschke, Gerbers Motive „desavouiert" und eine „institutionelle Mitschuld abgelehnt". (Huschke, 2006, S. 477 [205]) Der Grund: Es handelte sich um jenen Senat, den Diethelm Müller-Nilsson, der immer noch weiter amtierende, von der SED installierte Rektor, „eingesetzt" hatte, dessen Mitglieder also aus keiner freien, geheimen Wahl hervorgegangen waren. Erst der gewählte Rektor Wolfgang Marggraf hatte – aber immerhin schon 1991 – in einem Schreiben an Hermann Gerber die Rehabilitierung erklärt und das politisch begründete Unrecht, das Gerber an der Hochschule widerfahren war, bestätigt und dafür um Verzeihung gebeten. (S. Anhang, Rehabilitierungsschreiben von Wolfgang Marggraf vom 24. Oktober 1991.)

Dass man der Hochschule den Vorwurf eines Mangels an Energie und Konsequenz beim Prozess der Erneuerung nicht ersparen kann, davon zeugt die Entscheidung, einen ehemaligen ML-Mitarbeiter, der noch von der SED als Direktor für Studienangelegenheiten eingesetzt worden war, an der Hochschule zu halten, und zwar – wohl während des Rektorats von Wolfgang Marggraf – sogar als Leiter der „Abteilung akademische und studentische Angelegenheiten". Immerhin war diese Person auch für Auskünfte in Rehabilitationsfragen zuständig, und dergleichen geschah im Fall des Komponisten H. Johannes Wallmann im Jahre 2006 (!) in einem Schreiben an das Landesamt für Soziales und Familie in Suhl mit solch irreführender Unzulänglichkeit, dass man ein Scheitern von Wallmanns Antrag auf berufliche Rehabilitierung beim Landesamt durchaus in Verbindung mit diesem Antwortschreiben der Hochschule sehen kann.

Solche Erscheinungen geben zu denken – auch im Hinblick auf einen Mangel an Entschlossenheit, sich einer gründlichen Aufarbeitung der Geschichte der eigenen Hochschule zu widmen, ein Vorwurf, der viele, sogar die meisten Hochschulen der ehemaligen DDR betrifft (s. Hechler und Pasternack, 2013).

Die beiden sehr interessanten Fälle einer Zusammenarbeit zwischen Mitgliedern des Lehrkörpers der Hochschule für Musik zu Weimar und dem Ministerium für

---

[205] Wolfram Huschke, Musikpädagoge, war von 1993-2003 Rektor der HfM, Autor von „Zukunft Musik - eine Geschichte der HfM", Böhlau Verlag, 2006, Wien/Köln/Weimar.

Staatssicherheit der DDR bilden womöglich nur die Spitze eines Eisberges, nämlich – vielleicht besonders dominante – Teile eines geheimdienstlichen Netzes, wie an Universitäten und größeren Hochschulen üblich. Beide Fälle hätten schon ein Vierteljahrhundert früher, nämlich in den neunziger Jahren ausfindig gemacht und nach eingehender Kenntnisnahme der IM-Akten historiographisch dargestellt werden können – wenn es eine starke Intention der Aufarbeitung von SED-Unrecht an der Musikhochschule gegeben hätte. Die Verstrickung Köhlers war ein offenes Geheimnis, und die Akte von Michel – der allerdings schon 1985 verstorben war – hätte zur Verfügung gestanden.

Die Situation an der Hochschule war bereits vor 1957, als Paul Michel erst als GI, später IM bzw. IMS „Otto" vom MfS verpflichtet wurde, in den Fokus von SED und Staatssicherheit geraten, sicherlich durch den politischen Skandal einer unerlaubten Demonstration der Studenten der Musikhochschule am 2. Mai 1956 verursacht. Die Demonstration, an der sich auch zwei Mitglieder der Hochschulparteileitung der SED beteiligten, richtete sich gegen ein Konzert des Sängers Herbert Roth aus Suhl mit seiner kitschigen Pseudofolklore-Gruppe in Weimar. Hochschulleitung und SED-Kreisleitung wurden daraufhin streng getadelt; Ablösungen drohten. Die ungenehmigte Demonstration wurde als „ungesetzlich" beurteilt, sie „half den Gegnern unseres Staates", war eine „Provokation gegen den Arbeiter-und Bauern-Staat und gegen die bewaffneten Kräfte" (Huschke 2006, S. 388).

Zudem mochte es schon seit längerem ein wachsendes Misstrauen gegenüber den Einflüssen der beiden Kirchen an der Hochschule gegeben haben, insbesondere im Hinblick auf die Aktionen der evangelischen Kirche. (Zu dieser Zeit war der Studentenpfarrer Georg-Siegfried Schmutzler in Leipzig zu fünf Jahren Zuchthaus verurteilt worden.)

Die Gründe für die Anwerbung eines Inoffiziellen Mitarbeiters in hoher Position an der Musikhochschule lagen also auf der Hand. Zumindest schreibt der spätere Führungsoffizier in seinem „Vorschlag zur Anwerbung eines geheimen Informators" vom 27.9.1957 zum „Grund der Anwerbung" von Paul Michel, an der Hochschule für Musik bestände noch keine GI-Gruppe und „die vorhandenen GI können als GHI [Geheimer Hauptinformator, G.M.] nicht verwendet werden". (Mi. 1, pag. 16) Es gab demnach dringenden Handlungsbedarf.

Jena, im November 2020,
Gottfried Meinhold

Peinliche Defekte in der Aufarbeitung der DDR-Vergangenheit an der Hochschule für Musik FRANZ LISZT in Weimar

von Roland Mey

Weimarer Variation: Alles ist möglich.

Eine Vorbemerkung zu Roland Mey von Günter Knoblauch

Herrn Roland Mey gebührt das Verdienst, sich seit vielen Jahren dafür engagiert zu haben, dass die HfM sich mit ihrer DDR-Vergangenheit und ihren Versäumnissen nach 1989 auseinandersetzt. Dabei macht man sich nicht unbedingt Freunde, wenn man am Bild einer „Institution mit Tradition" kratzt. Wobei das Wort Tradition, je nach *gesellschaftspolitischer* Position des Sprechers, offenbar unterschiedlich ausgelegt wird.

Das zeigte sich auch bei den Reaktionen auf die Vielzahl von Meys Publikationen als auch beim Schriftwechsel mit Institutionen und Personen. Kommentare in der Presse und im Internet: all das ist Quellenmaterial gegen das absichtliche Vergessen, eine Fundgrube für Historiker.

Herr Mey konnte aus gesundheitlichen Gründen vor Drucklegung diese Dokumentation seiner Aktivitäten nicht mehr abschließen Sie fehlt leider in der Erstauflage von „Der Schrei".

Ich bin hoffnungsvoll: Ganz sicher wird *irgendwann* einmal bei einer *irgendwann* stattfindenden zeithistorischen Auseinandersetzung mit der HfM, das alles wieder auf dem Tisch liegen.

Doch wenigstens einen kleinen „Leckerbissen", aus dieser hier leider fehlenden Übersicht von Meys Aktivitäten, möchte ich dem Leser nicht vorenthalten: Minister Tiefensee[206] – ein *Kampfgefährte* Meys aus den Zeiten des Zusammenbruchs der DDR - auch als *friedliche Revolution* bekannt – schreibt an Mey:

„Sehr geehrter Herr Mey, lieber Roland,
[...] insgesamt ist festzuhalten, dass schon die vorausgegangene Prüfung der von Ihnen vorgetragenen Kritikpunkte zur Aufarbeitung der DDR-Vergangenheit an der HfM – wie bereits im Schreiben des zuständigen Abteilungsleiters meines Hauses ... dargestellt – keinen Anlass gegeben hat, die Aufarbeitung der DDR-Vergangenheit an der HfM und die Bemühungen der HfM zu beanstanden. Auch die [...] gegenüber der HfM erneut erhobene Klage hat sich als grundlos erwiesen. Vor diesem Hintergrund kann ich Ihre Vorwürfe gegenüber der HfM und gegenüber Mitarbeiterinnen und Mitarbeitern meines Ministeriums nur zurückweisen. Ich sehe keinen Anlass, den „Weimarer Kurs" meines Ministeriums zu korrigieren.
Mit freundlichen Grüßen
Dein Wolfgang Tiefensee"

---

[206] Ministerium für Wirtschaft, Wissenschaft und Digitale Gesellschaft, Brief vom 14.12.17, Antwort auf Meys Schreiben vom 27.November 2017 an Minister Tiefensee.

Nein, das muss ich nicht kommentieren.

Eines der Schlusslichter in Meys unvollendeter Liste – der von der HfM verpassten Aufarbeitungschancen – scheint die neue Präsidentin der HfM zu bilden. Mey schrieb mir im Mai 2023:[207]

> „Frau Professor Anne-Kathrin Lindig erhielt von mir anlässlich ihrer Präsidentschaftsübernahme (ab 01.07.2022 in Nachfolge von Christoph Stölzl) die Namen von HfM-Geschädigten und zusätzlich eine vorgangsbezogene Opferdatei. Mit gutem Willen würden sich dazu in den archivierten HfM-Unterlagen weitere Namen finden lassen. Nun ist aber zu befürchten, dass es unter Frau Lindigs Präsidentschaft keine grundsätzlichen Veränderungen an der HfM in Weimar geben wird. Sie antwortete (mir nicht, aber) als designierte HfM-Präsidentin am 22.01.2022 auf eine Frage des MDR-Redakteurs Thomas Bille bezüglich eines nahtlosen Übergangs aus der 12-jährigen Arbeit ihres Vorgängers: "Ich denke, da kann ich nahtlos anschließen."
> Dann werden die zugearbeiteten Opfernamen im unveränderten Aufarbeitungsdesinteresse der Hochschule die Spitze eines unerforschten Eisberges und die historische HfM-Blamage endlos bleiben. Die Musikhochschule Weimar sollte den Namen FRANZ LISZT nicht länger missbrauchen, die eigene Schuld bekennen und endlich selbst in den hauseigenen Archivbeständen nach weiteren Geschädigten suchen und diese moralisch rehabilitieren."

Eine Antwort hat Mey – wie er selbst schreibt – nicht erhalten.
Auch das muss ich nicht kommentieren.

Diese gerade erwähnte „Opferdatei" vom Juni 2022 habe ich mir vorgenommen. Ich halte sie als Beweismittel für die *Schäbigkeit* der HfM im Umgang mit deren Vergangenheit, für so wichtig, dass ich nicht daran vorbeikomme, sie – obwohl das Manuskript bereits abgeschlossen war – noch mit in diese Publikation aufzunehmen:

„Die Gegenwart der Vergangenheit der Hochschule für Musik
FRANZ LISZT Weimar".

Geringfügig bearbeitet und mit Fußnoten versehen – ich denke, ein unschätzbares Dokument, ein weiterer *Verdienst* Roland Meys bei der zeithistorischen Aufarbeitung der HfM-Vergangenheit.

Günter Knoblauch, Neuried - August 2023

* * *

---

207 Mail von Roland Mey an den Autor vom 10. Mai 2023.

Peinliche Defekte in der Aufarbeitung der DDR-Vergangenheit an der Hochschule für Musik FRANZ LISZT in Weimar

Abgeleitete Forderungen an Chroniken und Chronisten

„Zukunft Musik – Eine Geschichte der Hochschule für Musik FRANZ LISZT Weimar"[208] machte mich neugierig auf das, was über meinen Bruder Gerhard Mey zu lesen wäre, der nach dem Abitur in Weimar an der Musikhochschule studierte und danach bis an sein Lebensende dort unterrichtete. Ich musste verwundert feststellen, dass sein Name allenfalls beiläufig und er insbesondere als Student erwähnt wird. Nach gründlichem Lesen der 593-seitigen „Chronik" war zu erkennen, dass mein Bruder in diese „Eine Geschichte der Hochschule" wahrhaftig nicht hineinpasst und eine wirklich solide Chronik noch geschrieben werden muss. Selbstverständlich nicht, um den Bruder zu würdigen, sondern weil der Autor Wolfram Huschke grundsätzlich zu vieles unterlässt, ausklammert, ignoriert:

- Das Problem der Tätigkeit Inoffizieller Mitarbeiter (IM oder GM, GI usw.[209]) des Ministeriums für Staatssicherheit (Stasi) der DDR, das alle thüringischen Hochschulen und Universitäten in den Erneuerungsphasen sehr ernst genommen haben, wird nicht abgehandelt. Das ist völlig unbegreiflich, da dieses Element der Evaluierung durch die Landesgesetzgebung geregelt war und nachweislich auch Thema der Evaluierungskommission oder der Personalkommission bzw. der Leitung der Weimarer Musikhochschule gewesen sein muss. Hätte das Problem in Weimar keine Rolle gespielt, dann wäre das als singuläres Phänomen besonderer Erwähnung wert. Die Auskünfte der *Behörde des Bundesbeauftragten für die Unterlagen des Staatssicherheitsdienstes der ehemaligen Deutschen Demokratischen Republik*

---

[208] Vgl. Wolfram Huschke: Zukunft Musik. Eine Geschichte der Hochschule für Musik FRANZ LISZT in Weimar, Köln/Weimar/Wien 2006.

[209] IM waren Inoffizielle Mitarbeiter des Ministeriums für Staatssicherheit der DDR (MfS, Volksmund: Stasi). Die IM arbeiteten konspirativ in allen Bereichen des täglichen Lebens. IM spionierten – je nach Auftrag – Kollegen, Kommilitonen, Kirchengruppen aber zum Teil auch Freundeskreise und Familienangehörige aus. Die IM mussten dem MfS Bericht über die „Zielpersonen" erstatten, sie sollten aber zum Teil auch die auszuspionierenden Menschen und Gruppen durch bewusst gestreute Falschinformationen verunsichern. Viele IMs waren freiwillig beim MfS. Es gab aber auch IMs, die durch Erpressung seitens des MfS gezwungen wurden, die Verpflichtungserklärung als IM zu unterschreiben. Die IM lieferten – in sehr unterschiedlicher Qualität – wesentliche Informationen für die Stasiakten und wurden mit Begünstigungen (Reisekader, Karriere, Geld) belohnt. Siehe dazu auch: Siegfried Suckut (Hrsg.): Das Wörterbuch der Staatssicherheit. Definitionen des MfS zur „politisch-operativen Arbeit", Berlin 2001.

(BStU) müssten archiviert sein. Diese brisante Lücke allein disqualifiziert die Chronik und führt aus meiner Sicht zu grundsätzlichem Zweifel an der politischen Objektivität des Verfassers.

- Wichtig und sehr interessant wäre es gewesen, die opportunistischen Wandlungen prominenter Personen der Hochschule darzustellen. So wurde der besonders prominente Fall wie der von Hans Pischner in ausführlicher Form erst nachträglich in anderweitigen Publikationen veröffentlicht.[210]
- Das institutionelle geistige Elend der DDR-Zeit ist nur punktuell dargestellt und kann deshalb von den nachgeborenen Generationen nicht als dominierende, die Gesellschaftsordnung zerstörende Kraft erkannt werden.
- Schilderungen von Betroffenen von SED-Unrecht an der Hochschule fehlen fast vollständig. Eine Nachfrage bei bekannten Musikern fand nicht statt.

Mir ist anhand des Buches „Zukunft Musik" von Wolfram Huschke bewusst geworden, dass Geschichten von Institutionen, Hochschulen und Universitäten nicht gelingen können, wenn die Chronisten einen Großteil ihres Berufslebens während der SED-Diktatur erfolgreich realisiert und nicht in Opposition gelebt haben. Nur zu den vielen heimlich Andersdenkenden gehört zu haben (wie an den Antennen auf den Dächern zu erkennen gewesen sei), und nicht zu der sehr kleinen Minderheit der Andershandelnden, reicht nicht aus. Daraus ergibt sich eine notwenlge Anforderung an die Chronisten, die aber immer wieder missachtet wird.

Ein wichtiges Teilstück der Universitäts-Chronik schreibt in Leipzig ein Physik-Professor, über den zu DDR-Zeiten hinter vorgehaltener Hand gesagt wurde: „Er ist der beste Genosse des Institutes, nur leider in der falschen Partei."[211] In der Sprache der Musik war er ein „Blockflötist", d.h. Mitglied einer Blockpartei,[212] die

---

[210] Vgl. zur umstrittenen Rolle Hans Pischners in der DDR: Jochen Staadt: Wohltemperierte Erzählungen über die DDR. Zehneinhalb Stunden mit Hans Pischner im Deutschlandradio, in: Zeitschrift des Forschungsverbundes SED-Staat (im Folgenden ZdF) 33, Berlin 2013, S. 125–133; Jochen Staadt: Eine kleine Machtmusik. Unbedarfte Lobgesänge auf einen SED-Spitzenfunktionär, in: ZdF 35, Berlin 2014, S. 43–52. Zur Kurzbiografie des Cembalisten und Musikwissenschaftlers Pischner, der zwischen 1946 und 1950 an der Hochschule für Musik in Weimar wirkte: Christiane Niklew: Pischner, Hans, in: Helmut Müller-Enbergs (Hrsg.): „Wer war wer in der DDR?" Berlin 2010, S. 1006. Siehe ebenso Pischners Autobiografie, die einige politische Ereignisse übergeht: Hans Pischner/Ulrich Eckhardt (Hrsg.): Tasten, Taten, Träume. Musik und Politik zwischen Utopie und Realität, Berlin 2006. Wolfram Huschke greift in Zukunft Musik, S. 355–371, wenn auch nur knapp, die opportunistische Rolle Pischners auf.

[211] Diese Aussage stammt von einem guten Freund, Dr. M., gleichfalls Diplom-Physiker, der über viele Jahre hinweg mit dem Physik-Professor zusammengearbeitet hat.

[212] Die Blockparteien gehörten neben FDGB (Freier Deutscher Gewerkschaftsbund), FDJ, DFB (Demokratischer Frauenbund Deutschlands) und Kulturbund dem sogenannten

von der SED beherrscht und zur demokratischen Tarnung der Diktatur missbraucht wurde. Es ist mehr als fraglich, ob ihm eine wirklichkeitsnahe Chronik gelingt.

Beispiele politisch motivierter Eingriffe in die biographische Kontinuität in zeitlicher Nähe tiefer historischer Einschnitte – 1946 (Wiedereröffnung der Hochschule) und 1961 (Bau der Berliner Mauer)

Zur sozialistischen Sippenhaftung: Der Ehemann der Sprecherzieherin Ilse Stapff-Drewes lebte wegen politischer Belastung – zur Zeit des Nationalsozialismus war Herr Drewes Leiter der Reichsmusikkammer – in München, um einer möglichen Strafverfolgung in der Sowjetischen Besatzungszone zu entgehen. Die Hochschulleitung erwartete von der Professorin Ilse Stapff-Drewes, die ihren Titel noch vor dem Ende der Naziherrschaft erhalten hatte, bald nach Wiedereröffnung der Hochschule 1946, sich aus diesem Grund von ihrem Mann scheiden zu lassen. Als sie dies verweigerte, wurde sie aus der Kategorie der Hochschullehrer zurückgestuft auf eine Stelle des „Mittelbaus" und verlor zugleich den Professorentitel. Dass man sie überhaupt als Lehrkraft an der Hochschule behielt, könnte ihrer CDU-Mitgliedschaft zuzuschreiben sein oder der Möglichkeit, dass es Personen an der Hochschule gab, die die Hand schützend über sie als sehr verdienstvolle, auch öffentlich bekannte Lehrkraft hielten. Huschke schreibt zwar, dass ihre Professur aberkannt wurde und deswegen bei Studenten „Aufruhr" entstand, lässt aber alle näheren Umstände unerwähnt.[213]

Der Fall des Kompositionsstudenten Reiner Dennewitz verweist auf noch tiefere zeitgeschichtliche Verknotungen. Er weigerte sich gegen Ende seines Studiums 1961/62 (nach dem Bau der Mauer, kurz vor Einführung der Wehrpflicht) in einer Studentenversammlung unter Vorsitz des Rektors, des FDJ-Sekretärs und der drei Fachrichtungsleiter der Abteilungen Klavier, Orgel und Komposition, eine Verpflichtung zur Verteidigung der DDR mit der Waffe in der Hand zu unterschreiben. Bevor der Letzte unterschrieben hat, so hieß es, dürfe keiner die Versammlung verlassen. Reiner Dennewitz unterschrieb nach längerer Weigerung als Letzter. Monate später wurde das Absolventenkonzert, dessen Programm

---

„demokratischen Block der Parteien und Massenorganisationen" an. Blockparteien waren politische Alibi-Parteien in der DDR, deren Existenz Meinungspluralität und demokratische Verhältnisse vortäuschen sollten. Die Blockparteien mussten sich grundsätzlich dem Führungsanspruch der SED unterordnen und konnten keine politischen Alternativen zur SED-Herrschaft entwickeln. Mitglieder der Blockparteien wurden vom Volksmund häufig abwertend „Blockflöten" genannt, weil die Alibifunktion dieser Mitgliedschaft landläufig bekannt war. Blockparteien in der DDR waren: CDU, Demokratische Bauernpartei Deutschlands (DBD), Liberal-Demokratische Partei Deutschlands (LDPD) und die National-Demokratische Partei Deutschlands (NDPD).

[213] Vgl. Huschke: Zukunft Musik, S. 322.

ausschließlich aus seinen Kompositionen bestand, nicht für sein Examen bewertet. Der augenscheinliche Grund: Er wurde in der genannten Versammlung als „prowestlich" gebrandmarkt; außerdem waren einige der aufgeführten Werke in zwölftöniger Reihentechnik komponiert, was als westlicher Formalismus verfemt war. Der Versuch, das Konzert zu verhindern, scheiterte am mutigen Einsatz der Dozentin Ingeborg Herkomer, in deren Händen die Konzertreihe „Forum junger Musiker" lag.[214]

Der ehemalige Kirchenmusik-Student Peter E. Rompf, heute Leiter des Hannoveraner Ensembles ProLaTio und Autor des Buches „Operativer Vorgang ‚Kreis'" - eine chronique ordinaire der Stasi, schrieb am 27. April 2017 einen Protestbrief[215] an den Präsidenten der Musikhochschule, Christoph Stölzl, und beschwerte sich darüber, dass Stölzl immer wieder öffentlich behauptet, die Rehabilitierung der DDR-Opfer sei an der Hochschule abgeschlossen, obwohl sich bisher niemand für die sein Leben schwerwiegend beeinflussende Tat der Musikhochschule entschuldigt hat. Im Brief heißt es: „Eines Tages (im Frühjahr 1959) ließ mich und noch 3–4 andere Mitstudenten der Hauswart nicht ins Haus mit der Mitteilung, dass wir ab sofort Hausverbot hätten. Die Nachfrage nach einer Begründung für diese Relegation ergab nur eine weitere Drohung: wenn wir nicht sofort verschwänden, erfolgt die Zuführung durch die Volkspolizei."[216]

Auch der ideologisch unliebsame Student Johannes Wallmann (Fagott und Komposition) wurde 1973 „leise exmatrikuliert".[217]

In den Jahren 2015 und 2016 haben der heute erfolgreiche Berliner Komponist H. Johannes Wallmann und ich den Präsidenten der Musikhochschule wegen seiner wiederholten Falschbehauptung „Rehabilitation abgeschlossen" öffentlich zum Rücktritt aufgefordert.[218]

Die politische Hölle in Weimar-Belvedere hätte ich nicht durchgestanden. Das Internat der Spezialschule wird von Huschke realistisch als wahres sozialistisches Elend dargestellt und das konkret an eine Person gebunden. Wir erfahren, wie der Internatsleiter und spätere Schulleiter Siegfried Möckel nicht nur den „täglichen Fahnenappell mit Fahnenzeremonie - bisweilen von einem Trommelwirbel unterstrichen - und mit dem „Zusammenscheißen" von Schülern" realisierte; wir lesen auch, „dass Schüler um sein Haus herum patrouillieren mussten, während er drinnen mit dem 1. Sekretär der SED-Kreisleitung feierte", oder dass „der Direktor

---

214 Nach Berichten von Gerhard Mey und Kollegen.

215 Brief von Peter E. Rompf, Defekte einer Hochschulchronik, Dok. 16, S. 87.

216 Ebd.

217 Vgl. Sigurd Schwager: Warum der Komponist H. Johannes Wallmann seine Vergangenheit nicht vergessen kann, in: Thüringer Allgemeine vom 15.11.2012, S. 3.

218 Vgl. Büker, Thorsten: „Kritik: Stölzl soll zurücktreten", in: TLZ vom 20.01.2016 und Sabine Brandt: Rücktrittsforderung gegen Präsidenten erneuert, in: Thüringische Landeszeitung (im Folgenden TLZ) vom 16.02.2016.

an den Mädchen nach verbotenen Kreuzen suchte"[219]. Halsketten mit christlichen Symbolen waren verboten. Aber warum eigentlich wird Huschke nur im Fall Möckel so konkret? Und warum bleibt der Schüler-Suizid in Belvedere unerwähnt? Auch in diesem zwar wirklichkeitsnahen, aber dennoch lückenhaften Chronik-Kapitel wäre manches zu ergänzen. Der Vorgänger von Möckel war der amusische Biologie- und Erdkunde-Lehrer Paul Pohland – auch ein SED-Hardliner. Einer meiner Schulkameraden hatte bei meinem Vater Geigenunterricht und die Aufnahmeprüfung an der damaligen „Fachgrundschule für Musik" in Weimar 1956 mit sehr gutem Ergebnis bestanden. Im Jahr 1958 schickte ihn der „Pädagogische Leiter" von Belvedere für zwei Jahre in die „sozialistische Produktion" des Kunstfaserwerkes „Wilhelm Pieck" nach Rudolstadt-Schwarza. Der Grund: Der 16-Jährige war im Internat beim Hören der zur damaligen Zeit unter uns Jugendlichen sehr beliebten „Hitparade" von Radio Luxemburg, die von Camillo Felgen moderiert wurde, vom Internatsleiter belauscht und bei Pohland angezeigt worden. Pohlands Argumentation: Das Studium werde von der Arbeiterklasse bezahlt, der diese Musik feindlich gesinnt sei. Nun müsse der Schüler selbst erfahren, wie die Arbeiterklasse durch produktive Arbeit solche Studienplätze finanziere. Der betroffene Schüler hatte unmittelbar nach seiner „Umsetzung" in eine Montagehalle des Kunstfaserwerkes einen Arbeitsunfall, der die linke Hand betraf. Heute behaupten die ehemaligen Stasi-Mitarbeiter und die SED-Genossen permanent und juristisch erfolgreich: Niemandem geschadet![220]

Im Gegensatz zu Wolfram Huschke zeichnet Reinhard Schau in seinem Buch „Das Musikgymnasium Schloss Belvedere in Weimar" ein umfangreich realistisches Bild der ab Mitte der 1950er Jahre zur Musikhochschule gehörenden Fachschule.[221] Unter Nennung von Namen werden politische Exmatrikulationsverfahren, Relegationen und Repressalien gegen die Junge Gemeinde ebenso beschrieben wie Ereignisse um den 17. Juni 1953 oder einen benachteiligten hochbegabten Schüler und die militärisch hierarchische Ordnung einschließlich des Ungehorsams der „Belven" im Internat. Reinhard Schau teilt in der Thüringer Landeszeitung vom 9. Juli 2010 unter dem Titel „Exquisite Bildungsstätte" über sein Buch mit: „Dieses Buch hätte nicht entstehen können, wenn nicht eine große Schar von Zeitzeugen [...] durch das Ausfüllen von Fragebögen, Übersendungen zusätzlicher Dokumente und Fotos, durch ausführliche Briefe und E-Mails, in langen Telefonaten und persönlichen Begegnungen wirklichkeitspralle Auskünfte gegeben und damit Zeitgeist vermittelt hätte."[222] Bei Schau sind Täter und Opfer „gleichberechtigte"

---

[219] Huschke: Zukunft Musik, S. 425.

[220] Dieses Ereignis und die Reaktion der ehemaligen MfS-Mitarbeiter und SED-Genossen entstammen meinen Erlebnissen.

[221] Vgl. Reinhard Schau: Das Musikgymnasium Schloss Belvedere in Weimar. Geschichte und Gegenwart, Köln/Weimar/Berlin 2010.

[222] Christiane Weber: Exquisite Bildungsstätte, in: TLZ, Ausgabe Weimar vom 09.07.2010, S. ZA WE 3.

Akteure. Das ist die Garantie für den Bestand einer Chronik, die Huschke nicht leistet.

Ich muss viel Glück gehabt haben, dass ich im Jahr 1956 mit Unterstützung meines bereits erfolgreichen älteren Bruders gegen den Willen des Vaters als 14-Jähriger auf die Weimarer Schiller-Oberschule gekommen bin und nicht mit dem Cello in die politische Hölle von Pohland und Möckel.

Nicht chronikkonform – Weber-Preisträger Gerhard Mey

Gerhard Mey wurde 1927 in Thüringen geboren, studierte nach dem Abitur (1946) in Weimar, legte im Jahr 1951 das Solistenexamen mit Auszeichnung ab und erhielt im gleichen Jahr den ersten Preis beim Carl-Maria-von-Weber-Wettbewerb der Stadt Dresden. Als Dozent der Franz-Liszt-Hochschule (von 1953 bis Anfang der 1990er Jahre) konzertierte mein Bruder mit umfangreichem Repertoire und in großer Häufigkeit über vier Jahrzehnte von Rostock bis Suhl auf den großen und kleinen Bühnen der DDR. Im Jahr 1967 entstand eine ETERNA-Platte[223], 1982 spielte Gerhard Mey drei Stunden Klaviermusik (a-capella) im Sender Weimar auf Band. Konzerte in Berlin, Dresden, Leipzig und auch in der BRD, aus der der Pianist von großen Orchestern Einladungen bekam, – ein Kapellmeister konnte auch mit wiederholten persönlichen Bemühungen bei den DDR-Behörden keine Reisegenehmigung für Gerhard Mey erreichen – blieben ihm möglicherweise wegen seines unbeugsamen Charakters aus politischen Gründen verwehrt.[224] Hierzu schreibt Huschke in „Zukunft Musik" nichts.

Mein Bruder berichtete beispielsweise im Familienkreis, dass ein Genosse namens Lamann gegen ihn intrigiert hatte. Lamann war Professor und gleichzeitig sein Abteilungsleiter für Tasteninstrumente sowie Fachrichtungsleiter für Klavier. Lamanns Position und Funktionen lassen vermuten, dass er als Pianist bzw. Klavierlehrer erfolgreich war, was weit gefehlt ist.[225] In der DDR war es oft der Fall, dass die wirklichen Könner[226] in der Hierarchie unter weniger befähigten Leitern arbeiten mussten und als Nicht-Genossen von den Vorgesetzten auch noch schikaniert wurden. Entlohnung und Titelvergabe erfolgten auf der Grundlage von Parteibüchern. Das alles ist für ein totalitäres System nicht überraschend, aber es

---

223 Gerhard Mey, Piano. Schumann: Fantasiestucke, Chopin: Scherzo Impromptu (VEB Deutsche Schallplatten, 820 571).

224 Im Vergleich mit anderen Musikern, die politisch konformes Verhalten zeigten und reisen durften, durfte Gerhard Mey nicht auf Konzertreisen ins Ausland fahren.

225 Nach Aussagen von Gerhard Mey zeigte Lamann auf nicht öffentlichen Konzerten und Hochschulaufführungen nur mäßige Leistungen und mied daher diese Auftritte.

226 Es war für das System existenziell, partei-/ideologietreue Kader in die Führungspositionen der gesamten Wirtschaft zu heben. Im Verwaltungsbereich wurde eine fachliche Schwäche der Parteikader weniger sichtbar als im Kunstbereich. Dort konnte die Außenwirkung katastrophal sein. Siehe hierzu das Unterkapitel „Vorrang für Parteibuch-Karrieristen" in der vorliegenden Schrift.

muss für die Nachwelt aufgeschrieben werden, damit aus solchem Wissen die Bereitschaft genährt wird, sich gegen jegliche Diktatur zur Wehr zu setzen. Wenn ich heute bei Wolfram Huschke nachlese, dann finde ich dort nur, dass Heinz Lamann auch als langjähriger Betriebsgewerkschafts-Vorsitzender und als Senatsmitglied wirkte.[227] Die damalige elendige Situation meines Bruders wird mir jetzt nachträglich noch klarer. Der Bruder war nicht in der SED und kurzzeitig auch aus der Gewerkschaft ausgetreten, der Lamann vorstand – ein gravierendes Politikum. Der sogenannte Freie Deutsche Gewerkschaftsbund (FDGB) war in der DDR ein zur Aufrechterhaltung der Diktatur wichtiger flächendeckender „Transmissionsriemen" zwischen der SED und den parteilosen Bürgern. Es erforderte einen besonderen Mut, diesen „Transmissionsriemen" zu verweigern.

Rektor Felix und Genosse Lamann unterschrieben am 30. Oktober 1961, also unmittelbar nach dem Bau der Berliner Mauer, eine selbstbindende Proklamation zur Abriegelungsaktion, in der dazu aufgefordert wurde, „immer und überall die Wahrheit von der Überlegenheit des Sozialismus, der Unbesiegbarkeit der Ideen des Marxismus-Leninismus und von unserem Arbeiter- und Bauernstaat in das Bewusstsein eines jeden Angehörigen unserer Hochschule einzupflanzen"[228].

Aus dieser Formulierung – einzupflanzen! – ist erkennbar, unter welchem harten kommunistischen Einpeitscher, den die SED kontinuierlich mit hochrangigen Posten belohnte, Gerhard Mey über mehr als ein Jahrzehnt zu leiden hatte. Nach Weimar wurde Felix in Leipzig Hochschulrektor, aber auch Gewandhaus-Intendant und, weil von den Musikern vermutlich nicht akzeptiert[229], sehr bald danach Generaldirektor der Nationalen Forschungs- und Gedenkstätten Johann Sebastian Bach und Mitglied der Sächsischen Akademie der Wissenschaften. Im Rahmen der Evaluierung, bei der auch die Aufdeckung inoffizieller Zusammenarbeit mit dem Ministerium für Staatssicherheit ein wesentliches Anliegen war, verlor Werner Felix Anfang der 1990er Jahre alle Ämter.[230]

Bezüglich der oben erwähnten Proklamation zum 13. August 1961 wird Huschke punktuell konkret und veröffentlicht den sozialistischen Wahnwitz sogar mit

---

227 Vgl. Huschke: Zukunft Musik, S. 380.

228 Ebd., S. 429.

229 Vgl. hierzu Johannes Forner: Kurt Masur – Zeiten und Klänge. Biographie, München 2008, S. 173–175: So sollen die Gewandhausmusiker auf Reisen im Bus gesungen haben: „Wir wollen unseren Karli Zumpe wiederhaben!" Daraufhin „schaffte man mit Beginn der Spielzeit 1971/72 die Gewandhaus-Intendanz wieder ab. Karl Zumpe wurde als Gewandhausdirektor aufs Neue bestätigt."

230 Zur Kurzbiografie des Musikwissenschaftlers Felix, der zwischen 1955 und 1965 Rektor der Hochschule für Musik in Weimar war: Ingrid Kirschey-Feix: Felix, Werner, in: Helmut Müller-Enbergs (Hrsg.): Wer war wer in der DDR? Berlin 2010, S. 315. Den Vorschlag zur Benennung einer Straße nach Werner Felix lehnte der Leipziger Stadtrat ab. Eine Kommission aus Stadtverwaltung und sachkundigen Bürgern hatte im Vorfeld die ambivalente Rolle Felix' beleuchtet und von einer Benennung abgeraten. Der Verfasser, Roland Mey, war zur damaligen Zeit Stadtverordneter in Leipzig.

Unterschriftsliste.[231] Wobei mir auch da sein unvollständiger Hinweis missfällt, dass sich die Funktionsträger dem nicht mehr entziehen konnten. Sie waren zwar nun eingemauert, aber sie hätten diese Funktionen unter Verzicht auf Privilegien nicht übernehmen müssen.

Vorrang für Parteibuch-Karrieristen

In einer Kurzbeschreibung zur Huschke-Chronik ist im Internet zu lesen: Es werden „besonders die handelnden Personen und individuellen Leistungen [...] einbezogen"[232]. Dann müssten eigentlich auch die Peinlichkeiten beschrieben sein, als sich Träger großer Parteiabzeichen Musiker nannten, ohne selbst ein Instrument ordentlich spielen zu können. Berichtet aber wird, dass die Studenten angeblich nur mittelmäßige Leistungen erbrachten.

Die Erfurter Opernsängerin Gisela Galander, vor ihrem Studium Gesangsschülerin meines Vaters in Oberweißbach, hatte Ende der 1950er Jahre in Weimar bei Professor Kurt Wichmann Gesangsunterricht. Wichmann unterrichtete „Ästhetisches Singen", doch war er als Stimmbildner ungeeignet. Mein Vater wusste, dass Wichmann ohne eigene Stimmbildungstechnik lehrte und dies insbesondere bei (männlichen) Sängern eine kehlige Tongebung, das verpönte „Knödeln", zur Folge haben konnte. Als Genosse aber saß er „fest im Sattel". Nach langem Ringen konnte Gisela Galander den Lehrer wechseln; sie wurde schließlich in Ihrem Hauptfach erfolgreich unterrichtet von Eva Schubert. Wichmann verlor seine fünfte Gesangsstudentin und damit die Mindestzahl einer „Klassenstärke".

Anfang der 1950er Jahre war Professor Brockhaus an der Hochschule, als Gesangslehrer aber ebenfalls ungeeignet. Auch seine Studenten waren innerhalb der HfM mit der Kritik „Stimmverbildung" gegen ihn zunächst erfolglos. In dieser Notlage half ihnen der Hochschul-Tonmeister Helmar Zimmermann. Er nahm auf Wunsch der Studenten durch die verschlossene Tür eine Gesangsstunde auf Band auf. Auch das hätte den Studenten in ihrer gesangspädagogischen Kritik damals vermutlich wenig geholfen. Zufällig (oder studentisch animiert) machte aber Professor Brockhaus in dieser Unterrichtsstunde politische Bemerkungen, die nicht absolut SED-konform waren. So konnte die gesangspädagogische Notlage seiner Studenten doch noch ein gutes Ende finden.

Im Jahr 1955 tauschte die SED den Pianisten Willi Niggeling, der sich gegen die Ausweitung des Grundlagenstudiums Marxismus-Leninismus zu Ungunsten musikalischer Fachausbildung eingesetzt hatte, gegen den 28-Jährigen strammen SED-Genossen Werner Felix im Rektoramt der Weimarer Musikhochschule aus. Ein Jahr später promovierte Felix in Pädagogik, in der DDR nur eine spezielle

---

231 Vgl. Huschke: Zukunft Musik, S. 430.

232 Produktbeschreibung des Buches „Zukunft Musik" beim Onlinehändler Amazon: www.amazon.de/Zukunft-Musik-Geschichte-Hochschule-Weimar/dp/3412309052 (08.10.2017).

Variation des Marxismus-Leninismus (ebenso wie Philosophie, Rechtswissenschaft, Journalistik und sogar Ökonomie). Er entwickelte sich zum hochrangigen Parteifunktionär, der im September 1970 Ehrenwache am aufgebahrten Leichnam von Paul Fröhlich hielt – einem hohen Parteifunktionär, der am 17. Juni 1953 in Leipzig Schießbefehl (mit neunfacher Todesfolge) gegen Aufständische erteilt hatte. Mein Bruder hat während der Amtszeit von Werner Felix oft darüber geklagt, dass an der Spitze der Hochschule ein SED-Manager steht und kein Musiker. Ich kannte Werner Felix persönlich, weil meine Schwägerin gemeinsam mit ihm Schulmusik studiert und zunächst noch persönlichen Kontakt hatte. Unter ihm und Heinz Lamann hatte Gerhard Mey besonders zu leiden. Gerhard Mey durfte nur die Schulmusikstudenten unterrichten, während die Meisterschüler (Pianisten) auch in Weimar teilweise von Professoren unterrichtet wurden, die ihre Karrieren allein auf dem Parteibuch aufgebaut hatten und selbst nicht ordentlich Klavier spielen konnten. Das waren dann die zuverlässigsten „Parteisoldaten". Darüber ist bei Wolfram Huschke auch nichts zu lesen.[233]

Ende der 1960er Jahre war ich Zeitzeuge eines Klavierkonzertes, bei dem der Solist Rudolf Fischer nicht mit dem, sondern gegen das Orchester gespielt hat und vom italienisch-französischen Stardirigenten Roberto Benzi nach dem letzten Ton mit dem Orchester allein auf der Bühne zurückgelassen wurde. Die durch das SED-Parteibuch gestützte Machtfülle im Rektorenamt der Leipziger Musikhochschule (1948-1973) sowie die Leitung der ersten Meisterklasse für Klavier hatten Fischer (hinter vorgehaltener Hand in Leipzig „Pfuscher" genannt) in den peinlichen Wahn versetzt, ein guter Pianist zu sein. Dies als drastisches Beispiel jenes „geistigen Elends", in dem die Orchester-Musiker spielen mussten, mein Bruder in Leipzig nicht spielen durfte und ich die Kakophonie gehört habe. In Weimar konnte Gerhard Mey am 18. Oktober 1957 im Nationaltheater die Situation retten und im Sinfoniekonzert unter dem berühmten Leningrader Dirigenten Arvid Jansons mit dem Schumann-Klavierkonzert a-moll op. 54 für den kurzfristig absagenden Rudolf Fischer erfolgreich einspringen.[234]

Mein Bruder hatte gute Kontakte zu seinen Lehrern, den Professoren und Meistern Karl Weiß, Gerhard Puchelt und Horst Liebrecht. Mit Letztgenanntem verband ihn ein sehr freundschaftliches Verhältnis. Der legendäre Klavierlehrer und Pianist Bruno Hinze-Reinhold hatte das stillschweigende Verschwinden seines großen Klavier-Nachfolgers Liebrecht sehr bedauert und unter den ideologisch immer straffer werdenden Bedingungen selbst keine Lust mehr, als Emeritus noch Einfluss zu nehmen.[235] Ich kann mich noch sehr genau an einige Besuche in Liebrechts Villa am Rand des Goethe-Parks in der Belvederer Allee erinnern, wo auch ein

---

[233] Nach Berichten von Gerhard Mey.

[234] Vgl. hierzu den Beitrag des Verfassers vom 19.02.2017 unter dem Link www.nmz.de/kiz/nachrichten/martin-kuerschner-als-neuer-rektor-der-hochschule-fuer-musik-und-theater-leipzig-gew (23.05.3017).

[235] Nach Berichten von Gerhard Mey.

Jugendlicher in meinem damaligen Alter wohnte. Die Klagen sowohl von Professor Liebrecht als auch von meinem Bruder über die sich verschärfende politische Situation an der Hochschule sind mir eindringlich in Erinnerung. Als Professor Liebrecht nicht lange nach der Amtseinführung des SED-Rektors Felix, unter dem auch er zu leiden hatte und ständig neue parteipolitische Bevormundung erdulden musste, die DDR über Nacht verließ, informierte er vorher in strengster Geheimhaltung meinen Bruder. Horst Liebrecht ließ sein Haus für uns offen. Wir haben dort ein für damalige Verhältnisse klangvolles Radio in einer gefährlichen Nachtaktion herausgeholt, bei der unsere Angst vor staatlichem Zugriff erst nachträglich groß wurde.[236]

Die Spiegelung der Oppositionellen

ist heute das Wahrheitskriterium einer Chronik. Gerhard Mey hätte „Eine andere Geschichte" der Hochschule FRANZ LISZT aufschreiben können und dabei anstelle der SED-Kader stärker die wahren Musiker und Leistungsträger hervorgehoben. Dazu gehören selbstverständlich auch die Studenten, die die Demonstration gegen Herbert Roth vorbereitet und gegen den Willen der SED realisiert hatten und dafür bestraft wurden.[237] Rektor Felix überstand diese Situation, weil von Berlin aus der Parteisekretär, der wirklich Machthabende der Hochschule, sowie der FDJ-Sekretär ausgewechselt wurden. An allen Universitäten und Hochschulen der DDR lag die Macht immer in der Hand der Parteileitungen, die an großen Universitäten den Status von SED-Kreisparteileitungen hatten.[238]

Über die mutigen Menschen – eine herausragende Persönlichkeit dieser Gruppe war der auf eigenen Wunsch von meinem Bruder unterrichtete, hochbegabte, schließlich aber aus politischen Gründen exmatrikulierte und heute erfolgreiche Komponist H. Johannes Wallmann – schreibt Wolfram Huschke quasi nichts bzw. in Ausnahmefällen nur am Rande des Geschehens und anonym. Und was er allein über den prominenten Opportunisten Hans Pischner nicht mitteilt, der in fünf politischen Systemen[239] auf der Grundlage von vier persönlichen

---

[236] Wenn wir in der Nacht nach der Abreise Professor Liebrechts nach West-Berlin in seinem Haus beobachtet und danach angezeigt worden wären, dann hätte uns eine harte politische Strafe als Mitwisser oder Fluchthelfer gedroht und nicht „nur" eine Diebstahlstrafe.

[237] Vgl. Johannes Warda: Der Protest der Weimarer Musikstudenten 1956 (= Blätter zur Landeskunde der Landeszentrale für politische Bildung Thüringen), Erfurt 2008.

[238] Vgl. hierzu Huschke: Zukunft Musik, S. 384–388, S. 396 f., und beispielhaft zur Etablierung und Machtdurchsetzung der SED an einer DDR-Hochschule zwischen 1945 und 1989/90 die Studie: Bertram Treibel: Die Partei und die Hochschule. Eine Geschichte der SED an der Bergakademie Freiberg (= Freiberger Forschungen zur Wissenschafts- und Technikgeschichte, Bd. 1), Leipzig 2015.

[239] Gemeint sind Kaiserreich, Weimarer Republik, Nationalsozialismus, DDR und Bundesrepublik Deutschland.

„Metamorphosen" erfolgreich gelebt hat, das hat Jochen Staadt nachgereicht im umfangreichen Aufsatz „Wohltemperierte Erzählungen über die DDR – Zehneinhalb Stunden mit Hans Pischner im Deutschlandradio".[240]

Eine solche Pseudo-Chronik ist im Hinblick auf die Überlieferung von folgenschweren historischen Ereignissen und die Vermittlung von Zeitgeist aus den Jahrzehnten der SED-Diktatur unbrauchbar. Schlimmer noch: Huschke vermittelt jetzt, bis zum Zeitpunkt der Veröffentlichung einer wirklichen Chronik, der Nachgeborenen-Generation ein falsches Bild vom Realsozialismus, der an der Musikhochschule in Weimar scheinbar ohne allgemein geistiges Elend durchlebt werden konnte. Es entsteht der völlig verfehlte Eindruck: Dieses Elend war zwar von der SED auf dem Papier vorgegeben, aber nur in Einzelsituationen haben die Menschen darunter gelitten und das meiste „war gut".

In der Überzeugung bin ich mir sicher: Gerhard Mey hätte sein an der Musikhochschule in Weimar verbrachtes Leben an der Huschke-Chronik gespiegelt und dabei ein verzerrtes Spiegelbild wahrgenommen. Durch diesen Insider-Beweis hätte die Notwendigkeit zum Schreiben einer wirklichen Chronik noch zwingender dargestellt werden können. Das ist nun nicht mehr möglich. Mein Bruder verstarb nach langjähriger schwerer Krankheit 1997 in Weimar; aber Interessierte können ihn noch hören. Ein mir Unbekannter lässt Gerhard Mey aus den Phantasiestücken op. 12 von Robert Schumann spielen, hörbar im Internet unter „Du meine Seele, Du mein Herz, Aufschwung".[241]

Demokratische Erneuerung aus der Ferne – Hintergründe eines Rücktritts
Die Gerber Briefe

Die Weimarer Musikhochschule war 1989/90 nicht in der Lage, sich von innen heraus selbst zu erneuern. Der letzte SED-Rektor Diethelm Müller-Nilsson (1980–1990) wurde – nach der deutschen Einheit! – am 17. November 1990 vom „Vorläufigen Konzil" der Hochschule mit 13 von 20 Stimmen im Amt erneut bestätigt. Dieser Rektor beförderte die politische Exmatrikulation einer Studentin allein deshalb, weil sie ihr Zimmer im Fenster öffentlich als „Atomwaffenfreie Zone" charakterisierte und mit einem jungen Mann befreundet war, der einen Ausreiseantrag gestellt hatte.

Die demokratische Erneuerung der Hochschulleitung erfolgte am 23. November 1990 durch Druck aus der Ferne.

---

[240] Vgl. Jochen Staadt: Wohltemperierte Erzählungen über die DDR. Zehneinhalb Stunden mit Hans Pischner im Deutschlandradio, in: ZdF 33, Berlin 2013, S. 125–133, und Jochen Staadt: Eine kleine Machtmusik. Unbedarfte Lobgesänge auf einen SED-Spitzenfunktionär, in: ZdF 35, Berlin 2014, S. 43–52.

[241] Der von Gerhard Mey gespielte Titel „Aufschwung" kann auf YouTube in der Zusammenstellung „Du meine Seele, Du mein Herz" nachgehört werden: www.youtube.com/watch?v=tRkVuuMq5SY (30.05.2016).

Was war geschehen? Der ehemalige Weimarer Hochschul-Gesangsdozent Hermann Gerber, der nach Austritt aus der SED, Hausverbot, Entlassung, Ausreiseantrag und Stasi-Haft im Jahr 1983 in die BRD ausreisen durfte, hatte am 14. August 1990 als Professor der Frankfurter Musikhochschule einen Brief an den Rektor Müller-Nilsson mit „Abdruck an Herrn Bundeskanzler Dr. Helmut Kohl und an den Ministerpräsidenten des Landes Hessen, Herrn Dr. Walter Wallmann"[242] geschrieben. – in die Musikliteratur als „Gerberbriefe" eingegangen. Bereits Monate zuvor, im März 1990, hatte Gerber in einem persönlichen Gespräch mit Müller-Nilsson vorgeschlagen, der Senat möge sich bei ihm für zugefügtes Unrecht entschuldigen. Nicht nur die Senatoren Cilenšek und Slomma lehnten ab; es gab vermutlich nur eine Stimme für Gerbers Anliegen.[243] Huschke vermutet, die Senatsmitglieder hätten sich auf DDR-Verordnungen berufen und eine institutionelle Mitschuld zurückgewiesen. In dem weitergereichten Brief Gerbers an Müller-Nilsson heißt es u. a.:

Dr. Dr. Hermann Gerber wurde „durch Staatssicherheits-Mitarbeiter der Hochschule an die Terror-Justiz der DDR ausgeliefert. [...] Sie, Herr Müller-Nilsson (erprobter eingesetzter Nomenklaturkader) tragen dafür die politische Verantwortung. [...] Sie haben mich zum Konterrevolutionär erklärt und „reif" gemacht für den Zugriff der Staatssicherheit. [...] 18 Monate Arbeitslosigkeit, Existenznot, gesellschaftliche Isolierung, 11 Monate Haft [...]. Sie schlagen in ihrem Brief ein weiteres Gespräch vor und locken mich mit einer Gastprofessur. Nehmen Sie zur Kenntnis, dass meine Frau und ich als denkbar begeisterte Mitarbeiter der Musikhochschule Frankfurt an dem Festakt zur Einweihung des Neubaus, an dem Sie offenbar als Ehrengast eingeladen sind, nicht teilnehmen werden. Eine Verbrüderung mit Ihnen und Ihren früheren Staatssicherheits-Mitarbeitern wird es nie geben, auch keine Gastprofessur an der Musikhochschule Weimar, solange Sie und die Sie stützenden SED-Karrieristen noch im Amt sind (Eschrich, Freitag, K.-H. Köhler, Rudloff u. a.). Meine ehemaligen Kollegen, mit denen ich inzwischen viele Gespräche führte, bemühen sich redlich um friedlich-demokratische Verhältnisse auch an der Musikhochschule Weimar; sie haben es nach der Revolution nicht verdient, dass Sie und Ihre noch in Amt und Würden stehenden Funktionäre das „Neue/Andere" – wie Sie es bezeichnen – in der Entwicklung behindern. [...] Ich grüße Sie gez. Hermann Gerber"[244].

Insbesondere der Antwortbrief vom 29. August 1990 aus dem Bundeskanzleramt ist aussagekräftig und erklärt den überraschenden fluchtartigen Rücktritt von

---

[242] „Die Gerberbriefe": Dem Autor wurden die Briefe von der Witwe Ursula Gerber zum Lesen überlassen. Ursula Gerber war ehemalige Gesangsschülerin von Emil Mey, dem Vater von Gerhard und Roland Mey.

[243] Vgl. Hochschularchiv/Thüringisches Landesmusikarchiv Weimar (HSA/ThLMA), Bestand VA1/302, Protokoll der Beratung des Senats am 28.03.1990.

[244] Siehe Huschke: Zukunft Musik, S. 473–480.

Müller-Nilsson unmittelbar nach seiner Wiederwahl im vereinigten demokratischen Deutschland, nachdem auch der zuständige Thüringer Minister Fickel vom Gerber-Brief an den Weimarer Rektor in Kenntnis gesetzt worden war. Im Antwortbrief heißt es u. a.: „Ihre Schreiben zeigen einmal mehr, in welchem Ausmaß die kommunistische Diktatur in der DDR Wunden geschlagen hat und welche Belastungen für den demokratischen Neubeginn auf dem Gebiet der DDR und für den Einigungsprozess in Deutschland damit verbunden sind. Ich habe – Ihr Einverständnis voraussetzend – den innerhalb der Bundesregierung für Kulturfragen zuständigen Bundesminister des Inneren und die Kultusministerkonferenz der Bundesländer über Ihr Schreiben unterrichtet. Eine Unterrichtung über Antwortschreiben des Hessischen Ministerpräsidenten bzw. von Professor Müller-Nilsson auf Ihr Schreiben vom 14. August 1990 würde ich mit Interesse zur Kenntnis nehmen. Mit freundlichen Grüßen i. A. Dr. Kass"[245].

In „Zukunft Musik" zitiert der Autor auf Seite 477 auch aus dem Gerber-Brief vom 14. August 1990 an Müller-Nilsson. Aber gewichtige Aussagen fehlen. Der Einfluss der Stasi auf die Musikhochschule wird verschwiegen, die noch im Amt befindlichen SED-Karrieristen, die Gerber namentlich nennt, finden keine Erwähnung und die – wie Gerber schon 1990 formulierte – „sich redlich um friedlich-demokratische Verhältnisse auch an der Musikhochschule Weimar bemühenden Kollegen"[246] werden ignoriert. „Zukunft Musik" ist bezüglich der DDR-Epoche ein historiographisches Ärgernis und sollte eigentlich vom Verlag zurückgerufen werden.

Die Hintergründe eines Rücktritts zusammengefasst: Als der letzte DDR-Rektor, im vereinigten demokratischen Deutschland durch ehemalige SED-Genossen und Freunde wiedergewählt, erfuhr, dass die neue übergeordnete Dienststelle der Thüringer Landesregierung über die Vorgänge um Hermann Gerber informiert wurde, ist er vor seiner eigenen SED-Vergangenheit aus der Hochschule geflüchtet. Weil sich die Leitung der Musikhochschule seit 2006 keine kritische Position zu diesem Buch erarbeitet hat, ist es jetzt an der Zeit, die Notwendigkeit einer Korrektur zu erkennen und für eine realitätsnahe Vergangenheitsklärung zu wirken. Endlich muss öffentlich mitgeteilt werden, dass es auch an dieser Hochschule eine Minderheit charakterlich aufrichtiger Mitarbeiter gab, die als vorsichtig Andershandelnde auf die von der SED verteilten Privilegien verzichtet und die Ehre der Hochschule während der Diktatur bewahrt haben. Das aber kann nicht allein die Aufgabe der ehemals schwer benachteiligten Mitarbeiter sein, zumal deren eigene Rehabilitierung noch immer nicht realisiert wurde. Hermann Gerber allerdings wurde im Rahmen der „demokratischen Erneuerung aus der

---

[245] Siehe „Die Gerberbriefe".
[246] Ebd.

Ferne" durch eine Personalkommission der Musikhochschule Weimar am 7. November 1991 und schließlich durch das Thüringer Ministerium für Wissenschaft und Kunst am 26. November 1991 in allen Punkten rehabilitiert. Solange die Leitung der Hochschule nicht mit einem kritischen Neuansatz der SED-Diktatur gerecht wird, muss ein „offener Freundeskreis" der Hochschule in einer Reihe von öffentlichen Aktivitäten die Rehabilitation der altehrwürdigen Weimarer Musikhochschule allein betreiben.

Der ursprüngliche Buchauftrag bezog sich nur auf die NS-Zeit. Wolfram Huschke hat die DDR-Zeit hinzugefügt, verfehlt dargestellt und dabei das mit Steuergeldern finanzierte historiografische Ärgernis „Zukunft Musik" geschaffen, das wir der nächsten Generation nicht unkommentiert überlassen dürfen. Es ist mehr als nur peinlich, wenn heutzutage Korrektive total verfehlter DDR-Aufarbeitungsergebnisse nachgereicht werden müssen. Das verweist einmal mehr auf die Notwendigkeit qualifizierter staatlicher Programme.

Replik auf ein Podiumsgespräch von Radio LOTTE Weimar am 19.11. 2015

Radio LOTTE veranstaltete eine Sendereihe zum Thema „25 Jahre Deutsche Einheit – Geschichten über Geschichte" im Großen Sendesaal des Funkhauses. Am 19.11.2015 fand die Lesung und Podiumsdiskussion „Demokratische Erneuerung aus der Ferne" mit Roland Mey, Christoph Stölzl, Detlef Altenburg und Hildigund Neubert statt. Diskutiert wurden u.a. die Hintergründe des fluchtartigen Rücktritts des letzten SED-Rektors der Musikhochschule Weimar im Herbst 1990.

Bildunterschrift: Auf dem Podium von rechts Prof. Dr. Christoph Stölzl, Präsident der HfM Weimar; Moderatorin Hildigund Neubert, Vize-Präsidentin der Konrad-Adenauer-Stiftung; Autor Dipl. Phys. Roland Mey; Prof. Dr. Detlef Altenburg, ehemaliger Direktor des gemeinsamen Instituts für Musikwissenschaft Jena-Weimar (Foto: Maximilian Wolf/TLZ).

Präsident und Senat der HfM hatten den Veranstalter über Wochen darüber im Unklaren gelassen, ob überhaupt ein eingeladener Vertreter der HfM auf das Podium kommen wird. Drei Tage vor dem in der HfM über einige Wochen plakatierten Podiumsgespräch rief mich Professor Stölzl an und teilte mit, dass Herr Altenburg die Musikhochschule vertreten wird.

Vor der Veranstaltung[247] hatte mir Detlef Altenburg, der ehemalige Direktor des gemeinsamen Instituts für Musikwissenschaft Jena-Weimar, im Saal in Weimar hörbar für Besucher mitgeteilt, dass ich das Buch „Zukunft Musik" von Wolfram Huschke erst vollständig lesen solle und auch verstehen müsse, bevor ich dazu eine Meinungsäußerung abgeben könne. Dabei hielt Herr Altenburg das dicke Buch mit von ihm eingefügten gelben Lese-Klebstreifen demonstrativ in der Hand und informierte mich zusätzlich, dass er sogleich vorlesen werde, welches Verständnis der Leser dem Buch entgegenbringen sollte.

Entsprechend gestaltete sich der Abend. Zwei meiner Gesprächspartner auf dem Podium kamen aus der Bundesrepublik und hatten sowohl die DDR als auch unsere hochproblematischen Jahre 1989 und 1990 nicht selbst erlebt. So hatte der Präsident der Hochschule für Musik, Christoph Stölzl, wenige Tage vor diesem Abend noch über die Thüringer Landeszeitung unter der Überschrift „Hintergründe eines Rücktritts" mitgeteilt: „Da ich selbst kein DDR-Bürger war und zu dieser Zeit nicht an der Hochschule war, kann ich das Thema schlecht einschätzen."[248]

Im Verlaufe des Abends bezeichnete Christoph Stölzl die Rehabilitation der Stasi-Opfer an der Hochschule als abgeschlossen. Das ist falsch, solange die Vergangenheit der Hochschule und insbesondere die Stasi-Akten, aus denen neue Opfer-Namen erwartet werden müssen, noch nicht aufgearbeitet sind. Ausgerechnet Professor Stölzl arbeitet gegenwärtig daran und teilte mir im Brief vom 19. Februar 2015 mit: „Ich habe von der BStU, Außenstelle Erfurt, dieser Tage die Nachricht erhalten, dass man einen umfangreichen Aktenbestand für mich zur Einsicht bereit hat. Sollten sich bei der Arbeit daran neue Gesichtspunkte ergeben, werde ich Sie informieren."[249] Bisher bekam ich von Stölzl keine Information.

---

[247] Vgl. www.radiolotte.de/beitraege/?read=1328 (30.05.2016): Radio LOTTE veranstaltete eine Sendereihe zum Thema „25 Jahre Deutsche Einheit – Geschichten über Geschichte" im Großen Sendesaal des Funkhauses. Am 19.11.2015 fand die Lesung und Podiumsdiskussion „Demokratische Erneuerung aus der Ferne" mit Roland Mey, Christoph Stölzl, Detlef Altenburg und Hildigund Neubert statt. Diskutiert wurden u. a. die Hintergründe des fluchtartigen Rücktritts des letzten SED-Rektors der Musikhochschule Weimar im Herbst 1990.

[248] Wolf, Maximilian: Hintergründe eines Rücktritts, in: TLZ Ausgabe Weimar vom 10.11.2015, S. 13.

[249] Privatarchiv Roland Mey: Brief des Präsidenten der HfM Weimar, an Roland Mey, vom 19.02.2015 bezüglich Briefes von Roland Mey an Christoph Stölzl vom 08.02.2015.

Detlef Altenburg teilte mit, dass das Buch „Zukunft Musik" nicht als Chronik, sondern als „Kulturgeschichte im historischen Kontext" geschrieben wurde. Nachdem ich diese berechtigte Änderung der Terminologie bezüglich der „Kulturgeschichte" akzeptiert hatte, musste ich allerdings darauf hinweisen, dass das wichtigste Element des historischen Kontextes in der DDR-Zeit, der Einfluss der Stasi, im Buch fehlt. Ohne Stasi hätte es nämlich die DDR und auch die Musikhochschule, so wie sie damals war, nicht gegeben – zumindest nicht über 40 Jahre hinweg.

Mit der neuen Terminologie (anstelle von Chronik) wurde das von mir beanstandete Problem durch die Herren Huschke und Altenburg quasi „offen quadriert" und nun für jedermann sofort offensichtlich. Das muss wohl Altenburg dazu veranlasst haben, plötzlich und überraschend mitzuteilen, dass Wolfram Huschke den DDR-Teil seiner hochschulgeschichtlichen Darstellung als Fehler erkannt hat und diesen aus heutiger Sicht aus dem Buch herauslassen würde.

Der Historiker Christoph Stölzl disqualifizierte die Gerber-Briefe als „Momentaufnahme" und den von mir dargestellten Zusammenhang zu Müller-Nilssons Rücktritt als „Argumentation ohne Boden". Radikaler könnten auch die ehemaligen akademischen SED-Genossen eine personenbezogene DDR-Aufarbeitung nicht abwehren.[250]

Seinen letzten Redebeitrag schloss Detlef Altenburg mit der Aussage, dass es auch in der westdeutschen Demokratie beispielsweise durch Nichtbereitstellung finanzieller Mittel eine Verhinderung von Karrieren gab.

Detlef Altenburg hatte nicht begriffen, worum es hier ging!

Was nahm ich, Roland Mey, aus der Podiumsdiskussion mit: Erste vorsichtige Rücknahmen von bisher festgeschriebenen Positionen, Offenbarung von Wissensdefiziten bei im Westen sozialisierten Diskussionspartnern, Diskussionsbeiträge von Zuhörern, die Nebenkriegsschauplätze bedienten, jedoch nicht die Kernthemen der fehlenden Aufarbeitung ansprachen (welcher HfM-Abhängige wird sich bei diesem Stand der zeithistorischen Aufarbeitung an der HfM öffentlich exponieren?).

Erwähnenswert: Ein einziger kritischer Redebeitrag von Matthias Huth aus Weimar wurde in erweiterter Form im Internet bei Facebook im Weimarer Bürgerportal veröffentlicht.[251]

Die TLZ reflektierte den Abend mit einem umfangreichen Artikel vom 21. November 2015 unter dem Thema „Opfer von DDR-Unrecht an der HfM wurden rehabilitiert", eine Aussage des Präsidenten der Hochschule.[252]

---

[250] Vgl. Anm. 41, S. 117 Defekte einer Hochschulchronik, Ausgabe 2018
[251] Vgl. Beitrag von Matthias Huth am 20.11.2015 auf Facebook: www.facebook.com/groups/Weimarer.Buergerportal/permalink/1134722539872901/ (21.06.2017).
[252] Vgl. Maximilian Wolf: Opfer von DDR-Unrecht an der HfM wurden rehabilitiert, in: TLZ Ausgabe Weimar vom 21.11.2015, S. 15.

Diese Formulierung des Volontärs der TLZ, Maximilian Wolf, war wohl ironisch gemeint. Oder hatte er als Vertreter der nachgewachsenen Generation, die die DDR-Zeit nur vom Hörensagen kannten, nicht verstanden, was hier vorging? Sogar den Gerber-Brief vom 14. August 1990 mit Abschrift an den Bundeskanzler Dr. Helmut Kohl – in meiner Lesung vor der Diskussionsrunde als Ursache für den fluchtartigen Rücktritt (23. November 1990) des SED-Rektors Müller-Nilsson dargestellt – datierte Herr Wolf falsch auf „Ende 1990" und zerstörte dadurch seine eigene TLZ-Vorankündigung vom 10. November 2015 „Hintergründe eines Rücktritts".[253] Schlampige journalistische Arbeit. Wie soll da Geschichte aufgearbeitet werden?

Wenn am 19. November 2015 an einer altehrwürdigen Universität die triviale rhetorische Frage „Braucht das Land Versöhnung?" gestellt wird – so geschehen zum „Thüringentag der Philosophie"[254] in Jena – dann darf die Musikhochschule Weimar dieses Thema nicht ablehnen. Sie könnte beispielsweise die gegenwärtig bekannten, ehemals schwer Benachteiligten im Rahmen einer ehrenvollen Konzertveranstaltung moralisch rehabilitieren und nach den noch unbekannten Namen in den eigenen Stasi-Akten suchen – so einfach könnte das sein!

Ein Resümee

- Der Autor der Geschichte der Musikhochschule Weimar „Zukunft Musik" im historischen Kontext (ohne den Stasi-Kontext) ließ mitteilen, dass er die Unzulänglichkeit des DDR-Teils seines Buches erkannt hat und diesen aus heutiger Sicht nicht wieder veröffentlichen würde.
- Der Präsident der HfM liest den von der Bundesbehörde für Stasiunterlagen bereitgestellten umfangreichen Aktenbestand und teilt im Schreiben vom 19. Februar 2015 mit, dass er mich informieren wird, wenn sich „bei der Arbeit neue Gesichtspunkte"[255] ergeben.
- Der Wissenschaftsminister, ehemals selbst Bürgerrechtler in Leipzig, antwortet im Rahmen einer Weihnachtskarte mit den vielversprechenden Worten „Wir müssen dranbleiben, von selbst geht nichts voran."[256] Aus der Staatskanzlei wird im Schreiben vom 18. Dezember 2015 mitgeteilt,[257] „[...] mit großer

---

[253] Vgl. Anm. 41, S. 118, Defekte einer Hochschulchronik, Ausgabe 2018

[254] Vgl. Hirsch, Wolfgang, Die Versöhnung muss von den Tätern ausgehen, in: TLZ Ausgabe Weimar vom 19.11.2015, S. 16.

[255] Vgl. Anm. 40. S. 116, Defekte einer Hochschulchronik, Ausgabe 2018

[256] Privatarchiv Roland Mey: Weihnachtskarte von Wolfgang Tiefensee aus Erfurt an den Autor, Dezember 2015.

[257] Privatarchiv Roland Mey: Schreiben der Staatskanzlei des Freistaates Thüringen an den Autor, gezeichnet Ursula Heinemann, Bezug nehmend auf Schreiben des Autors an den Thüringer Ministerpräsidenten vom 01.12.2015.

Aufmerksamkeit gelesen" und der zuständige Staatssekretär wird antworten.[258]

- Der Leiter der Abteilung „Hochschulen" im Ministerium für Wirtschaft, Wissenschaft und Digitale Gesellschaft des Freistaats Thüringen, Peter Gemmeke, teilt im Schreiben vom 23. Februar 2016 mit: „Es ist festzuhalten, dass die HfM die rechtlich gebotene Aufarbeitung ihrer Verstrickung in die Parteidiktatur der SED bzw. die Unterdrückungsmaßnahmen der Staatssicherheit unmittelbar nach dem Ende der DDR in den Jahren 1991/1992 geleistet hat."[259]

Bei der Frage „Braucht das Land Versöhnung?" werden Prämisse und Konklusion miteinander verwechselt. Richtig formuliert: *Wenn* Vergangenheit aufgearbeitet ist, *dann* wird es im Land (quasi von allein) Versöhnung geben.

* * *

„Peinliche Defekte" ist meinem Bruder gewidmet: Konzertpianist Gerhard Mey (1927–1997), Carl-Maria-von-Weber-Preisträger. Gerhard Mey gehörte zu den Menschen, die auf Privilegien verzichtend sich gegen jegliche Diktatur zur Wehr setzen. Gegenwärtig ist es notwendig, unsere Sinne für Freiheit und Demokratie im Spiegel der Diktatur zu schärfen. Dazu höre ich meinen Bruder, der aufgrund einer schweren Krankheit die Freiheit in den 1990er Jahren nicht mehr genießen konnte, sagen: „Engagiere dich – für mich mit!"

---

[258] Susanne und Johannes Wallmann haben ebenfalls Prof. Dr. Christoph Stölzl öffentlich zum Rücktritt aufgefordert (Brief vom 19.01.2016) und Minister Wolfgang Tiefensee am 22.06.2016 per Email daran erinnert. Im Widerspruch zur Antwort, die ich vom Abteilungsleiter Peter Gemmeke am 23.02.2016 erhalten hatte, schreibt der Minister am 31.08.2016 an das Ehepaar Wallmann: „Das von Ihnen angesprochene Thema der Aufarbeitung der DDR-Vergangenheit an den Thüringer Hochschulen – eingeschlossen an der HfM – ist in meinem Haus präsent. Ich halte es für wichtig, weitere Diskussionen hierzu anzustoßen und zu befördern." Aus: Susanne Wallmann/H. Johannes Wallman (Hrsg.): Kunst – Eine Tochter der Freiheit, Berlin 2017, S. 363.

[259] Privatarchiv Roland Mey: Schreiben vom 23.02.2016.

Roland Mey

Die Gegenwart der Vergangenheit der Hochschule für Musik FRANZ LISZT Weimar - ein erster Ansatz zur Aufstellung einer *Opferdatei*.
Gedanken zum Jahr 2022 – die HfM und der Umgang mit *„ihren Opfern"* [260]

Wenn wir das Geschehen in Weimar nicht öffentlich kritisieren, dann legen wir den Grundstein für eine Zukunft nicht nur mit Klima-Katastrophe und Ukraine-Krieg!

Das Jubiläum „150 Jahre Musikhochschule"
wurde im Januar/Februar 2022 in Weimar mit dem Leitmotiv „Zurück in die Zukunft" gefeiert und im Internet angekündigt: „Aufgeteilt auf vier große Blöcke ließ die Hochschule nun in Podiumsdiskussionen die historischen Schlüsselereignisse Revue passieren, reflektierte ihr Handeln und ihre Lehre unter den jeweiligen Vorzeichen und versuchte, Antworten auf gegebenenfalls offene Fragen zu finden." In den Gesprächen wurden aber weder brisante politisch-historische Handlungen reflektiert noch Antworten auf offene Fragen gegeben.

Das Podiumsgespräch vom 6. Februar 2022 (Akt III, 1945-1989) war mir Anlass zum Schreiben einer Opferdatei mit bereits bekannten HfM-Geschädigten aus der DDR-Zeit. Dadurch sollte eine Würdigung und Rehabilitierung dieser ehemals Andershandelnden an der HfM erreicht werden. Die diesbezüglichen Kenntnisse kommen insbesondere aus vielen Gesprächen mit meinem Bruder, Konzertpianist und Weberpreisträger Gerhard Mey (1927-1997), der sein musikalisches Leben an der Hochschule in Weimar verbracht hat. Die Mails, die ich in der Vorwoche des Podiumsgespräches mit den Namen der Geschädigten an die Organisatoren und Gestalter geschrieben hatte, wurden in Weimar leider wahrgenommen als „Trommelfeuer" von einem „ganz und gar unversöhnlich wirkenden Netzwerk", von Leuten, „die im Grunde fast auf Racheakte aus waren" und „die Aufarbeitung und Denunziation nicht auseinanderhalten können" - so militant wiedergegeben im Zeitungsartikel *„Kein Tag der Abrechnung"* von Michael Helbing einen Tag nach dem Podiumsgespräch (TLZ und OTZ vom 07.02.22). Am 03.02.22 war in der TLZ mein Leserbrief *„Die Leiden der Musikhochschüler"* mit sieben Namen erschienen. Keiner dieser Namen wurde auf dem Podium erwähnt. Dort erinnerten sich die Professorin Ursula Dehler an die DDR-HfM Weimar mit den Worten *„nur Gutes erfahren"* und der Professor Erich Wolfgang Krüger an die DDR-HfM Berlin mit den Worten *„Es war so eine Wärme in unserer Hochschule"* (aus *„Kein Tag der Abrechnung"*). Waren diese Zeitzeugen gezielt eingeladen worden? Im Podiumsgespräch vom 13. Februar 2022 (Akt IV, 1990 bis heute) nach Aussage von

---

[260] Stand Juni 2020.

Kennern und Freunden der HfM auch nur „substanzlose Quasselei"; kein Wort zur systematischen Aktenvernichtung zu Beginn der 1990er Jahre und zum brisant-skandalösen „Fall Wallmann-Hoffmann". Hans-Peter Hoffmann, der ehemals an der HfM als Lehrkraft für Marxismus-Leninismus tätig war, schreibt am 04.05.2006 die Stellungnahme der HfM im Rahmen der beruflichen Rehabilitierung, die Johannes Wallmann als HfM-Geschädigter bei den zuständigen Thüringer Landesbehörden beantragt hatte. Herr Wallmann ist der am umfangreichsten dokumentiert Geschädigte.

Bezüglich der HfM Weimar sind nur zwei offizielle Rehabilitierungsverfahren bekannt, das von Johannes Wallmann und das von Hermann Gerber. Verschiedene Dokumente dazu sind veröffentlicht im Buch „Defekte einer Hochschulchronik".[261]

Das (a)politische Verhalten von Musikern

Ehemalige KGB-Offiziere als auch Stasi-Offiziere und führende SED-Genossen sind noch immer brandgefährlich. Das musste die Welt (spätestens) mit Beginn des brutalen Putin-Krieges gegen die Ukraine zur Kenntnis nehmen. Hochprivilegierte Musiker wollen auch nur auf Teile ihres unermesslichen Reichtums nicht verzichten, während viele Menschen in unvorstellbares Leid getrieben werden oder in den Tod. Der Star-Dirigent und Putin-Freund Valery Gergijew, seit 2015 Chef der Münchner Philharmoniker, hat sich auch nach Aufforderung durch den Münchner Oberbürgermeister nicht von Putins Angriffskrieg distanziert und wurde deshalb entlassen. Die Star-Sopranistin Anna Netrebko, die im Oktober 2021 im Kreml ihren 50. Geburtstag mit einer Putin-Laudatio gefeiert hat, formuliert naiv ausweichend: „Ich bin keine politische Person." Auf die Spitze getrieben hatte das der niederländische Schauspieler und Sänger Johannes Heesters, der im hohen Alter bezogen auf Adolf Hitler vor laufender Kamera sagte: „Zu mir war er immer gut." Leider erkennen die Weimarer Musik-Professoren die kontraproduktive politische Vorbildwirkung ihres Auftretens während der Podiumsgespräche nicht. Und der Präsident Prof. Dr. Christoph Stölzl, der im Rahmen von „150 Jahre Musikhochschule Weimar" neben dem Reiterstandbild von Herzog Carl August vor laufender MDR-Kamera verkündet *„Musik ist praktizierte Humanität"*, äußert sich in den Podiumsgesprächen zur Hochschulvergangenheit zu den durch die Hochschule Geschädigten nicht.

Das darf an einer akademischen Ausbildungsstätte nicht kritiklos hingenommen werden.

Publikationen ausnahmslos von außenstehenden Autoren

In Weimar gibt es für den Zeitraum 1945-89 keine durch Mitarbeiter der Hochschule veröffentlichten (gültigen) Texte zur Aufarbeitung der Vergangenheit. Der Autor des Buches *Zukunft Musik - Eine Geschichte der Hochschule für Musik*

---

[261] Knoblauch, Günter und Mey, Roland; Mitteldeutscher Verlag (mdv), Halle 2018.

FRANZ LISZT Weimar, Prof. Dr. Wolfram Huschke,[262] hatte seinem Kollegen Prof. Dr. Detlef Altenburg bereits am 19. November 2015 während eines Podiumsgespräches von Radio „Lotte" Weimar mitteilen lassen: Er (Huschke) habe die Unzulänglichkeit des DDR-Teils seines Buches erkannt und würde diesen Teil aus heutiger Sicht nicht wieder veröffentlichen. Ein Substitut für diese Lücke existiert bis heute nicht.

Die selbstverschuldete Situation ist jetzt für die Hochschule mehr als peinlich: Der Hochschulpräsident Prof. Dr. Stölzl liest einen von der Bundesbehörde für die Stasiunterlagen bereitgestellten „umfangreichen Aktenbestand"[263] und teilt mir mit Schreiben vom 19. Februar 2015 mit, dass er mich informieren wird, wenn sich „bei der Arbeit neue Gesichtspunkte ergeben". Offensichtlich konnte Stölzl in den Stasiakten der Hochschule, die auch Huschke in seinem Buch „Zukunft Musik" unbeachtet gelassen hatte, keine relevanten Gesichtspunkte erkennen.

Ganz anders muss das Weimarer Stasi-Material von Prof. em. Dr. Gottfried Meinhold gelesen worden sein, der als Außenstehender 2021 ein Buch zu nur zwei (von mit Sicherheit etlichen) Inoffiziellen Stasi-Mitarbeitern (IM) der HfM geschrieben hat: „Prominente Professoren der Musikhochschule Weimar als Handlanger der DDR-Staatssicherheit".[264]

Während des Podiumsgespräches zur DDR-HfM vom 6. Februar 2022 wurde das Buch über die beiden prominenten HfM-Stasi-Handlanger verschwiegen!

Und das nicht nur vom Präsidenten Stölzl, der sich mit Schreiben vom 10.02.2021 beim Herausgeber schriftlich bedankt hatte - „... für die Übersendung des hochinteressanten Buches ... Wir werden es mit großer Neugier studieren ..." -, auch vom auf dem Podium sitzenden HfM-Archivleiter Dr. Christoph Meixner, der bei der Entstehung des Buches behilflich war. Warum schwieg Meixner?

Das Gespräch konnte aber in Weimar auch deshalb nicht gelingen, weil außer Prof. Dr. Peter Gülke keine ehemals Andershandelnden auf dem Podium saßen.

Um die Musikhochschule richtig einschätzen zu können, sollte man auch wissen, dass aus dem „Vorläufigen Konzil" der HfM am 17. November 1990 - also nach der deutschen Wiedervereinigung! - 13 (von 20) Stimmberechtigte den letzten SED-Rektor Müller-Nilsson erneut in sein Amt gewählt haben. Die Musikhochschule

---

262 Böhlau Verlag, Köln Weimar Wien, 2006.

263 Anmerkung G. Knoblauch: Die damalige Landesbeauftragte des Freistaats Thüringen für die Unterlagen des Staatssicherheitsdienstes der DDR (LBA), Frau Hildigund Neubert, berichtete mir, dass sie die Akten für Stölzl bereitgelegt habe, dieser jedoch daran wenig Interesse zeigte.

264 Arbeitspapier des Forschungsverbundes SED-Staat der FU Berlin Nr. 52/2021.

hatte 1990 nicht das Potential, sich selbst zu erneuern! Es kam in Weimar, wie es kommen musste: „Demokratische Erneuerung aus der Ferne".[265]

Was würde der Europäer Franz Liszt heute sagen

zu der endlosen historischen Blamage der Musikhochschule Weimar? Unter dem Rektor (1955-1965) Werner Felix erhielt die Hochschule im Jahr 1956 ihren heutigen Namen: Hochschule für Musik „Franz Liszt" Weimar. Damit wollte die Hochschule für sich ein europäisches Format in Anspruch nehmen und von einer fatalen provinziellen Ignoranz bezüglich der Verstrickungen in das Elend einer kommunistischen Diktatur ablenken. Rektor Felix, einer der härtesten SED-Einpeitscher, forderte beispielsweise am 30.10.1961 - also unmittelbar nach dem Bau der Berliner Mauer - mit einer selbstbindenden Proklamation dazu auf, „immer und überall die Wahrheit von der Überlegenheit des Sozialismus, der Unbesiegbarkeit der Ideen des Marxismus-Leninismus und von unserem Arbeiter- und Bauernstaat in das Bewusstsein eines jeden Angehörigen unserer Hochschule einzupflanzen"[266] (aus: Defekte einer Hochschulchronik, S. 100/101). So wurde der große Europäer Liszt in Weimar immer wieder missbraucht, ehemals durch die SED-Genossen, heute als Schirmherr der Ignoranz der Hochschulleitung gegenüber einer Aufarbeitung der kommunistischen Vergangenheit.

Es ist mehr als seltsam, dass ausgerechnet die beiden Protagonisten der langjährigen Abwehr von lebendiger DDR-HfM-Aufarbeitung, der Präsident (2010-2022) Prof. Dr. Christoph Stölzl und der Archivleiter (seit 2010) Dr. Christoph Meixner, in der Bundesrepublik sozialisiert wurden. Die kommissarische Leiterin des Hochschularchivs (bis 2010), Dr. Irina Lucke-Kaminiarz, hatte im Antwortschreiben vom 02.02.2010 an den Forschungsverbund SED-Staat der FU Berlin noch wohlwollend mitgeteilt: „Ihr Schreiben [Anfrage vom 21.01.2010] wird zum Anlass genommen, ein Forschungsprojekt, das sich dem Thema „Repression und Widerstand in der SBZ/DDR bis 1989/90" an der Hochschule widmet, zu beantragen".[267] Unter den Historikern Stölzl und Meixner wurde eine hochschulinterne Aufarbeitung von DDR-Vergangenheit wiederum nicht realisiert. Die diesbezügliche Rückfrage aus dem Jahr 2013 haben beide unbeantwortet gelassen.

Mit Sicherheit würde Franz Liszt, der in vielen europäischen Ländern erfolgreich tätig war und die Idee einer „Weltliteratur in Tönen" hatte, sich heute von den hochschulinternen politisch-moralischen Vorgängen der Vergangenheit und Gegenwart distanzieren und auf die "Ehre" als Namensgeber dieser Musikhochschule verzichten.

---

265 Mey, Roland: Demokratische Erneuerung aus der Ferne,
     Zeitschrift des Forschungsverbundes SED-Staat der FU Berlin, Nr. 38/2015, S. 72-74.
266 Knoblauch, Mey, Defekte einer Hochschulchronik, mdv, Halle 2017, S. 100 ff.
267 Ebd. S. 24.

Die Reflexionen der Thüringischen Landeszeitung

Anlässlich von „150 Jahre Musikhochschule Weimar" spitzte sich die Auseinandersetzung zwischen der Hochschule und einer kleinen Gruppe von HfM-Freunden und um Aufklärung Bemühten zu, die in der Thüringischen Landeszeitung im Februar 2022 reflektiert wurde:

„Die Leiden der Musikhochschüler", TLZ-Leserbrief vom 03.02.22 von Roland Mey, Leipzig; *„Kein Tag der Abrechnung"*, TLZ- und OTZ-Artikel vom 07.02.22 von Michael Helbing, Weimar; *„Eingeständnis und bleibender Dissens"*, TLZ-Leserbrief vom 14.02.22 von Prof. em. Dr. Gottfried Meinhold, Jena; *„Als die Kirchenmusik liquidiert wurde"*, TLZ-Leserbrief vom 16.02.22 von Peter E. Rompf, Hannover

Erste Schritte zur Aufstellung einer „Opfer-Datei"

Jetzt gibt es weitere von Außenstehenden (!) recherchierte Erkenntnisse. Zum nachstehenden „Versuch der Aufstellung einer Opferdatei der HfM Weimar" sind die Vorgänge um die Geschädigten (außer Winter, Kemlein und Gülke) beschrieben im Buch „Defekte einer Hochschulchronik". In „Prominente Professoren der Musikhochschule Weimar als Handlanger der DDR-Staatssicherheit"[268] ist der Vorgang um Gabriele W.[269] dokumentiert. Zu Hermann Gerber ist das Rehabilitierungsschreiben der HfM veröffentlicht[270].

Bis heute sind Traumata und Ängste erhalten geblieben. Weil Aufarbeitung fehlt! Jetzt sind viele Namen von Geschädigten in Vergessenheit geraten. Und in den Stasi-Akten wurden die „Namen Dritter" (auch Opfer-Namen) aus datenschutzrechtlichen Gründen geschwärzt!

Aus den Akten der Stasi-Spitzel an der HfM

Die beiden prominenten Professoren der HfM Weimar; GI/IMS „Otto", mit Klarnamen Prof. Dr. Paul Michel, und IM „Meiler", mit Klarnamen Prof. Dr. Karl-Heinz Köhler; deren Hauptaufgabe die Spionagetätigkeit im „Nichtsozialistischen Wirtschaftsgebiet" (NSW) war, geben uns aber in ihren Stasi-Kontakten Auskunft über weitere durch die HfM geschädigte Personen. In der Erinnerung älterer Betroffener sind oftmals nur noch Zahlen geblieben. Aus der nachstehenden Übersicht - „Versuch der Aufstellung noch nicht identifizierter „Opfer Namen" - zu unerforscht gebliebenen bzw. unkenntlich gemachten Namen können die Leser *„nur noch"* die konkreten Vorgänge und die jeweiligen Umfänge der Repressionen erkennen.

---

268 Arbeitspapiere des Forschungsverbundes SED-Staat der Freien Universität Berlin, ZdF 52/2021, 173 Seiten; ISSN 0942-3931.
269 Ebd., Seiten 158-168.
270 Ebd., Seiten 169-170.

Ein befreiender „Schlussakkord"?

Am 24. Juni 2022 feierte die Musikhochschule mit einem Festkonzert in der Weimarhalle den 150. Geburtstag und die Investitur der Präsidentin Prof. Anne-Kathrin Lindig. Auf einer HfM-Internetplattform wurde aufgerufen: „Fühlen Sie sich eingeladen, auch Ihre eigenen Geschichten, Fotos oder andere Erinnerungsstücke einzureichen."

Erinnerungen an „nur Gutes", so als hätte die Musikhochschule die beiden Diktaturen der Vergangenheit nicht erfahren, oder historisch wahrhaftig auch an die politischen Verformungen und Verfehlungen dunkler Zeiten?

Nachstehend werden Namen von Geschädigten sowie verschiedene Denunziationsvorgänge „eingereicht". Mit gutem Willen lassen sich dazu in den archivierten HfM-Unterlagen zusätzliche Namen finden. Nun ist aber zu befürchten, dass es unter Frau Lindigs Präsidentschaft keine grundsätzlichen Veränderungen an der HfM in Weimar geben wird.

Sie antwortete als designierte HfM-Präsidentin am 22.01.2022 auf eine Frage des MDR-Redakteurs Thomas Bille bezüglich eines Übergangs aus der 12-jährigen Arbeit ihres Vorgängers: *"Ich denke, da kann ich nahtlos anschließen."* Dann werden die Opferdateien im unveränderten Aufarbeitungsdesinteresse der Hochschule die Spitze eines unerforschten Eisberges und die historische HfM-Blamage endlos bleiben.

Der bisherige Präsident Stölzl verlässt die Musikhochschule Weimar mit einem amoralischen Paukenschlag: Nachdem er dem letzten SED-Rektor (1980-1990) Müller-Nilsson als Ehrensenator und mit einer öffentlichen Geburtstagslaudatio gehuldigt hatte, läd Herr Stölzl die von diesem Rektor aus politischen Motiven exmatrikulierte ehemalige Studentin Gabriele W. als Ehrengast und Zeitzeugin im Rahmen der Festveranstaltungen „150 Jahre Musikhochschule" zu einem öffentlichen Podiumsgespräch ein (06.02.2022). Frau W. hat diese Einladung in Kenntnis der Situation nicht angenommen. Sie hatte 1983 ihr Studentenzimmer mit einem Fensterplakat als „Atomwaffenfreie Zone" deklariert, bekam daraufhin ein Disziplinarverfahren und wurde 1984 vom (gegenwärtigen) HfM-Ehrensenator Müller-Nilsson exmatrikuliert.

Die Musikhochschule Weimar darf den Namen Franz Liszt nicht länger missbrauchen und muss endlich selbst (!) in den hauseigenen Archivbeständen nach weiteren Geschädigten suchen, eigene Schuld bekennen und alle ehemals an der Hochschule Andershandelnden mit einer öffentlichen Erklärung moralisch rehabilitieren. Nach drei Jahrzehnten hat die Hochschule einen für die Betroffenen befreienden musikalischen „Schlussakkord" zur Ehrung der ehemals Andershandelnden unmöglich gemacht. Am 07.02.22 informierte die TLZ: „Etliche Zeitzeugen, die man für ein Gespräch über die Zeit zwischen 1945 und 1989 anfragte, winkten dankend ab." Von einer an Aufarbeitung desinteressierten Hochschule lassen sich Gedemütigte, Erpresste und Geschädigte weder auf ein Podium noch als „Ehrengäste" in eine Konzertveranstaltung locken.

* * *

Versuch der Aufstellung einer Opferdatei der HfM Weimar: bekannte Namen

Prof. Ilse Stapff-Drewes (Sprecherziehung) wurde bald nach 1946 in den "Mittelbau" zurückgestuft, nur weil ihr Mann in München geblieben war und sie sich nicht scheiden lassen wollte.

Ilse Winter, spätere Dramaturgin am Theater in Weimar, danach in Berlin, wurde wegen ihrer Zugehörigkeit zur evangelischen Studentengemeinde im Jahr 1953 exmatrikuliert. Nach dem Volksaufstand vom 17. Juni 1953 konnte sie das Studium fortsetzen.

Dr. Magdalene Kemlein (Schulmusik) blieb, wie auch Ilse Winter, zusammen mit sechs weiteren Kommilitonen, deren Namen noch unbekannt sind, in einer von der Hochschulleitung angesetzten „Inquisitions-Versammlung" gegen die evangelische Studentengemeinde standhaft und wurde 1953 exmatrikuliert. Erst nach dem 17. Juni konnte sie ihr Studium fortsetzen.

Prof. Dr. Peter Gülke (Musikwissenschaftler und Orchesterleiter) gehörte zu den Erpressten, die 1953 in der „Inquisitions-Versammlung" zur Abstimmung für die politisch motivierte Exmatrikulation von acht Kommilitonen gezwungen wurden, und musste während der DDR-Zeit weitere Repressalien erdulden. Nachdem der Druck seitens der Stasi unerträglich geworden war, blieb er 1983 nach einem Gastspiel in Hamburg in der Bundesrepublik, wo er von IM „Meiler" weiter „abgeschöpft" werden sollte. (Dazu von Peter Gülke *Mein Weimar*, Suhrkamp/Insel, 2019)

Klaus S. (Geige) - will nicht genauer benannt werden - musste 1958 das Schloss Belvedere verlassen. Er hatte die "Hitparade" von Radio Luxemburg gehört, wurde daraufhin in eine Schlosserei des Kunstfaserwerkes „Wilhelm Pieck" in Rudolstadt-Schwarza „umgesetzt" und hatte dort als Ungelernter einen Unfall an der linken Hand.

Peter E. Rompf (Kirchenmusiker, Orgel) bekam 1959 zusammen mit anderen Studenten plötzlich (vom Hausmeister!) ohne Begründung ein unbegrenztes Hausverbot ausgesprochen; ihm wurde mit Polizeigewalt gedroht. Seine Orgelschuhe und Noten musste er zurücklassen.

Reiner D. (Komposition) - will nicht genauer benannt werden - bekam sein Abschlusskonzert nicht für das Examen bewertet, weil er 1961 die Militärdienstverpflichtung nicht sofort unterschrieben hatte.

H. Johannes Wallmann (Fagott, Komposition) - aus politischen Motiven wurden trotz außergewöhnlicher Leistungen einige seiner Zeugnisnoten heruntermanipuliert. Er schrieb eine Diplomarbeit, bekam aber kein Diplom ausgehändigt. Im Jahr 2006 wurde Wallmann erneut durch die HfM geschädigt: Ein ehemaliger Lehrbeauftragter für Marxismus-Leninismus schrieb die HfM-Stellungnahme im Rahmen seines Rehabilitierungsantrages.[271]

Prof. Dr. Hermann Gerber (Gesang) wurde vom letzten SED-Rektor, Prof. Dr. Diethelm Müller-Nilsson, "reif gemacht für den Zugriff der Staatssicherheit" und kam ins Gefängnis. Im Jahr 1983 wurde er von der Bundesrepublik freigekauft und 1991 vollständig rehabilitiert.[272]

Gabriele W. (Geige) - will nicht genauer benannt werden - hatte ihr Studentenzimmer 1983 vermittels eines Fenster-Plakates als "Atomwaffenfreie Zone" deklariert, bekam daraufhin ein Disziplinarverfahren und wurde 1984 exmatrikuliert. (Wiederum vom SED-Rektor Müller-Nilsson, der heute HfM-Ehrensenator ist und für den Präsident Stölzl 2019 anlässlich des 90. Geburtstages eine Laudatio geschrieben und auf einer HfM-Internetplattform veröffentlicht hat.)

Konzertpianist und Weberpreisträger Gerhard Mey (1927-1997) wurde in seiner Pianisten-Karriere durch die HfM Weimar behindert. Er hatte in seinem Repertoire u. a. 23 Klavierkonzerte zur Verfügung - das Tschaikowski-b-Moll-Konzert spielte er fast 100 mal -, bekam ohne Parteimitgliedschaft keine Professur und durfte auch nicht in die Bundesrepublik reisen, in die er zum Konzertieren eingeladen worden war. Die Staatssicherheit muss aus der Musikhochschule die Auskunft erhalten haben: Der nicht![273]

---

[271] Siehe: Defekte einer Hochschulchronik, mdv 2017, Seiten 9 – 88.

[272] Ebd., Seiten 109 – 114.

[273] Siehe: Mey, Roland: „Weiße Flecken in der Musikgeschichte. Das Fallbeispiel Weimar", Zeitschrift des Forschungsverbundes SED-Staat der FU Berlin, ZdF 35/2014, S. 35 bis 42.

Versuch einer Aufstellung noch nicht identifizierter „Opfer-Namen"

„Die XXX-Exmatrikulierten" einer Studentengemeinde aus dem Jahr 1953. Der Zeitzeuge Peter Gülke konnte sich nach dem Podiumsgespräch vom 06.02.2022 nur noch an zwei (von insgesamt acht) Namen erinnern; Ilse Winter und Magdalene Kemlein.

„Die XXX-Eingesperrten", 150 bis 200 Gedemütigte, Erpresste und somit Geschädigte, die 1953 an der Musikhochschule in einer „Inquisitions-Versammlung" unter Androhung von Repressalien zur Abstimmung für die politisch motivierte Exmatrikulation ihrer acht Kommilitonen gezwungen wurden. (Zeitzeuge Peter Gülke konnte sich nicht mehr an die genaue Anzahl erinnern.)

„Die XXX-Kommilitonen", vier oder fünf Kirchenmusik-Studenten, denen mit Polizeigewalt gedroht wurde und die 1959 zusammen mit Peter E. Rompf unbegrenztes Hausverbot bekamen. (Rompf kann sich nicht mehr an die Namen erinnern.)

„Die XXX" - der Name ist unbekannt - hat bis 1968 an der HfM studiert und wurde Lehrbeauftragte für Sprecherziehung. Prof. Dr. Paul Michel (IM „Otto") berichtete nicht nur über ihre Diplomarbeit an die Stasi. Und „Prof. Slomma [ehemaliger Prorektor]… teilte dem IM [Michel] mit, daß ein Kind der XXX in der Schule (POS) Werkmaterial für die Christenlehre verbreitet hätte". Stasi-Hauptmann Pett, Führungsoffizier von Michel, protokollierte weiter, dass Frau XXX „zwar als klug, aber ideologisch nicht eindeutig bis schwankend eingeschätzt wird". Damit wurde die Weiterbeschäftigung an der Hochschule verhindert. [274]

„Die XXX-Schulmusikstudenten", die die staatlich vorgesehenen Stellen an den allgemeinbildenden Schulen verweigert haben und stattdessen in „Volksmusikschulen" Einzelunterricht erteilen wollten, bekamen bei erfolgreich abgeschlossenem Diplomverfahren (Diplom-Lehrer) anstelle der Diplom-Urkunde als Strafmaßnahme nur eine Examen-Urkunde ausgehändigt. Der HfM-Dozent Gerhard Mey kannte zu diesem Vorgang unter seinen Klavierschülern mindestens ein Beispiel aus den 1970er Jahren. Bei der zu dieser Zeit eindeutigen gesetzlichen Grundlage für Schulmusikstudenten muss das als Diplombetrug gewertet werden.

---

[274] Meinhold, Gottfried: „Prominente Professoren der Musikhochschule Weimar als Handlanger der DDR-Staatssicherheit". Zwei Fallbeschreibungen mit Dokumentation (1957-1989), Arbeitspapiere des Forschungsverbundes SED-Staat an der Freien Universität Berlin, Nr. 52/2021, S. 35 – 37 und 74 – 77.

„Fotograf PÄTZ" - der Vorname ist unbekannt - organisierte im Dezember 1983 im Jugendklub der Musikhochschule eine Fotoausstellung. Sein Bildmaterial hatte, so Prof. Dr. Karl-Heinz Köhler (IM „Meiler") in einer Mitteilung an Stasi-Oltn. Schimmelpfennig, „sozial-negative Erscheinungen zum Inhalt" und wirkte „auf eine größere Personenzahl (Besucher des Jugendclubs - Studenten) ideologisch negativ" ein. Die Hochschulleitung hat daraufhin die Ausstellung verboten und den FDJ-Sekretär der Hochschule „wegen Vernachlässigung der Aufsichtspflichten und mangelnder politischer Wachsamkeit mit einer Rüge bestraft".[275]

„Herr Seehafer" - der Vorname ist unbekannt - war 1989 Orchesterleiter eines „FDJ-Studentenorchesters". Er wurde entsprechend IM-Bericht als „Rädelsführer" beschuldigt, der „den Studenten eine Kiste Sekt versprochen hatte, wenn die Forderung „ohne Blauhemd" [Uniform der „Freien Deutschen Jugend"] durchgesetzt wird".[276]

* * *

---

[275] Ebd., Seite 146.
[276] Ebd., Seiten 103 und 156.

Die Autoren

Günter Knoblauch, geb. 1940 in Aue/Sachsen, 1958-1962 Besuch der Arbeiter-und-Bauern-Fakultät (ABF), 1962-1966 Studium der Elektrotechnik an der TU Dresden. Reiseleiter für Jugendtourist der DDR. 1966 Verhaftung durch das MfS – Haft in Dresden und Bautzen. 1968 Wasserwirtschaft in Dresden, Fernstudent an der TU Dresden. 1970 fristlose Entlassung wegen Ausreiseantrag. Er kündigt 1970 dem Generalstaatsanwalt der DDR seine Flucht in die Bundesrepublik an und führt sie 1971 aus.
1971-1996 Siemens AG München, Großrechnerentwicklung, Vertriebs- und Entwicklungsleitung für Lichtwellenleiter-Komponenten, 1968 Leitung von Technologieprojekten und internationalen Kooperationen, Logistikprojekte, Strategische Geschäftsfeldplanung, Preisträger der Siemens AG/UBN, 1986-1996 Mitglied im Führungskreis (OFK) der Siemens AG, Lehrtätigkeit an der Technischen Akademie Esslingen, Fachbücher,[277] Publikationen zur DDR-Vergangenheit, 2000-2007 Chairman *Mountain Dreams Pvt. Ltd.* [278] Domains: www.knobi-muc.de, www.moutain-dreams.de

Roland Mey, geb. 1942 in Thüringen, ist Diplom-Physiker (Jena 1965), hat in der DDR an Ingenieurschulen Mathematik und Physik unterrichtet, war ab 1986 auch tätig als Berufskraftfahrer, Busfahrer, Pförtner, Nachtwächter ... Der Autor verließ nach 17-jähriger Lehrtätigkeit (1975-1982) die Leipziger Ingenieurschule für Bauwesen. Die von ihm erstellte Publikation „Physikalische Grundlagen des bautechnischen Wärmeschutzes" wurde für die DDR-weite Ausbildung von Bauingenieuren eingesetzt (1983–1990. Nach zwei Jahrzehnten bekam Roland Mey beim Einblick in den Katalog der Deutschen Nationalbibliothek zufällig Kenntnis von der ehemals sehr erfolgreichen Verwendung seiner bauphysikalischen Publikation.
Von Dezember 1989 bis zum Juni 1990 im Leipziger Bürgerkomitee, ab 1990 u. a. VHS-Direktor und Friedensrichter. 1990–1994 Stadtverordneter in Leipzig, 1992–1998 Lehrer für Mathematik und Physik an Leipziger Gymnasien, bis heute gesellschaftspolitische Aktivitäten. Initiator des Volksbegehren Mitteldeutschland[279], Roland Mey hat über drei Jahrzehnte in einem Klaviertrio am Cello „Musik für Himmel und Hölle" gemacht

---

[277] „Theorie der Kontakte"; Band 1: 1998 / 2002 und Band 2: „Steckverbinder-Neue Technologien": 2004 / 5. Auflage 2019; Expert Verlag,
[278] MD Pvt. (deutsch–nepalesisch–schwedische–Aktiengesellschaft)
[279] Vereinigung der drei mitteldeutschen Länder zu einem Bundesland „Sachsen-Thüringen" – scheitert 2015 vor dem Bundesgericht.

Peter E. Rompf, geb. 1940 in Preßburg, Vertreibung 1946 , SBZ-Erfurt, Verweigerung Abiturabschluss, Kirchenmusik-Studium in Erfurt, 2.Domorganist in Erfurt, Kirchenmusik-Studium an der Musikhochschule Weimar. Studium an der neugegründeten Diözesan Kirchenmusikschule Erfurt. Die Gemeindejugend- und soziale Arbeit bringt ihn in den Focus der Stasi, 1959 Relegation von der HfM, verschiedene hauptamtliche Kantorenstellen in der DDR. Physischer und psychischer Terror und Drohungen des MfS führen zu „erpresster Ausreise aus der DDR" [280]
1977 Stadtkantor Schweinfurt und ab 1982 freischaffender Komponist, Musiklehrer in Hannover. Gründung des Ensembles ProLaTio. Mit diesem Ensemble und als Orgelimprovisator zahlreiche Konzerte im In- und Ausland.
Lebenslängliche Einreisesperre in die DDR. Nach 1989 bis in die heutige Zeit, tätliche Angriffe und Bedrohungen durch vermutlich ehemalige Stasi-Offiziere.
http://www.prolatio.de

Gottfried Meinhold, geb. 1936 in Erfurt, 1954 Abitur, anschließend Maurerlehre, abgebrochen; 1954 Studium am Pädagogischen Institut Erfurt, 1956 Staatsexamen, bis 1957 Deutschlehrer in Stadtllm und Dienstedt, 1957-1959 freiberufliche Tätigkeit, externes Studium an der Universität Jena, 1959 Diplom in Germanistik und Sprechwissenschaft, bis 1964 klinischer Sprechwissenschaftler an der Universität Halle-Wittenberg, 1964 Promotion an der Humboldt-Universität Berlin, Tätigkeit als Lektor und später als Oberassistent an der Universität Jena, 1968 Habilitation in Jena, 1971 Berufung zum Dozenten, aufgrund seiner schriftstellerischen Tätigkeit, insbesondere wegen der von ihm behandelten Themen (nukleare Kriegsgefahr)
veranlasste das Ministerium für Staatssicherheit Ermittlungen gegen Meinhold, 1985 außerordentlicher Professor in Jena, 1988 Aufnahme in den Schriftstellerverband, 1989/90 Gastprofessur in Heidelberg, 1990-1993 Prorektor für Geistes-, Kultur- und Sozialwissenschaften an der Universität Jena, 1998 Bundesverdienstkreuz, seit 1993 Lehrstuhl für Phonetik und Sprechwissenschaft in Jena, 2001 Emeritierung.

---

[280] Peter Rompf, „Operativer Vorgang „Kreis - eine chronique ordinaire" autobiographisch.

Publikationen der Autoren zur DDR-Geschichte (Auszug)

Die Vergangenheit holt die HfM ein

Professor Stölzl, Präsident der Hochschule für Musik FRANZ LISZT Weimar: „[...] es gibt staatlich bezahlte Institute, wie z.B. die Bundesstiftung zur Aufarbeitung der SED-Diktatur, und [...] es gibt viele Forscher, die sich mit der DDR befassen. Mögen sie sich auch mit der HfM befassen. Ich fände es toll." Die beiden Autoren haben mit Hilfe von Dokumenten, Interviews, Veröffentlichungen und eines Podiumsgesprächs einen Anfang für eine offene Diskussion der jüngeren Vergangenheit der HfM gemacht.

Stimmen zum Buch

Ehrhart Neubert, 1998-2003 ehrenamtlich im Vorstand der Bundesstiftung zur Aufarbeitung der SED-Diktatur: *„Die Autoren putzen an Weimar und der Reputation seiner kulturellen Institutionen. Und Weimar, jedenfalls das Bild von Weimar als historischer und hervorragender Platz deutscher und europäischer Kultur, hat das auch nötig ... „*

Prof. Dr.-Ing. Jürgen Wenge *(Mitglied des Leipziger Bürgerkomitees von 1989/90)*
Wer die Zukunft meistern will, muss die Vergangenheit analysieren. Und wer die Aufarbeitung vergangener Jahrzehnte verweigert oder kaschierend realisiert, der wird auch die Probleme der Gegenwart nur noch vergrößern. ... Die Logik ihrer Beweisführungen einerseits und die Ignoranz dieser Beweise andererseits sind beeindruckend und zugleich erschreckend. Wegen der Trivialität der dargestellten Defekte können „unwissentliche Konstruktionen" ausgeschlossen werden. Beim wissentlichen Ignorieren von: wenn keine Stasi-Aufarbeitung, dann keine abgeschlossene Opfer-Rehabilitation und wenn Stasi-Einfluss unberücksichtigt, dann keine wahre Zeitgeschichte, dann führt das sofort zu der Frage: Wer soll damit beschützt und vor Schaden bewahrt werden?
Diese Publikation soll dazu beitragen, dass es zu keiner Geschichtsklitterung kommt.

Rezensionen zum Buch
G. Knoblauch /R. Mey
Mitteldeutscher Verlag, 2018, 124 Seiten
ISBN: 978-3-95462-952-7
Preis 10,00 €
epub:
ISBN: 978-3-96311-7
Kostenlos

Prominente Professoren der Musikhochschule Weimar als Handlanger der DDR-Staatssicherheit

Wie tief war die Hochschule für Musik FRANZ LISZT Weimar mit dem Ministerium für Staatssicherheit tatsächlich verstrickt?

Stimmen zum Buch

Michael Wackerbauer, nmz – neue musikzeitung, 4/2021

In der öffentlichen Wahrnehmung war der eine im Bereich der Musikpädagogik tätig, der andere den schönen Dingen zugetan – Bach, Beethoven, Mendelssohn ... Im Räderwerk der SED-Diktatur arbeiteten beide, Paul Michel und Karl-Heinz Köhler, über Jahrzehnte als IM „Otto" und IM „Meiler" verlässlich der Stasi zu – ein wichtiger, längst fälliger Schritt zu einer gründlichen Aufarbeitung der Hochschulgeschichte.

Gottfried Meinhold

Prominente Professoren der Musikhochschule Weimar als Handlanger der DDR-Staatssicherheit

Zwei Fallbeschreibungen mit Dokumentation (1957-1989)

Arbeitspapiere des Forschungsverbundes SED-Staat an der Freien Universität Berlin Nr. 52/2021, 174 Seiten

Berlin 2021
ISSN 0942-3931

Bezug über den Forschungsverbund der FU Berlin Unkostenbeitrag € 12,-

Kurt Masur - Wie umgehen mit dieser DDR-Geschichte?

Stimmen zum Buch

Ralf Julke, Leipziger Zeitung, 17. Juni 2019

Das ist auch in Leipzig eine Frage. Eine Frage, die auch Roland Mey umtreibt, der 1990 als Stadtrat für die SPD gewählt wurde, im Ruhestand aber überhaupt nicht ruhen will. Und dass der einstige Gewandhauskapellmeister Kurt Masur bis heute immer wieder als Held der friedlichen Revolution gepriesen wird, findet er inakzeptabel. Seine kleine Broschüre „Kurt Masur entzaubert" ist im Lauf der Jahre also immer seitenreicher geworden. [...] Ein Thema, auf das in der jetzt vorliegenden Ausgabe von „Kurt Masur entzaubert" Dr. Jochen Staadt vom Forschungsverbund SED-Staat der Freien Universität Berlin in seinem Vorwort eingeht.

Vielleicht ist es das, was Roland Mey so aufregt an der undifferenzierten Kurt-Masur-Pflege, die völlig ausblendet, dass auch der Maestro große Zugeständnisse an die Staats- und Parteiführung der DDR machen musste, um überhaupt in die Rolle der musikalischen und gesellschaftlichen Autorität gelangen zu können, die ihm 1989 ermöglichte, zum anerkannten Sprecher der Leipziger Sechs zu werden, dessen Stimme auch den Leipzigern bekannt war. Auf jeden Fall nervt ihn der völlig distanzlose Rummel um den langjährigen Gewandhauskapellmeister, dessen Biografie auf jeden Fall eine Menge Ecken und Kanten hat und eine Menge Fragen aufwirft ...

Mit einem Vorwort von Dr. Jochen Staadt vom Forschungsverbund SED-Staat der Freien Universität Berlin.

Roland Mey

2.ergänzte Auflage, Dezember 2019, Redaktionsschluss 10/2018 Anhänge November 2019

www.Yumpu.com
ePub :
yumpu kurt masur entzaubert

Preis: kostenlos

Der Funktionsmechanismus der DDR auf den Punkt gebracht

Das verklärte DDR-Geschichtsbild mit dauerhafter „Vollbeschäftigung", sozialer „Sicherheit" und ruhiger „effektiver Arbeit" wird in umfangreicher Mannigfaltigkeit von Anekdoten und Beobachtungen ad absurdum geführt.

Stimmen zum Buch

Den Funktionsmechanismus der DDR auf den Punkt gebracht: „Jeder ist dagegen, aber alle werden es realisieren." Ein Satz, der ihn als SED-Gegner outen musste"
Süddeutsche Zeitung , 27.02.2012

„Erinnern um der Wahrheit Willen. Roland Mey aus Leipzig und seine ganz spezielle Art, Staatsbürgerkunde zu vermitteln."
Leipziger Volkszeitung , 27.09.2007

„In diesem reichhaltigen Büchlein verdichtet sich ein Fluidum von Zorn und Revolution, Diktatur und Scharfsinn – woran man sich stärken kann [...] – und es ist mehr als spannend."
Zeitschrift für Zeitgeschichte und Politik –„Gerbergasse 18", 1/2012/49,

Roland Mey

Osiris Druck, Leipzig
6. Auflage 2014

ISBN: 978-3-941394-18-6

Im Focus des MfS

Zersetzung eines Künstlerkreises um den Komponisten und Organisten Peter E. Rompf.

Stimmen zum Buch

Mit welcher Perfidie Künstler in der DDR zu Staats- und Klassenfeinden erklärt, malträtiert, geächtet, vom MfS verfolgt wurden, obwohl sie nichts anderes taten, als auf der ungeschmälerten Freiheit kreativen künstlerischen Schaffens - hier in der Musik - zu bestehen, dafür bietet die Dokumentation „Operativer Vorgang Kreis" ein Beispiel. ... Mehr als 80 Inoffizielle Mitarbeiter(IM) waren zur Observation des Kreises im Einsatz, für Rompf selbst 42, über Jahre hinweg. ... Der OV „Kreis" ist ein Zeugnis politischer Verfolgungswut, das heute noch Abscheu erregt.
Prof. Dr. Gottfried Meinhold, Jena

Rompf schaltet sich nur für das Nötigste in das Geschehen ein. ... Es reicht ihm, wenn er durch die Worte seiner Spitzel zu uns spricht.[...] Kontrollübernahme durch fremde Worte dient dem Autor dazu, seinen (damaligen) Feind mit dessen eigenen Waffen zu schlagen. (Karl Marx) Und so bekommt der Leser zeitgleich den Zugang zum eigentlichen Kontrollsystem, das seine Netze über Rompf, dessen Familie und Freunde warf. ... Operativer Vorgang „Kreis" ist ein Buch, das weh tut.
Dr. Philipp Bode, Universität Hannover, im April 2016

Peter E. Rompf

Erstauflage
Scius-Verlag, Hannover, 1997

Neuauflage, überarbeitet
Scius-Verlag, Hannover,
2016, 338 Seiten,

ISBN 978-3-946331-15-5; 14,99 €
Preis 14,99 €

Studieren in der DDR

bedeutete auch, sich immer wieder den gesellschaftlichen, politisch-ideologischen Zwängen zu stellen. Die Erlebnisberichte von über 70 ehemaligen Studentinnen und Studenten verdeutlichen, wie unter der Diktatur einer Partei mit ihrem Sicherheitsapparat, der Stasi, Lebensläufe wesentlich geprägt, geformt oder gar gebrochen wurden. Zwischen Humor und Verweigerung, Anpassung und Empörung gestalteten sich innere und äußere Fluchtbewegungen

.

Stimmen zum Buch

Deutschlandfunk *Andruck*

„Die Hochschulen der DDR waren nicht nur Institutionen von Wissenschaft und Lehre. Noch mehr waren sie Orte, an denen stromlinienförmige Sozialisten ausgebildet wurden. Schon die Zulassung zu einem Studium war ein Mittel, um junge Leute zu disziplinieren...

Lutz Rathenow, Landesbeauftragter Aufarbeitung SED-Diktatur, Sachsen

Das Buch ist gut und spannend, es hängt aber auch zwischen Baum und Borke - im Vergleich zu den Studien für die Universitäten Jena/Halle ist es nicht durchgeschrieben wissenschaftlich, für lebendige Erzählungen (die es an vielen Stellen bietet !!) ist die Verpackung sehr opulent und doch nüchtern. Aber die Quadratur des Kreises geht nicht, das Buch kommt ihr erstaunlich nahe.

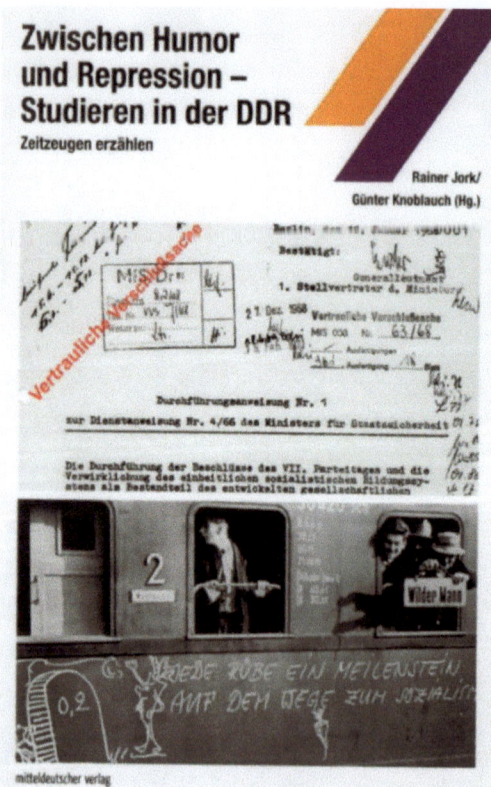

R. Jork / G. Knoblauch
Mitteldeutscher Verlag, 2017
552 Seiten, s/w-Abb.

ISBN: 978-3-95462-879-1
Preis 19,95 €

Chronik einer angekündigten Flucht

Der Autor spannt den Bogen vom abenteuerlichen Reisen im Ostblock über die Indoktrination, der er als Student und Reiseleiter ausgesetzt war, bis hin zu seiner Verhaftung durch das MfS. Mit einem Blick hinter die Gefängnismauern der Stasi-Haft und des berüchtigten Gelben Elends in Bautzen zeigt er, mit welchen Mitteln und welchem Aufwand das MfS arbeitet, um Andersdenkende unter Kontrolle zu bringen. In einer langen und spektakulären Flucht über vier Länder erreicht der Autor die Bundesrepublik.

Stimmen zum Buch
Dr. Matthias Rößler, Präsident des Sächsischen Landtags
„Seine Geschichte ist nicht nur spannend, sie wird auch packend erzählt. Das von ihm geschriebene Buch liest sich wie ein Abenteuerroman, ist aber ebenso ein verlässliches und authentisches Zeugnis über die Unfreiheit der DDR, die Methoden der Stasi und das von ihr verübte Unrecht... Günter Knoblauchs Buch ist ein Glücksfall für die Aufarbeitung der DDR-Geschichte... "

LZ - Leipziger Zeitung: "Die Chronik einer angekündigten Flucht ist eine auf fast 500 Seiten durchweg spannende Publikation, vollkommen außerhalb der bisher bekannten oder verfilmten Fluchtgeschichten... Ein sehr gutes Geschichtsbuch und überdies ein echter Krimi. Das muss in die deutschen Geschichtsarchive! ..."

Forschungsverbund SED-Staat der Freien Universität Berlin: "Die Fluchtgeschichte liest sich wie ein Abenteuerroman und ist doch nichts als reine Wahrheit über die Realität im geteilten Europa des 20. Jahrhunderts... Die Chronik einer angekündigten Flucht erzählt eine Geschichte, die hoffentlich in der politischen Bildung ihren Platz findet."

Günter Knoblauch
Verlag: BoD – Norderstedt,
3. Aufl. 12/2022, 482 Seiten, 80 Abb.
ISBN: 978-3-756-82876-0
Paperback Preis 17 €
E-Book ISBN: 978-3-756-89877-0

Im Buch klang bereits mehrfach an: Nicht der gesamte Lehrkörper der HfM wird unter den Generalverdacht der „Kollaboration" mit SED-Kadern und Stasi gestellt. In totalitären Systemen reicht es aus, an der Spitze einer Institution eine willfährige Person mit *nicht in Frage zu* stellen *Machtbefugnissen* zu platzieren. Diese Person entscheidet nach der Regel: Wer nicht für uns ist, hat hier nichts zu suchen. Ich bin mit diesem *ungeschriebenen* (DDR-)Gesetz an der ABF[281], der sogenannten Kaderschmiede der DDR, *vertraut gemacht worden.*[282]

Ein Dozent, der ein *unredliches Ansinnen* der Leitung abgelehnt hätte, wäre in seiner Existenz gefährdet gewesen. Die künstlerische Kompetenz allein reichte eben nicht aus! So sind auch Anführungsstriche oder ein Kringel auf einem Prüfungsprotokoll ein respektables Zeichen von *Widerstand*. Wenn ich hierfür das Wort Widerstand verwende, ich weiß, worüber ich rede.[283]
Bei Huschke kommt die Einsicht, dass er die Geschichte der HfM so heute nicht mehr schreiben würde, spät. Zu spät.

* * *

Die Zeitzeugen sterben aus – Publikationen zur HfM leben weiter.

Historiker können auf diese Publikation - als *vorsortiertes Quellenmaterial* - zurückgreifen, bevor sie sich auf die Vierhundertundeins laufenden Meter Archivmaterial stürzen.

---

[281] ABF: Arbeiter-und-Bauern-Fakultät.

[282] Siehe: Knoblauch, G. „Zwischen Humor und Repression", Mitteldeutscher Verlag, 2017; Knoblauch, G. „Chronik einer angekündigten Flucht" BoD-Norderstedt, 3. Auflage 2022.

[283] Die Aberkennung meines akad. Grades an der TU Dresden im Jahr 1971 durch den Direktor der Sektion Informationstechnik der TU Dresden, Prof. Dr. Krocker, wurde auf Druck der SED-Parteileitung „durchgezogen". Krocker hatte gar keine Wahlmöglichkeit. Siehe auch: Chronik einer angekündigten Flucht", Seite 224, 3. Auflage.